共享发展

改革开放以来中国共产党公平正义思想研究

黄 娟 著

燕山大学出版社
·秦皇岛·

图书在版编目（CIP）数据

共享发展：改革开放以来中国共产党公平正义思想研究 / 黄娟著. — 秦皇岛：燕山大学出版社，2020.8（2026.1重印）

（中国共产党治国理政丛书）

ISBN 978-7-5761-0025-9

Ⅰ. ①共… Ⅱ. ①黄… Ⅲ. ①中国共产党－社会主义－正义－思想评论 Ⅳ. ①D261

中国版本图书馆CIP数据核字（2020）第117526号

共享发展——改革开放以来中国共产党公平正义思想研究
黄　娟　著

出 版 人：陈　玉
责任编辑：柯亚莉
封面设计：吴　波
出版发行：燕山大学出版社
地　　址：河北省秦皇岛市河北大街西段438号
邮政编码：066004
电　　话：0335-8387555
印　　刷：廊坊市印艺阁数字科技有限公司
经　　销：全国新华书店

开　　本：880mm×1230mm　1/32　　印　　张：9.75　　字　　数：240千字
版　　次：2020年8月第1版　　印　　次：2026年1月第2次印刷
书　　号：ISBN 978-7-81142-0025-9
定　　价：78.00元

2015年度教育部人文社会科学研究青年基金项目
（项目批准号：15YJC710019）结项成果

目　　录

导　论

一　研究意义

公平正义是人类社会永恒的价值理念和基本的行为准则，是千百年来人类不懈追求的美好愿景，是衡量社会和谐、文明进步的重要尺度。公正之于社会，正如真理之于思想。公平正义对于一个社会来说是至关重要的，直接关系到社会的稳定、发展和繁荣。中国共产党在领导中国人民进行民主革命、社会主义建设和改革开放的历史进程中，始终把实现公平正义作为自己追求的崇高目标并付诸实践，赢得了人民群众的支持和认可。当前，随着改革开放的不断深入、经济的迅速发展，我国人民的生活水平得到了显著提升，但同时也出现了种种复杂的社会关系和深刻的社会问题。而在诸多社会问题中公正问题也越来越受到人民群众的广泛关注，党和政府更是把公平正义问题提到了一个更加突出的战略地位。党的十八大报告指出，“必须坚持维护社会公平正义。公平正义是中国特色社会主义的内在要求”。党的十八届三中全会明确提出，“全面深化改革”必须以“促进社会公平正义、增进人民福祉为出发点和落脚点”，十八届五中全会则进一步明确了共建共享要注重机会公平的发展要求，指出：“坚持共享发展，必须坚持发展为了人民、发展依靠人民、发展成果由人民共享”，重申了公平正义增进人民福祉的价值目标。在这一背景下，研究改革开放以来中国共产党公平正义思想，对于提升党的执政能力、巩固党的执政基础，实现社会和谐、实现中华民族的伟大复兴具有重要意义。

（一）有利于加强党的执政能力建设

党的执政能力建设是关系中国特色社会主义事业兴衰成败、关系中华民族前途命运、关系党的生死存亡和国家长治久安的重大战略课题。只有不断解决好这一课题，才能保证我们党在世界形势深刻变化的历史进程中始终走在时代前列，在应对国内外各种风险和考验的历史进程中始终成为全国人民的主心骨，在建设中国特色社会主义的历史进程中始终成为坚强的领导核心。而在政党的执政理论体系中，公平正义思想是其必不可少的重要组成部分，它充分体现了该政党的执政理念和执政特色，并深刻地影响其执政实践和执政能力。可以说，政党的公平正义思想直接决定其采取什么样的政策取向和什么样的具体政策措施。一个一心为民的政党和一个站在少数人利益上的政党制定的社会制度、政策必然不同，其维护的社会利益也必然不同。中国共产党将实现公平正义作为一贯主张，在实践中积极践行，获得了中国人民的广泛认同和普遍支持。这也直接或间接反映了中国共产党强大的执政能力。系统、全面地梳理研究改革开放以来中国共产党公平正义思想的理论基础、主要进展，总结改革开放以来中国共产党公平正义思想发展的历史经验，探讨新时代中国共产党公平正义思想践行深化的原则和路径，对于加强中国共产党的思想理论建设和执政能力建设，巩固中国共产党长期执政地位，具有一定的积极意义。

（二）有利于保障社会安全运行和稳定发展

随着我国社会主义市场经济体制的建立，出现了多元的利益主体，产生了多元的利益诉求。利益多元化的存在一方面可以调动主体的积极性和创造性，成为推动社会发展的动力，但如果不同利益主体之间的利益冲突不能有效协调，也可能引发社会矛盾和冲突，严重吞噬改革所释放出来的社会活力，严重制约国家和社会的发展进步。社会公正所体现的是对利益的合理分配和对权利的合理保护，涉及个人与社会、一部分人与另一部分人、一个阶层与其他阶层、一个地区与其他地区的关系。所以，公平正义是一个社会是否具有安全性的重要保障。正像罗尔斯所指出的，在社会公正的条件下，“不稳定的倾向能够得到控制，假如不是消除的话”。[①] 换言之，社会不公正则会对社会安全运行产生十分不利的影响。对于一个社会来说，最大的潜在动荡因素不是源于社会外部，而是源于社会内部各个群体之间的不信任、抵触和冲突。缓解，或最大限度地消除这种关系的最好办法就是提升社会公平正义的程度，使得社会各群体，乃至每个人都得到他所应得的，从而减少或者减小社会问题出现的种类和强度，同时也能增强解决已经出现的社会问题的力度。所以，只要一个社会能够遵循公正的基本规则，有效地实施公正的社会制度，就可以实现社会的有效整合和社会的团结，实现社会的安全运行和健康发展。

（三）有利于构建和谐社会

社会的和谐稳定，离不开公平正义。任何社会都是一个矛盾的统一体，社会中的不同阶层、不同群体之间的差异和矛盾是不可避免的。构建和谐社会，就是要协调各种矛盾关系，使其趋于平衡，避免在社会各阶层和各群体之间出现鸿沟和对立，从而实现社会良性运转。纵观人类历史，横察当今世界，国家稳定、社会和谐都与社会公正有关。反

---

① ［美］约翰·罗尔斯：《正义论》，何怀宏等译，北京：中国社会科学出版社 1988 年版，第 500 页。

之，国家动荡、社会不稳也都与社会公正有关。社会公正是衡量社会和谐稳定的"测温计"，是现代社会进行制度安排和制度创新的重要依据，是协调社会各个阶层相互关系的基本准则，是一个社会凝聚力、向心力和感召力的重要源泉，也是构建社会主义和谐社会的核心目标。早在十六届六中全会决议《构建社会主义和谐社会若干重大问题决定》中，就明确指出要"按照民主法治、公平正义、诚信友爱、充满活力、安定有序、人与自然和谐相处的总要求，以解决人民群众最关心、最直接、最现实的利益问题为重点，着力发展社会事业、促进社会公平正义、建设和谐文化、完善社会管理、增强社会创造活力，走共同富裕道路，推动社会建设与经济建设、政治建设、文化建设协调发展"。[①] 公平正义已经成为和谐社会的目标之一，同时也是其他目标实现的前提。改革开放40年来，我国经济持续健康增长，经济增速在全球名列前茅。如今，我国已经成为世界第二大经济体、世界第一大出口国和第二大进口国，人民的生活水平也实现了大幅度提高。数据显示，从1978年到2017年，我国农村贫困人口减少7.4亿人；农村贫困发生率年均下降2.4个百分点；中国减贫人口占全球减贫总规模超七成。2017年，全国居民人均可支配收入25974元，扣除价格因素，比1978年实际增长22.8倍，年均实际增长8.5%。全国居民人均消费支出18322元，扣除价格因素，比1978年实际增长18倍，年均实际增长7.8%。我国社会公正的现状比以往有了非常大的进步，但也存在一些不合理的问题。如地区之间、城乡之间、行业之间存在收入差距不合理问题；有的地方政府运行机制不完善，少数领导干部的权力得不到有效监督和制约，官僚主义、形式主义在一定程度上依然存在，严重影响局部的党群、干群关系，直

① 《十六大以来重要文献选编》(下)，北京：中央文献出版社2008年版，第700页。

接影响社会的公平正义。要化解社会矛盾，解决和消除社会纠纷，形成良好的社会秩序和社会氛围，进而实现社会和谐稳定，必须依靠公正。公正是社会和谐稳定的基石。

（四）有利于实现中华民族的伟大复兴

我国经历40多年的改革开放，成功地实现了从计划经济体制向市场经济体制的转轨，稳妥地处理了经济转轨过程中出现的各种重大问题，保证了生产力持续而高速的发展，人民生活水平有了大幅度的提高，国家的综合国力也上了一个新台阶。2010年我国超越日本成为世界第二大经济体。也是在这一年，我国人均GDP达到4380美元，进入了中等收入偏上国家的行列。到了2018年，我国人均GDP接近1万美元。而在国际上，一些新兴市场国家存在“中等收入陷阱”问题。如巴西、阿根廷、马来西亚、墨西哥等，在20世纪70年代均进入了中等收入国家行列，但自此之后，这些国家仍然处于人均GDP3000～5000美元的发展阶段，并且见不到增长的动力和希望。在社会发展研究领域，按照国际的经验，人均GDP处于低于1000美元的“贫困陷阱”时，人民和国家都在重点追求经济发展，公正问题会暂时被搁置。人均GDP达到1000～3000美元左右时，快速发展中积聚的矛盾会集中爆发。因为在处于人均GDP达到1000美元，并奔向3000美元的“起飞阶段”时，社会的物质财富相对来说开始丰裕，人们对生活品质的要求、对良好社会秩序的要求明显显现出来，而当人均GDP达到并超过3000美元时，人们对良好的社会秩序、公正的社会环境的要求就更加迫切，完全压倒单纯对经济必需品的要求，人们渴望公正、呼吁公正。党和政府也必将公正问题提到议事日程上来。若能很好地解决公正问题，我国必将顺利进入一个平稳的发展期，实现中华民族的伟大复兴。

二 研究现状

（一）国内研究现状

中国共产党公平正义思想研究和中国社会公平正义思想研究，虽然不能完全等同，但二者之间存在着千丝万缕的联系。中国共产党公平正义思想研究离不开中国社会公平正义思想研究，它是在研究中国社会公平正义思想的过程中交叉进行的，加之中国共产党公平正义思想研究相对薄弱，而中国社会公平正义思想研究的成果相对丰富，所以，本研究综述把对中国社会公平正义思想研究作为中国共产党公平正义思想研究的背景。而严格来说，改革开放以来中国共产党公平正义思想与中国共产党公平正义思想在时间界定范围方面确实不同，但由于对改革开放以来中国共产党公平正义思想研究是在研究中国共产党公平正义思想的过程中进行的，因而，又将中国共产党公平正义思想研究作为研究背景。

国内学者对公正的研究始于20世纪70年代末80年代初的改革开放，其研究工作主要有以下几方面的内容：

1. 对公正基本理论的研究

第一，公正内涵的阐释。学者们受学科背景、研究兴趣、关注重点等多种因素影响，从不同视角对公正的含义进行了界定。从哲学角度看：叶志华认为，社会公正是符合社会整体实践的性质、要求和目的的全体社会成员之间的利益关系状态。[①] 从政治哲学角度看：韩水法认

① 叶志华：《社会公正论》，广州：广东经济出版社2000年版。

为公正作为一种价值观念，其判断所指的社会和国家的行为属于政治领域。公正的政治性质意味着它的实施只能由国家来垄断。[1] 从伦理学角度看：程立显认为，公正专指社会公正，即为一定的道德体系所认可的对社会成员之权利和义务的恰当分配，所描述的是社会成员在社会生活各领域的权利和义务的均衡状态。[2] 王海明认为，公正是平等（相等、同等）的利害相交换的善的行为，是等利（害）交换的善行。[3] 从社会学角度看：陆学艺认为，社会公正的本质要求社会各阶层之间的关系具有平等性、开放性与合理性。[4] 也有一部分学者，如吴忠民、洋龙、冯建军、江畅、王献良等对公正、公平、平等概念进行了区分。

第二，公正基本原则的阐述。吴忠民认为，公正的基本规则应该包括基本权利的保证、机会平等、按照贡献进行分配和社会调剂规则。公正就是由这四项规则共同构成的一个有机整体。其中，每项具体公正规则都是在执行某项特有的功能，具有不可替代的作用。但就其优先次序而言，前一项规则均优先于后面的规则，而就其实现时序而言，由于各个国家具体国情不同又呈现出一种多样性。[5] 王海明、孙英将公正原则归结为贡献原则、品德原则、才能原则、需要原则和平等原则。但公正的真正原则只有贡献原则和平等原则，贡献原则是总原则，平等

① 韩水法：《社会正义如何可能的：政治哲学在中国》，广州：广州出版社 2000 年版。

② 程立显：《伦理学与社会公正》，北京：北京大学出版社 2002 年版，第 45 页。

③ 王海明：《新伦理学》，北京：商务印书馆 2001 年版，第 303 页。

④ 陆学艺：《当代中国社会阶层研究报告》，北京：社会科学文献出版社 2002 年版。

⑤ 吴忠民：《社会公正论》，济南：山东人民出版社 2004 年版。

原则是分原则。[①] 蒋正明、冯继康认为，现阶段公正的原则应该既体现社会主义的本质和市场经济的特征，又要体现人们在现阶段社会生活各个方面的基本需要，具体包括平等权利原则、利益协调原则、诚实守信原则、社会惩罚原则和社会补偿原则。[②] 当然，也有些学者并不专注于界定总体性意义上的公正原则，而是分析较为具体的制度公正的原则和程序公正的原则。

第三，公正的类型。王海明提出了五组辩证相生的公正类型，即积极公正与消极公正、根本公正与非根本公正、社会公正与个人公正、制度公正与行为公正、程序公正与实体公正。[③] 冯颜利认为从主体上看，公正可以分为宏观公正和微观公正；从涉及的内容和结果上看，公正可以分为经济公正、政治公正和伦理公正。[④] 曹海军和张毅把公正分为经济公正、道德公正和政治公正，但他们在层次选择上体现出更多的现实主义和发生主义。他们认为道德公正在逻辑上是先在的，但从事实的历史顺序看经济公正是第一维度，政治公正则超越了经济公正和道德公正。[⑤] 此外，曾建平、王玲玲将社会主义和谐社会下的公正分为制度公正、经济公正、政治公正和环境公正四个类型。其中制度公正是和谐社会的首要基础，经济公正是和谐社会的核心要求，政治公正是和谐

---

① 王海明、孙英：《社会公正论》，《中国人民大学学报》，2000 年第 1 期。

② 蒋正明、冯继康：《论社会主义市场经济条件下的社会公正》，《文史哲》，1998 年第 5 期。

③ 王海明：《公正类型论》，《东南大学学报》，2006 年第 6 期。

④ 冯颜利：《论全球发展的公正性》，苏州大学博士学位论文，2002 年。

⑤ 曹海军、张毅：《社会公正的经济、道德和政治之维》，《中共福建省委党校学报》，2005 年第 3 期。

社会的重要保障，环境公正是和谐社会的基本前提。[①]

2. 对现实层面公正问题的研究

第一，我国当前公正问题的具体状况。在吴忠民看来，虽然现代意义上的社会公正理念和准则开始初步生成，但社会公正的具体状况就总体而言还不容乐观，主要表现为：贫富差距过大和社会成员基本权利保障的总体状况偏弱。如果不从事关中国社会经济发展的全局着眼，对其进行强力度的调整和改观，任其继续发展、恶化，那么势必对中国社会的良性运行和稳定发展造成严重影响。[②] 叶志华指出我国现阶段存在的社会不公主要表现为两个方面：一是在形式平等地分配社会价值的领域还没有完全做到真正形式平等地分配；二是社会价值的分配结构还没有完全适应具有复合型结构的生产实践的要求。[③] 除了对不公正问题从总体层面进行探讨外，还有学者对具体的不公正问题进行了单独分析。这种单独现象分析多集中于收入分配差距问题上。如在李强看来，我国的贫富差距无论在农村还是在城市都有了大幅度的提高。特别是自 20 世纪 90 年代以来，我国在短短二十年间就发展成为超过国际上中等不平等程度的国家。[④] 郑杭生也认为，当前我国社会的部门差别、群体差别、城乡差别和东西部差别也在不断扩大，究其原因，这些差别都贯穿着贫富差距这一中心差别的扩大。[⑤] 吴忠民不仅

① 曾建平、王玲玲：《追寻公正：和谐社会的价值取向》，《马克思主义与现实》，2005 年第 3 期。

② 吴忠民：《走向公正的中国社会》，济南：山东人民出版社 2008 年版。

③ 叶志华：《社会公正论》，广州：广东经济出版社 2000 年版。

④ 李强：《社会分层与贫富差别》，厦门：鹭江出版社 2000 年版。

⑤ 郑杭生：《警惕“类发展困境”——社会学视野下我国社会稳定面临的新形势》，《中国特色社会主义研究》，2002 年第 3 期。

对收入差距问题进行了具体分析，而且还指出对于社会公正问题的研究不能仅仅局限于收入分配差距层面，应该采取“逐层递进”的研究路径。[①]

第二，当前不公正问题产生的原因及解决的对策。秦晖认为社会不公正的原因主要有两种：一是因按照身份、权力等级进行分配而造成的非竞争性结果不平等；二是由公民参与竞争的形式权利不公，即公民基本权利的不公引起的竞争的不公正。[②] 叶志华则将我国现阶段社会不公正问题产生的原因归结为商品经济不发达、观念错误、政策失误和制度体制不完善四个方面。[③] 汪盛玉则认为导致社会不公正的实质性原因是社会生产力不够发达、社会体制不够完善、传统发展理念不够科学和人们的社会公正意识不够强烈。当代中国研究公正问题表现出明显的务实性，即研究问题、给出对策。吴忠民认为，可以通过“治标”和“治本”两种方法来解决我国当前社会的不公问题。“治标”是对已经出现或者是将要出现的社会不公现象进行有效的干预和防范，以促进社会的健康发展。“治本”则是通过培育一个庞大的中产阶级群体，从而构建一个“两头小，中间大”的橄榄型社会结构，以有效地维护社会成员的基本权利。[④] 对于解决问题的主体，多数学者认为政府应该负起解决不公正问题的积极责任，所以相应地学者们对公共政策寄予了厚望。

3. 对中国共产党社会公正思想的研究

第一，中国共产党社会公正思想的主要内容。论者大都集中于研

① 吴忠民：《中国现阶段社会公正问题的逐层递进研究》，《学术界》，2009 第 2 期。

② 秦晖：《天平集》，北京：新华出版社 1998 年版。

③ 叶志华：《社会公正论》，广州：广东经济出版社 2000 年版。

④ 吴忠民：《社会公正论》，济南：山东人民出版社 2004 年版。

究中国共产党历代领导集体及其代表人物的社会公正思想，其成果既有专题性的，也有“概论”性的，其研究价值也不容置疑。如吴忠民、董建萍等认为毛泽东社会公正思想主要表现在追求国家独立、建立社会主义制度、主张人民基本权利等方面。邓小平的公正观主要体现在对于社会主义本质的认识上；程立显从肯定性描述和否定性描述两方面论述了邓小平的社会公正思想；冯颜利则研究了邓小平的全球公正观或称国际正义观；邱炳厚、高俊伟主要基于公平与效率问题论述江泽民的社会公正思想；何铁则总结了胡锦涛对社会公正思想的创新；任映红系统梳理了毛泽东、邓小平、江泽民、胡锦涛同志的社会公正思想；还有学者对习近平关于公平正义，尤其是司法公正的重要论述进行了探讨。此外，范广军对中国共产党社会公正的主要内容、功能定位、实现手段和判断标准等问题进行了整体性研究。

第二，中国共产党推进社会公正的历史实践。学术界对中国共产党社会公正思想的演进历程进行了系统梳理，基本的历史线索和历史脉络已经清晰。如吴忠民以中国共产党制定的社会政策为视角，探讨了新中国成立 30 年、改革开放以来的社会政策及其未来的发展趋势；董建萍指出社会公正的历史进程可分为新民主主义政策框架内的社会公正、社会主义基本制度建立后的社会公正和现当代社会公正；胡绪明将中国共产党社会公正观发展分为三个阶段：第一代领导集体解决了“公平的贫困”问题；第二代和第三代领导集体解决了“贫困的公平”问题；第四代领导集体在科学发展观与社会和谐的统一的高度上，发展了中国特色社会主义公平观。

第三，改革开放以来中国共产党社会公正思想的发展。近几年学术界开始关注改革开放以来中国共产党社会公正思想与改革开放之前、与马克思主义社会公正思想相比较有哪些新发展，虽然成果不多，但也值得我们关注。如黄有璋认为中国共产党十六大以来社会公正观主要从公平正义时代价值的彰显、公平正义理论内涵的科学把握和公平正义实践性的突出强调三方面得到了丰富和发展。郜志刚则从追求公正的方式、思路和主旨方面论述了改革开放以来中国共产党对社会公正实践的认识实现了三大转变。

可见,我国学术界对公正的研究不仅内容广泛、视角多元,而且还具有强烈的现实感。当然,我国学术界对公正的研究还存在不足之处:第一,在学习借鉴西方社会公正理论的同时,尚不能充分结合我国的现实问题使理论中国化,一些理论还处于对西方理论诠释的阶段。第二,在研究思路上也存在一些问题。如一些学者跟随西方研究者的逻辑,总是习惯于从"一切人""每个人"的角度来思考和讨论公正的普适性,试图构建一套理想的体系和一劳永逸的方案。这种抽象地看待公正的非历史的理想主义和普世伦理的思路在相当大程度上影响了公正研究的深入。第三,关于中国共产党社会公正思想的研究存在以下几个问题:一是对中国共产党社会公正思想的发展进程研究较为充分,但对其规律性研究尚显薄弱。学术界对中国共产党社会公正思想的演进历程进行了系统梳理,基本的历史线索和历史脉络已经清晰,但更重要的是要揭示寓于"实事"之中的规律性,把握理论形成和发展的规律性,及其在实践中取得成功的历史经验,从而引出继续推动中国共产党社会公正思想建设的新思路。二是学术界对中国共产党社会公正思想的理论源头也进行了一定程度的研究,但部分学者多从马克思主义是中国共产党指导思想的前提展开逻辑推演,而缺少对中国共产党社会公正思想与经典作家社会公正思想的历史继承发展关系的翔实考证。这就难以说明中国共产党社会公正思想在何种程度上、在哪些方面发展了马克思主义公正思想。三是注重对中国共产党社会公正思想具体理论成果的精细化研究,忽视了对中国共产党社会公正思想的整体性研究。对于毛泽东、邓小平、江泽民、胡锦涛和习近平的公平正义思想,学术界有相当多的成果分别进行论述，这些成果既有专题性的，也有“概论”性的，其研究价值不容置疑。然而，学术界对中国共产党社会公正思想从整体上进行把握和研究的成果偏少。如中国共产党社会公正思想的历史影响和历史经验是什么？此外，国内学界对改革开放以来中国共产党社会公正思想研究多停留在论文层面，论著较少，系统研究不足。

（二）国外研究现状

在分析国外研究现状时，与分析国内研究现状路径相同，先分析国外学者对一般社会公正思想的研究，然后分析国外学者对中国共产党社会公正思想的研究。之所以如此，除了国外学者关于一般社会公正思想研究可以为中国共产党社会公正思想研究提供借鉴外，重要原因是国外学者对中国共产党社会公正思想研究成果较少。

西方关于社会公正理论研究在近代以前主要分为古希腊时期的社会公正理论和文艺复兴运动以来的社会公正理论两个阶段。在这两个阶段形成的丰硕研究成果，为现代西方社会公正理论的蓬勃发展奠定了坚实的理论基础。进入 20 世纪以后，西方学者对公正的研究形成了理论纷繁、观点不同的众多流派，大致可以划分为新自由主义正义论、社群主义正义论与综合正义论三大派别。

1. 新自由主义正义论对公正问题的研究

第一，关于公正是什么。新自由主义正义论的主要代表人物为罗尔斯、诺齐克，其理论主旨强调个人的自由是个人的基本权利，是一切社会权益的中心。温和自由主义的代表人物罗尔斯，把社会基本结构作为社会正义的研究对象，把保护社会的弱者、失利者和贫困者作为社会正义的基本的首要条件。[①] 他强调把人当作平等的人来看待，这种以平等为中心的理论构想标志着西方政治哲学主题由“自由”转换为“平等”。激进自由主义正义的代表人物诺齐克认为，正义即个人权利。他十分看重个人的自由权利，强调分配正义与否关键在于分配的程序是否正当，而不在于分配的结果是否平均。换言之，正义不在于任何具体的分配结果，而在于不受阻碍地运用某种公平的程序，任何强加的分配模式都违背了正义，因为它侵犯了个人的经济权利。[②]

第二，关于公正的原则。罗尔斯创立了社会公正的两个基本原则：第一个原则是平等自由原则。第二个原则是差别原则和机会的公正平等原则。这两个原则是按照词典式次序排列的，即第一原则优先于第二原则，第二原则中的公平机会优先于差别原则，只有在满足前一原则的情况下才能考虑后一原则。[③] 诺齐克则提出了持有的获取正义原则、持有的转让正义原则和持有的矫正正义原则，主张用持有正义代替罗尔斯的分配正义。在他看来，如果一个人对其持有是符合三个正义原则的，那么他对其持有就是有权利的。这种权利是神圣不可侵犯的，哪怕是为了实现较大社会利益也不可侵犯。由于在当代社会中，对个人权利的侵害主要是国家以平等的名义来实施的，所以诺齐克主张最

---

① [美]约翰·罗尔斯：《正义论》，何怀宏等译，北京：中国社会科学出版社 1988 年版。

② [美]罗伯特·诺齐克：《无政府、国家与乌托邦》，何怀宏等译，北京：中国社会科学出版社 1991 年版。

③ [美]约翰·罗尔斯：《正义论》，何怀宏等译，北京：中国社会科学出版社 1988 年版。

弱意义的国家。[①]

总之,罗尔斯的社会公正说过于看重平等。当然,平等权利非常重要,但当一个社会能够保证其全体成员的基本权利后,就应该采取措施进一步激励社会成员的潜能。唯有如此,才能充分激发出整个社会的活力,进而推动整个社会的发展。诺齐克的公正理论把重心放在个人的自由权利方面,虽然有利于充分开发个人潜能,有利于激发整个社会的活力,但他轻视了平等的地位和作用,社会弱者问题几乎不在其视野之内,社会成员之间的种种不合理的差距问题也难以引起他的关注。

2. 社群主义正义论对公正的研究

社群主义批判自由主义从根本上割裂了个人与社会的关系,倡导社群主义,突出社会、国家、整体和关系等非个人因素在人类生活中具有的基础性和必然性意义。社群主义从根本上说是主张平等优先于个人自由,认为任何个人自由和权利都离不开所在的社群。其主要代表人物是麦金太尔、沃尔泽。

第一,关于公正是什么。麦金太尔认为"正义即美德"。对于一个人来说,拥有正义的知识、规则是一方面,拥有遵守正义的品德和能力是更为重要的一方面。一个人可能会遵守正义的规则,但不一定就是正义的人。只有既拥有关于正义的知识、规则,也拥有自觉遵守正义的规则的能力和品质,才是一个真正的具有正义美德的人。可见,在麦金太尔看来,美德比规则更为重要。[②] 沃尔泽则指出,正义不能脱离我们的历史和文化,不能外在于共同体。他提出要明确共同体的正义,首先

① [美]罗伯特·诺齐克:《无政府、国家与乌托邦》,何怀宏等译,北京:中国社会科学出版社1991年版。

② [美]阿拉斯戴尔·麦金太尔:《谁之正义?何种合理性?》,万俊人等译,北京:当代中国出版社1996年版。

就要明确每一个特定的共同体成员是如何理解各种社会利益的。一个正义的社会必须是建立在其成员对共同体的各项制度所达成的共识的基础之上的。[①]

第二,关于公正的原则。麦金太尔提出了"应得原则"。他认为,在一个有序社会里的个体具有良好的美德,在分配社会利益时应该以个体对社群的贡献为依据。同时他也指出,在按照应得原则分配社会利益时,由于具体环境的多样性,可能会产生应得标准的多样性。这就需要一个相对应得的标准,根据相对业绩评价体系,使人们达成一种对正义的共识,并在这种共识的基础上实现普遍正义的分配。[②] 沃尔泽提出了"多元正义和复合平等原则"。他认为,社会正义是特定社群的人们基于对所属社群达成的一种共识。这样,不同领域的人们就产生了不同的正义原则,形成了多元的正义观。沃尔泽还主张建立复合平等的社会。在这样的社会里,分配社会物品时可能产生的某些不平等不会通过转换过程而增加,更不会导致分配其他社会物品时的不平等。换言之,在不同的领域中,只要能使人们不因为具有一个领域中的优势地位而获得另一个领域中的优势地位,即为平等。[③]

可见,在社群主义者看来,正义是共同体成员对社会意义达成的一种共识。而这样的正义在实践过程中就容易产生一些问题。例如,社会强势群体和弱势群体由于其不同的利益诉求,对一些社会问题的看法也必然不同,那么,政府应该采取什么样的政策,才能使强势群体和弱势群体在这些问题上达成共识,社群主义的正义理论并未给出具体

① [美]迈克尔·沃尔泽:《正义诸领域》,褚松燕译,南京:译林出版社 2002 年版。

② [美]阿拉斯戴尔·麦金太尔:《谁之正义？何种合理性?》,万俊人等译,北京:当代中国出版社 1996 年版。

③ [美]迈克尔·沃尔泽:《正义诸领域》,褚松燕译,南京:译林出版社 2002 年版。

的解决方案。

3. 综合正义论对公正的研究

第一，关于公正是什么。综合正义论的主要代表人物哈贝马斯认为，正义是一个包含真理的综合概念。正义不是基于对个人权利平等的理想假说，而是通过语言纯化、交谈状况纯化和交往实践等中介，实现人与人之间的相互理解和相互认同。要做到这一点，正义就应该是“包含真理的，或对于我们形成有关正义的基本共识来说是合理的”。①哈贝马斯就是在交往行动的社会实践基础上，通过建立一种用“理想语言”进行“对话”的“理想的言谈境况”，经由公平的“对话”与“交谈”，从而克服语言和语境中的各种障碍，达成相互之间的理解和认同，最终形成一种具有普遍性的伦理规范系统。

第二，关于公正的原则。哈贝马斯认为，通过道德推理是不能获得正义原则的，正义原则只能在所有相关者的对话、交流和谈判过程中形成。为了能够形成这一共识，就需要依靠某种公平的对话程序进行道德对话。而这种公平的对话程序是由三条“对话规则”组成的：第一条是“每一个具有言语和行为能力的主体都应该被允许参与对话”。第二条是“A. 每一个人都被允许对任何主张提出疑问。B. 每一个人都被允许在对话中提出任何主张。C. 每一个人都被允许表达其态度、欲望和需要”。第三条是“不允许以任何内在的或外在的强迫方式阻止言说者履行其由第一条和第二条所规定的权利”。② 其中，第一条和第二条对话规则是为人们进行道德辩论提供公平的标准。第三条对话规则则是要清除欺骗和权力对道德辩论的影响。也就是说，这些对话规则在哈

① [德]哈贝马斯：《交往与社会进化》，张博树译，重庆：重庆出版社1989年版，第29～30页。

② 高玉平：《道德证明：康德与哈贝马斯》，《学习与探索》，2007年第4期。

贝马斯看来，不仅可以确保相关者达成道德共识，当相关者的意见和道德共识发生矛盾时还可以确保其放弃自己的意见。

4. 西方马克思主义对于公正的研究

西方马克思主义在批判自由主义的基础上，也建构和阐发了自己的公正理论，其主要代表人物有布坎南、佩弗和尼尔森等。布坎南在其专著《马克思与正义》一书中从十个方面对罗尔斯正义论进行了批判，称之为“十大批判”。无独有偶，佩弗发表的专著《马克思主义、道德与社会正义》，也从十个方面批判罗尔斯的正义观，并将其观点总结为“十大批判”。布坎南和佩弗认为，罗尔斯只讲分配不讲生产，撇开生产来谈分配公正，而且那种原子式的个人主义方法论也使得罗尔斯陷入片面、狭隘的资产阶级个人主义。[①] 尼尔森在专著《马克思主义与道德观》中，还提出了激进平等主义正义原则。他认为，平等就是正义，平等涉及社会的政治、经济等各方面，它包括平等的自由、平等的权利、平等的资源使用与收入分配、平等的生活前景、平等的尊重等等，当然，最重要的是平等地满足所有人的需求，特别是基本需求。他说，平等多多益善，我们应该追求更多的平等。在尼尔森看来，社会主义就是这种平等正义论的制度归宿。不过，他的平等正义观曲解了马克思主义平等观念，走向了平等的极端。

综上可见，公正问题已被西方学者当作一个相对独立的领域，从不同的研究假设、不同的理念依据等角度进行探讨，使其成为人文社会科学的显学，并形成了不同的学术流派。但西方学者对于公正的研究往往只是取材于先发国家和地区，对后发国家和地区公正实现的具体过

① [美]艾伦·布坎南：《马克思与正义》，北京：中国人民大学出版社 2010 年版；[美]佩弗：《马克思主义、道德与社会正义》，北京：高等教育出版社 2010 年版。

程往往缺乏必要的了解，看不到后发国家里公正的具体内容不可能一步到位地全面实现。换言之，他们的公正理论缺乏广泛适用性。当然，西方学者对公正的研究虽然不能完全适用于我国的具体国情，但可以为我们的研究提供研究范式、研究方法和研究路径上的借鉴。

国外学者关于社会公正一般理论的研究系统而深入，但对中国共产党社会公正理论的研究极度贫乏。主要是因为西方学者以自身的社会公正理念为判断标准，片面认为中国共产党没有他们所主张的社会公正思想，也就没有所谓的中国共产党社会公正思想可以进行研究。所以，他们主要是在研究中国共产党的执政机制、组织结构、意识形态和未来前景等理论和实践问题时，或多或少地体现着中国共产党的社会公正思想，且集中于中国传统文化中的儒家思想、平均主义思想和空想社会主义思想对中国共产党社会公正思想的消极影响上。代表作如莫里斯·迈斯纳（Maurice Meisner）著《马克思主义、毛泽东主义和乌托邦主义》、比尔·布鲁格（Bill Brugger）著《变迁中的中国马克思主义》、约翰·格廷（John Gittings）著《中国巨变——1949—1989 的革命道路》等。

三　研究结构与研究方法

（一）研究结构

本书立足于中国特色社会主义伟大实践，以当代中国马克思主义特别是党的十八大、十九大和习近平总书记重要讲话精神为指导，以中国优秀传统文化、西方资本主义价值观为理论参照，从宏观视角出发，研究改革开放以来中国共产党公平正义思想。其基本框架如下：

第一部分为导论。主要包括研究意义、研究现状、研究结构和研究方法、研究的创新与不足四个方面。

第二部分为第一章，即公平正义的理论阐释。本章阐述了公平正义的含义、基本原则和基本类型。尽管不同历史时期、不同社会甚至不同的人对公平正义都有不同理解，但公平正义一旦被作为一门学科范畴使用时，就需要有一个统一的界定。本章通过对公平正义的相关理论阐述，期望为后文的分析奠定理论基石。

第三部分为第二章，即改革开放以来中国共产党公平正义思想的理论渊源。本章主要阐述了马克思恩格斯的公平正义思想、中国传统文化的公平正义思想和毛泽东的公平正义思想。任何理论都是在相互借鉴中得以传承和发展的，改革开放以来中国共产党公平正义思想也不例外。其中马克思恩格斯论述的公平正义思想为中国共产党公平正义思想的形成奠定了理论基础，中国传统文化中包含的儒家、道家、墨家、法家的公平正义思想以本土文化的优势和特性为中国共产党公平正义思想的形成和发展提供丰厚的历史养料，毛泽东思想中对公平正义的追求是中国共产党改革开放以来公平正义思想的直接理论来源。这三种文化力量在改革开放以来中国共产党公平正义思想的形成过程中扮演了不同角色，起到了不同作用。

第四部分为第三章，即改革开放以来中国共产党公平正义思想的发展脉络。本章主要探索了邓小平理论、“三个代表”重要思想、科学发展观和习近平新时代中国特色社会主义思想中的公平正义思想。中国共产党社会公正思想是一脉相承的科学体系。邓小平理论将公平正义视为社会主义本质的题中之义，探讨了公平正义的物质前提、重要方式、必要条件、根本保障和目标要求。“三个代表”重要思想主要从价值目标、衡量标准、基本要求、重要保障、主要途径等方面对公平正义进行了丰富发展。科学发展观主要从目标构想、原则体系、制度保证、有力举措等方面阐述了公平正义思想。习近平新时代中国特色社会主义思想把公平正义的实现作为具体目标和任务,拓展公平正义研究领域的同时,创新发展了公平正义。

第五部分为第四章,即改革开放以来中国共产党公平正义思想的实践总结。本章主要梳理并阐释了改革开放以来中国共产党推进公平正义的实践成果和经验总结。中国共产党带领全国各族人民不断推进当代中国公平正义的进步,开创了不同于以往社会主义公正的历史和理论空间,在展示了社会主义制度优越性的同时,也彰显了中国特色社会主义道路的世界历史性意义。本章在梳理改革开放以来中国共产党公平正义的实践成果基础上,立足于理论自身的优势,从实践生成模式、价值定位、评价标准和实现手段等方面分析、探讨、总结历史经验。

第六部分为第五章,即新时代中国共产党公平正义深化发展的路径探索。本章主要探索了中国共产党公平正义思想的当代境遇,着重从立足社会主义初级阶段的基本国情、坚持马克思主义公平正义思想的指导地位、遵循公平正义发展的客观规律、坚持科学的方法论原则四个方面诠释了公平正义深化发展的基本原则,并进一步阐述了深化发展的基本路径。

总之,导论为后五部分的研究提供研究材料、方法和框架等方面的支撑,是全部研究工作的准备。第一章到第五章彼此之间相互联系、相互衔接,共同构成全书的主干部分。

（二）研究方法

1. 文献研究法

文献研究法是对文献进行查阅、分析、整理并力图寻找事物本质属性的一种研究方法。通过对马克思主义经典作家著作、马克思主义研究的相关著作、西方学者研究的相关著作、中国共产党历代领导集体、历次会议的重要文献进行全面检索和搜集,以便对研究现状有一个较为准确的把握。在此基础上，对占有的资料进行仔细研读和深入思考，力求对本书所涉及的重大理论问题和现实问题有一个清晰的认识，总结出改革开放以来中国共产党公平正义思想研究的广度、深度，以期为今后公正思想的发展和公正实践的进一步推进提供一些经验和启示。

2．比较研究法

比较研究法是根据一定标准，对相关联事物进行考察，寻找其异同，探求普遍规律与特殊规律的方法。本书把中国改革开放前后的公平正义理论进行比较，研究改革开放以来中国共产党公平正义思想的新发展。同时，通过比较中国共产党公平正义思想与资本主义公平正义思想、马克思主义经典作家公平正义思想和中国传统文化中的公平正义思想之异同，揭示中国共产党公平正义思想推进公平正义成功的经验，并提出深化发展的原则和路径。

3．跨学科研究方法

公平正义问题是一个综合性的、复杂的问题，涉及政治、经济、文化等各个领域。对公平正义的研究，具有很强的跨学科性特点。为了尽可能全面而科学地认识公正，本书特别注意研究视角多元化，充分借鉴社会学、政治学、经济学等不同学科的有关研究方法，广泛汲取不同学科的既有研究成果，力争对公平正义相关问题有一个比较科学、客观而全面地分析与把握。运用史学、逻辑学、伦理学对中国共产党公平正义发展历程进行梳理和伦理检视，运用哲学和政治学对基本经验进行理论提炼和升华，运用社会学对各个历史时期促进公平正义的社会背景、发展规律进行定性、定量分析。

4．历史与逻辑相统一的方法

社会科学的研究方法，总体上来说可分为经验的、实证的和思辨的、推理的两类。本书也主要是这两种方法的应用。这两种方法从时序发生的先后来讲，应该是历史的经验的在先；但是，从当下对一个事物的认识来看，应该是逻辑在先。我们对公平正义的认识亦是如此。如果从时序上来讲，肯定是发生了大量历史的和经验的事实，然后才有公平正义的产生及与公平正义相关的知识；但是，我们从当下出发，是被抛入这个已经概念化的世界的，我们已经拥有了大量的人文和社会科学知识，所以，我们对中国共产党公平正义的研究应该是从既有的概念、知识出发，并伴以历史的、经验的印证，实现历史与逻辑的统一。公正观是一个动态的历史的形成过程，在社会主义发展的不同阶段有着不同的内容。研究改革开放以来中国共产党公平正义思想，要把其形成发展放在现实社会主义改革的伟大实践中加以考察，分析公平正义的历史演进，总结公平正义建设的规律性认识。

四　研究创新与不足

（一）研究创新

本书主要在以下三方面有所创新：

第一，研究视角创新。中国经济迅速发展，令世界刮目相看。国内外学者纷纷研究中国特色社会主义成功的经验，但专门对改革开放以来中国共产党公平正义思想进行系统梳理和研究的成果并不丰富。本书选取理论界研究比较薄弱的视角切入，具有一定现实性和前瞻性。

第二，研究观点创新。本书以马克思主义公平正义思想为指导，对改革开放以来中国共产党公平正义思想之所以能够推进社会公平正义进步的原因，立足于理论自身进行经验总结，具有一定的突破性；对改革开放以来中国共产党公平正义思想的发展脉络及新时代深化发展的原则和路径的阐述，具有一定的借鉴意义。

第三，研究方法创新。本书运用哲学、社会学、政治学、经济学、史学等多种方法，进行多学科攻关，注重感性史实描述和理性史识提升的统一，避免一味地抽象解读，较大程度保证结论的适时性、科学性和成果的可借鉴性。

（二）研究不足

本书在梳理改革开放以来中国共产党公平正义思想的理论渊源和发展脉络时，资料整理比较繁重与复杂，理论样本的遴选也比较艰巨，加之国内外专门对中国共产党公平正义思想研究的成果相对不够丰富，也使得本书的研究深度，尤其是对中国共产党公平正义思想的发展规律、经验总结等方面尚显不足，需要在以后的研究工作中逐步解决。

第一章　公平正义的理论阐释

公平正义是人类社会发展的基本理念，也是现代社会制度设计、安排的一项基本准则，更是一个社会良性运行的基本保证。公平正义对于一个社会来说至关重要。那么，如何科学、合理地解释现代意义上的公平正义，显得尤为重要。否则便会差之毫厘，谬以千里，直接对现代社会的制度安排和政策制定产生极大的误导效应。

一　公正的概念界定

毋庸置疑，要想科学地界定公正的含义，是一项历史性的难题。正因为如此，拉斐尔曾经指出，“公正是一个复杂的概念，……一方面涉及整个社会秩序，另一方面是与一般社会秩序的要求不大相同的个人权利的反映。最后，公正是一个双重概念。既注意过去，又面向未来，既是保守的，又是变革的”。[①] 尽管不同历史时期、不同社会甚至不同的人群对公正都有不同的理解。但是，公正一旦被作为一门学科范畴使

---

① ［英］拉斐尔：《公正——一个复杂的概念》，永清、非文译，《国外社会科学文摘》，1990 年第 9 期。

用时，就应当对其有一个统一的界定，否则其他方面的研究就无法深入，更无法取得共识。

（一）公正的含义

那么，到底如何理解公正？公正是一个跨学科的、涉及社会各个领域且内涵丰富的概念。尽管不同社会的不同阶层对公正有不同的理解，但在最一般的意义上，公正首先是一种价值评判，是人对社会是否“合意”的价值评判，其实质是要求经济、政治、文化等各种权利和义务在社会成员之间合理分配、合理承担，每个人都能得其所应得的，承担其所应承担的。其次，公正还是一个准则，是在一定历史条件下的社会生活中，人们的权利和义务、作用和地位、行为和回报之间相平衡或相称的关系，规定着具体的基本权利和义务，规定着资源与利益在社会群体之间、社会成员之间的适当安排和合理分配，即每个人都能得其所应得的，承担其所应承担的。为了实现这种合理的分配和承担，就要建立与之相适应的制度体系。从这个意义上说，公正不仅仅表现为一种价值理念，也表现为一种制度安排；公正不仅仅是一种原则和标准，也是一种状态和结果。

为了进一步理解公正的内涵，还需要把握公正所具有的特征。一些资产阶级思想家认为，存在着一种永恒的、抽象的公正观。马克思主义则批判资产阶级这种观念，用辩证唯物主义和历史唯物主义观点解释公正的本质特征，指出公正是一个历史的、相对的、客观的、广泛的范畴。因此，根据马克思主义理论，公正具有以下几个特征：

第一，历史性。公正是历史发展的产物，要受到当时认识水平、生产条件，尤其是经济关系的制约。因而，在不同的历史条件下就产生了不同的公平观。正如恩格斯所说：“希腊人和罗马人的公平认为奴隶制度是公平的；1789 年资产者的公平要求废除封建制度，因为据说它不公平……关于永恒公平的观念不仅因时因地而变，甚至也因人而异，这种东西正如米尔柏格正确说过的那样，'一个人有一个人的理解'。"[①]世界上不存在超越历史、超越阶级的永恒不变的公正观，也不存在某种先知先觉的、先验的公正观。公正观都是以一定的社会历史关系为前提，又随着社会历史关系的变化而发生变化。今天人们认为公平、公正的现象，随着历史的发展有可能变得不公平、不公正了；今天人们认为不公平、不公正的问题，随着历史的发展可能就是公平、公正的。比如，"等贵贱，均贫富"的平均主义公正观在市场经济高度发达的今天，不适合现代化的生产方式，是要坚决抛弃的。但在封建社会和小农经济的生产方式下，它则成为广大农民普遍追求的美好愿景，是反对封建主义制度的一面旗帜。可见，公正是一个历史范畴，永恒的公正是不存在的。

第二，相对性。公正是相对的公正，没有绝对的公正，或者说，绝对的公正只能存在于观念和幻想中。在人类社会发展历史上，不同国家因其国情不同，或所处的社会发展阶段不同，公正的标准和尺度也不同。比如我国现阶段只能实行以按劳分配为主体、多种分配方式并存和与之相适应的公正观，而不能搞按需分配的公正观。另一方面，即使同一国家，不同区域、不同行业、不同群体因其发展水平等不同，公正观的衡量标准也是千差万别。此外，公正往往是同历史、同周围相比较的结果，也是人们一种心理估价的结果。由于人们生存享受和发展的客观条件和现实基础不同，对公正的要求和期望也不同，社会也就不可能实现绝对的公正，而只能是当时条件下的相对公正。恩格斯写道："在国和国、省和省、甚至地方和地方之间总会有生活条件方面的某种不平等存在，这种不平等可以减少到最低限度，但是永远不可能完全消除。

① 《马克思恩格斯选集》第3卷，北京：人民出版社2012年版，第261页。

阿尔卑斯山的居民和平原上的居民的生活条件总是不同的。"[①]那种要求消灭包括生活条件以及人的体力、智力等方面差异在内的"绝对公正",只能是"荒谬"和"愚蠢"的。

第三,客观性。公正是一个客观范畴。尽管在不同的历史时期、不同的社会中,公正的内涵不同;不同的阶级,甚至不同的人,对公正的理解也不一样,但是公正具有客观内容,而这些客观内容只能"由这一时期的经济的生活条件以及由这些条件决定的社会关系和政治关系来说明"。[②] 也就是说,公正总是要受到特定阶段的社会历史条件的制约,要与特定的社会经济结构相适应,这是由特定的社会生产方式决定的,并且是为这种生产方式服务的。此外,公正是人与人之间利益关系的均衡,尽管不同的人对均衡作出了不同的评价,但这种利益关系本身是客观存在的,并不是人们凭空的主观想象和感受。

第四,广泛性。任何社会要保持稳定繁荣,必须制定一系列制度、规范,而这些制度、规范都必须从一定程度上体现社会公平。公正问题涉及社会生活的各个领域,大到社会的基本政治、经济制度,小到各项具体的规则、措施,无不体现着是否公正的问题。也就是说,公正应贯穿于社会生活、社会关系的一切领域。正如恩格斯所指出的,"平等应当不仅仅是表面的,不仅仅在国家的领域中实行,它还应当是实际的,还应当在社会的、经济的领域中实行"。[③]

若想准确理解公正含义,还必须对公正与公平、正义、平等等概念之间的区别与联系进行分析。公正与公平、正义、平等等概念在含义上既有交叉之处,也有明显区别。

---

① 《马克思恩格斯选集》第3卷,北京:人民出版社2012年版,第349页。

② 《马克思恩格斯选集》第3卷,北京:人民出版社2012年版,第723页。

③ 《马克思恩格斯选集》第3卷,北京:人民出版社2012年版,第484页。

（二）公正与公平、正义

公正与公平这两个概念比较相近，人们常常把二者联系在一起使用，但严格来说，二者是有区别的。吴忠民认为，公正同公平的差别在于：公正所侧重的是社会的"基本价值取向"，应然的成分多一些。而公平带有明显的工具性，强调的是衡量标准的"同一个尺度"，实然的成分多一些。同时指出，只有现代社会才可能实现真正意义上的公正，而传统社会则是在一定范围之内、在某种程度上存在着公平。[①] 任玉秋也认为，"公平比较倾向于表达衡量标准，强调用同一个尺度处理人与人之间的关系；公正则倾向于表达价值取向，强调处理人与人之间关系的价值标准的正当性。因此，公正一般是就社会集团的价值取向而言的，它所涉及的社会关系范围更广"。[②] 综上可见，公正与公平这两个概念基本相同，但又有细微差别。公正的内涵比公平的内涵要丰富。公正基于现实生活并高于现实生活，是社会的"基本价值取向"，而公平因为具有工具性，与现实生活联系更为紧密。

如果说对于公正与公平的差异人们还有所关注，那么公正与正义之间的细微差别则往往被人们所忽略，人们常将二者混为一谈。尽管公正和正义的联系是不言自明的，但是二者还是有明显区别的。首先，在含义上，公正与正义是属种关系，正义的内涵比公正丰富，而公正的外延比正义大，是正义的一定公正，公正的未必正义，不公正的一定不正义，不正义的未必不公正。其次，公正是社会制度的首要价值，而正

① 吴忠民：《关于公正、公平、平等的差异之辨析》，《中共中央党校学报》，2003 年第 4 期。

② 任玉秋：《历史辩证法视野中的社会主义公平与公正》，《中共中央党校学报》，2006 年第 5 期。

义则是一种较高的道义要求。社会应该提倡、弘扬、赞颂正义，但是社会不必或者不应该要求人们的行为一定合乎正义。最后，正义有善恶之分，具有绝对性，但没有过分正义或者不够正义之分，也不能用于评价人的行为是否正义。而公正是有程度的，即公正具有相对性，对人的行为可以用公正或不公正评价。

在公正研究领域，大多数学者对公正、公平、正义三个概念并未进行严格的区分，而是混合使用。在实践中也并不影响公正领域研究成果的科学性和客观性。鉴于这些概念之间的密切联系，加之这也不是本书探讨的重点，所以本书未对它们进行特别细致、特别清楚的区分，在运用时也会不可避免地交叉使用。

（三）公正与平等、平均

公正和平等是人们长期追求的价值目标，也是现代社会不可或缺的重要价值理念。公正和平等这两个概念既相互联系又相互区别。二者的联结点是权利，即公正和平等都要求权利资格的均等。吴忠民认为，“平等侧重人的基本尊严、基本权利的严格维护和不懈追求”，公正则“注重恰当、合理的价值定位，不但考虑平等的价值取向，而且考虑自由、社会合作等各自合理的价值取向，它可以对平等进行有效的平衡，使之恰如其分地发挥应有的功能”。[①] 可见，平等是公正的依据和基础，没有基本权利的平等就不会有结果的公正。正是由于这两个概念具有较高的相关性，才致使很多人将二者交替使用。

实际上，公正与平等本是两个不同的概念，二者的区别较之公正与公平要大得多。首先，从词义上看，平等在英文中表示事物的客观量

① 吴忠民：《关于公正、公平、平等的差异之辨析》，《中共中央党校学报》，2003 年第 4 期。

度，如大小、数量、规模、程度等相同或相等。而公正在英文中表示人应付与应得、所付与所得之间的相称。这种相称表现为权利与义务之间、贡献与满足之间的相称关系。其次，从范围上看，平等涉及的范围要小于公正涉及的范围。公正涉及“社会制度、社会规范、社会主要规则及主要政策，等等。因此，公正是一种体系化的集合。平等只是这种‘体系化集合’中的一项属性、一个层面”。[①] 再次，公正既包含着某种意义的平等，又包含着某种不平等。也就是说，公正并不排除差别，是差别与不平等的合理限度。而平等虽考虑过程、结果的差异性，但更多地是强调均等。平等存在过度的可能性，而公正不存在过度的可能性。换言之，平等未必公正，不平等未必不公正。最后，平等更多地是一种理想，容易同现实的制度设计和政策安排相脱节。在实践当中，如果不考虑各种现实因素，任其自由发展，极易导致对于“平等”过于理想化的追求，产生对现实生活的激烈抨击和严厉批判，进而与公正相抵触。而公正较之平等理念，与现实社会联系更为紧密。它倾向于认同现实社会，对于社会生活中不尽完善的现象，公正是调适的。

公正和平均，一般情况下是对立的，平均会破坏公正，公正也反对不顾具体条件的平均。但在特殊情况下，平均也是公正所要求的。如在原始社会里，生产力水平极其低下，人类为了生息繁衍，只能采取平均分配的方法，否则就面临灭绝的危险。这时，平均就是公正的。

（四）公正与社会公正

人是一种社会性的存在物，其活动总是社会性的，即使是直观的、感性的个人活动，其所使用的工具、所具有的经验和知识、所针对的活

① 吴忠民：《关于公正、公平、平等的差异之辨析》，《中共中央党校学报》，2003 年第 4 期。

动对象,也都是社会提供的。但这不并妨碍我们把人的活动区分为个人活动和社会活动。市民社会是以私人活动和私人之间关系为主的领域,是区别于公共生活的领域,公共生活领域则是涉及公共事务、公共管理、公共物品的领域,是国家政治生活的领域。公正涉及一个"公"字,说明都与社会公共生活分不开,但也可以将其分为私人领域的公和社会公共生活的公,前者可简称为私人公正,后者则是社会公正。私人公正主要涉及私人领域,而社会公正则涉及社会领域中公共资源的分配、公共事务的管理、公共政策的制定、法律制度等,涉及不同阶层、不同集团的关系和利益,涉及构成社会各个成员的权利和义务等等。在这两个领域,公正所面临的问题、产生的效果和具体的操作方式虽有不同,但基本原则一般是一致的。换言之,公正就是从这个一般原则和理论层面立论的,而社会公正则更侧重于社会公共生活领域中的公正问题。但自从罗尔斯提出"正义是社会制度的首要价值"之后,公正和社会公正几乎可以被等同使用,甚至于公正一词专指社会公正。本书考虑行文方便,也遵从这一习惯,将二者交叉使用。

二　公正的基本原则

原则是行事所依据的准则。公正的原则就是公正所体现的准则。遵循这些原则,则公正张;违背这些原则,则公正息。公正是给人以应得的,其根本问题就是社会对每个人权利和义务的合理的、恰当的分配。那么,社会究竟如何分配权利和义务才是公正的?换言之,公正的原则究竟有哪些?本书认为公正的原则应主要包括基本权利的保证原则、事前公正原则、过程公正原则和结果公正原则。

（一）基本权利的保证原则

所谓基本权利就是指人权、公民权，是一国宪法确认的公民在政治、经济、文化、人身等方面所享有的起码的、最低的、必要的基本权利。一个公正的社会，首先就要确保这个社会中每个成员都平等地享有基本权利，只有这样，才能体现出对个体人缔结和创建社会的基本贡献和对人的种属尊严的肯定，才能为社会的稳定运转确立必要条件。正如恩格斯所说："一切人，或至少是一个国家的一切公民，或一个社会的一切成员，都应当有平等的政治地位和社会地位。"[①]因为人是社会动物，不能脱离社会而生存，而社会又是由个人所结成的大集体。因此，只要这个人生活在社会中，便为他人作了"缔结和创建社会"这一大贡献。"所以，分配给目不识丁的老百姓与名震寰宇的大总统同样多的基本权利，就决不是什么恩赐，而是必须偿还的债务"[②]。人的基本权利是神圣不可侵犯的、不可剥夺的。

那么，基本权利应包括哪些呢？从现代人权的角度来看，个人所拥有的基本权利相当广泛。被称为"人权两公约"之一的《经济、社会及文化权利国际公约》，第一次以法律形式对经济、社会及文化权利加以确认，并规定了人人有权享受社会保障、人人有权为他自己和家庭获得相当的生活水准、人人享有免于饥饿的基本权利、人人有受教育的权利等等。另一份公约《公民权利和政治权利国际公约》以法律方式具体规定了公民权利和政治权利等个人权利和基本自由，如人人有固有的生命权、人人有权享有人身自由和安全、人人有权享受法律保护、人人有自由发表意见的权利、每个公民享有参与公共事务的权利等等。特别强

① 《马克思恩格斯选集》第 3 卷，北京：人民出版社 2012 年版，第 480 页。

② 王海明：《公正平等人道》，北京：北京大学出版社 2000 年版，第 67 页。

调一点，在论及人的基本权利时，对于发展中国家不能笼统地完全以现代社会的标准来衡量。因为人的基本权利无论是具体内容还是发展程度，都同每个国家的经济文化相联系，都有一个随着社会发展而逐渐丰富和提高的过程，“权利决不能超出社会的经济结构以及由经济结构制约的社会的文化发展”。[①] 也就是说，要在全社会范围内全面确立社会成员的每项基本权利需要经历一个过程。但无论如何，在发展中国家生存权、就业权、受教育权和社会保障权是每个社会成员所必须具有的，这些基本权利的重要性明显超过发达国家相应权利的意义。比如，同样是生存权，对于发达国家来说已经是不成问题的事情了，但对于发展中国家尤其是发展程度较低的发展中国家来说，则往往是至关重要的问题。

我国对公民基本权利享有的公正性特别重视。《中华人民共和国宪法》中明确规定：中华人民共和国公民在法律面前一律平等，中华人民共和国公民有言论、出版、集会、结社、游行、示威的自由，中华人民共和国公民有宗教信仰的自由，中华人民共和国公民有劳动的权利和义务，中华人民共和国公民有受教育的权利和义务等等基本权利。如果没有基本权利的公正，即使在社会主义制度下，也难以实现社会公正。正像茅于轼所说，“改革之所以成功，正是因为我们逐渐恢复了这个最重要的人的基本权利”[②]，“我们反复强调的人生而平等，其确切含义是说人不应由于出身、民族、居住地、信仰等任何一种原因，而在个人追求自身幸福、实现自身价值、争取为社会所承认的道路上受到任何歧视。也就是说每个人在实现自身价值的过程中应遵守同样的制度规则：在法律面前人人平等；在市场竞争中用同样的打分规则；在道德判断面前

① 《马克思恩格斯选集》第3卷，北京：人民出版社2012年版，第364页。

② 茅于轼：《给你所爱的人以自由》，北京：中国文联出版社2003年版，第31页。

任何一类人都不被歧视”。①

（二）机会平等原则

机会平等原则就是事前公正原则。由于机会平等原则是在社会资源分配或目标达到之前起作用，是一种事前就有所安排的原则，因此，这一原则也可以称为事前公正原则。机会是一种资源，是一个社会成员发展的可能性空间。不同的机会会对未来分配结果和发展结果直接带来不同的影响，其对整个社会公正的重要意义不可低估。正像布坎南所强调的，“促使经济—政治比赛公正进行的努力在事先比事后要重要得多”。②

机会平等原则应包括两个层面的含义：一是共享机会，即社会中每个成员都应有大致相同的基本发展机会，不因出身、民族、性别、肤色、信仰或其他无关因素的不同而不同。“任何专制障碍都无法阻止人们达到与其才能相称的，而且其品质引导他们去谋求的地位。出身、民族、肤色、信仰、性别或任何其他无关的特性都不决定对一个人开放的机会，只有他的才能决定他所得到的机会”。③ 二是差别机会，即社会成员之间发展机会存在程度不同的差别。在机会方面共享、做到平等是可以实现的，而在一切机会方面寻求绝对平等是不可能的，也是没有必要的。如社会成员在先天性因素如自然禀赋、发展潜力、出身的家庭环境、财产继承等方面的差别往往是很大的，这就造成了不同的发展起点和发展潜力。正如恩格斯所指出，“两个意志的完全平等，只是在这

---

① 茅于轼：《给你所爱的人以自由》，北京：中国文联出版社 2003 年版，第 23 页。

② ［美］布坎南：《自由、市场和国家——20 世纪 80 年代的政治经济学》，吴良建等译，北京：北京经济学院出版社 1988 年版，第 141 页。

③ ［美］米尔顿·弗里德曼：《自由选择》，胡骑等译，北京：商务印书馆 1982 年版，第 135 页。

两个意志什么愿望也没有的时候才存在；一当它们不再是抽象的人的意志而转为现实的个人的意志，转为两个现实的人的意志的时候，平等就完结了”。[①] 我们应该承认个体之间的差别。只要这些差别就总体而言没有达到极致的程度，公正的保证原则和共享机会还没有被损害，那么，它就有利于社会总财富的增长。对于差别机会的这种积极作用，应当予以恰当肯定。

此外，在理解机会平等原则时，要将其与平均主义的机会绝对均等区别开来。机会平等原则是在为社会每个成员提供平等的生存与发展机会的前提下，承认个体之间的差异。平均主义的机会绝对均等则忽视了个体之间的差异，主张将机会按照数量上的平均份额分摊给每个社会成员。这种机会绝对均等观念过于强调每个社会成员的平等权利，这无疑使得确保机会平等和使机会同能力相适应相互冲突，也就剥夺了只能由某些人享有而不能提供给所有人的利益。况且，现代意义上的机会平等原则适应现代社会的现实状况，具有现实可行性。而机会绝对均等观念在现代社会则与现实状况格格不入，不具有现实可行性。正是从这个意义上讲，“极端自由主义是有可能的，但极端平均主义却是行不通的：超过正义所允许的更大自由，在社会上可能会有，但超过正义所要求的更大的平等却不能维持”。[②]

（三）按贡献分配原则

对现有社会资源按贡献进行分配是公正的初次分配原则，直接体现了公正原则的实现程度。因为从理论上来讲，这个问题是发生在社

① 《马克思恩格斯选集》第 3 卷，北京：人民出版社 2012 年版，第 480 页。

② [美]艾德勒：《六大观念》，郗庆华、薛金译，北京：三联书店 1991 年版，第 209 页。

会财富等各种资源形成之后，因而也可称之为公正的事后原则。

所谓贡献原则，就是把个人对社会贡献的大小同自身的利益紧密地结合在一起，即社会中每一个成员应根据其贡献大小来获得其应得的收入。因为每个人只有先为社会贡献利益，形成社会财富资源，然后社会才能把利益分配给每个人。而社会分配给每个人的利益，就应该是这个人所贡献的利益。同时，每个人投入的劳动数量和质量、生产要素等不可能完全相同，那么每个人对社会的贡献也必然不同。因此，社会分配就应该根据每个人贡献大小，来给每个人分配利益。正如哈耶克所说，"使每个社会成员按其贡献的大小，各自得到最大的富裕和福利"[①]，"按照每个人对大家协同生产创造财富所做贡献的大小进行分配"[②]，"一人享有之利益应当与其他人从其活动中获致的利益相符合"[③]。

按贡献进行分配的原则既体现了平等的劳动权利，又充分尊重并承认了个体人的差异。这一原则同现代社会和市场经济相适应，有利于充分调动社会成员的积极性，激发整个社会的活力。对于公正的贡献原则，古今中外几乎无人反驳，甚至对这种原则表示"敬意"。问题在于对这一分配原则重要程度的看法不同。如罗尔斯提出的"差别原则"，重在强调社会分配利益时要使最少受惠者得到最大的利益，显然，他的分配重心放在了"最少受惠者"一边。罗尔斯是在市场经济相对成熟、现代化程度较高的背景下提出这一见解的，具有一定的合理性。但对于市场化程度、发展程度比较低的国家，如大多数发展中国家，他们

---

① 《圣西门选集》第 2 卷，北京：商务印书馆 1982 年版，第 293 页。

② [美]艾德勒：《六大观念》，郗庆华、薛金译，北京：三联书店 1991 年版，第 183 页。

③ [英]哈耶克：《自由秩序原理》，邓正来译，北京：三联书店 1997 年版，第 114 页。

所面临的主要问题是如何把社会财富等资源的“蛋糕”做大，否则，其他一切将无从谈起。而照搬罗尔斯的理论就有可能导致保护甚至是强化平均主义的痼疾，进而大大削弱社会发展的动力。罗尔斯坚持这种观点的理由是：社会资源是在社会合作的基础上形成的，每个社会成员在社会合作过程中的贡献大小难以区分，即使是贡献大的个人也离不开社会合作这一形式，否则他将一事无成，所以在分配社会资源时就不应该有过于明显的差距。当然，社会资源的形成离不开社会合作，但在社会合作过程中每个社会成员的贡献是不可能完全相同的，所以，在分配时要充分反映出每个人的不同贡献，不能将每个社会成员的贡献一概予以平均化处理，否则就是不公正的。所以，贡献原则是社会公正不可或缺的根本原则。

（四）调剂原则

所谓调剂原则，是指从社会整体利益出发，调整初次分配后的社会利益格局，使社会成员共享发展成果，进而不断提高社会发展的速度和质量。市场经济的发展会出现一种被称为“马太效应”的现象，就是穷者愈穷、富者愈富，从而导致社会分配严重不公，影响经济发展。为了弥合初次分配导致的不公现象，有必要对初次分配后的社会财富进行调剂。这种调剂原则是对按贡献分配原则的补充，是以补偿的方式缩小初次分配中出现的差距，缓解群体与群体之间、阶层与阶层之间因分配不均而引发的抵触和冲突，甚至消除一些潜在的抵触和冲突，从而使整个社会最大限度地降低由社会分配不公带来的矛盾冲突，实现社会和谐稳定发展。所以，公正的调剂原则强调的是“发展型”或“增长型”的补偿，不是“维持型”的救援。它同公正的保证原则不同。公正的保证原则是立足于保障社会成员基本权利，但公正的调剂原则则是注重在相对较高层面上促进广大社会成员进一步发展。当然，调剂原则的实施是以保证原则的实施为前提条件。此外，调剂原则更为侧重社会领域。调剂原则意味着社会资源按照某种规则在社会成员之间实现某种转移，这也是每个社会成员对社会负有的责任。因为“作为社会生活原则，社会责任要求每一个共同体成员在维持和推进共同体利益方面发挥作用。一旦发生冲突，必须让共同利益高于个人利益”。[①] 社会责任理应包括对在初次分配过程中处于明显不利境地的社会成员进行必要的调剂，以推动社会的整体化发展。

调剂原则实际上就是通过社会性的干预来实现社会公正，那么，其干预必然有一个限度。既不能因过分强调社会整体利益而轻视个体利益，对社会成员进行整齐划一的处理，消除社会成员之间的差距，实行绝对的平均主义；也不能因过分强调个体利益而忽视社会整体利益，放弃社会调剂，任其自由发展，否则势必影响社会成员的整体生活质量和发展水平。总之，这两种偏颇都会对社会的正常运转和健康发展造成严重影响，应当引以为戒。

上述公正的四个基本原则缺一不可，是一个有机整体。只有遵循公正的基本原则，才能使广大人民群众普遍受益、共享发展成果，才能激发人民群众的潜能，竭尽全力作贡献，进而实现社会良性运行和健康发展。

三 公正的基本类型

在社会生活中，涉及公正与否的社会现象极其广泛，也极为纷繁复

① ［英］A. J. M. 米尔恩：《人的权利与人的多样性——人权哲学》，夏勇、张志铭译，北京：中国大百科全书出版社 1995 年版，第 162 页。

杂。从不同角度对公正进行分类,往往会相应地得到一些不同结论。例如,按照人们社会生活的领域可分为经济公正、政治公正、文化公正、环境公正;按形成、影响和因素可分为制度性公正和非制度性公正;还有将公正问题分为机会公正、起点公正、结果公正、原则公正和程序公正。这些分类方法,具有重要的理论意义和实践意义。正是通过这样的分类,才使得我们能够用不同的方法去解决不同类别的公正问题。

在对公正类型进行划分之前,简单回顾一下马克思的公平正义思想,以为其后论述作一理论铺垫。在马克思的全部著述中,直接论述公正的文字并不多,他也不认为自己是一位道德哲学家或伦理学家。然而,作为一位伟大的哲学家、政治经济学家和科学社会主义的创始人,他为公正的研究提供了科学的哲学方法论。马克思把公正划分为形式公正和实质公正。形式公正是指该社会组织的准则、规范的有效贯彻。这意味着,它不能充当对该组织进行谴责的基础。一个社会若不能一以贯之地贯彻它的规则,就不可能是公正的。而实质公正指的是规则本身的公正,它是公正的"内容",适用于对规则的评价。马克思对二者持不同态度:当实质性规则不具有公正性时,形式公正是毫无价值的;然而,当公正规则的实质内容可以接受时,形式公正则可能具有工具性意义。这是马克思公正思想的重要方面。从马克思公正思想的阐述中,我们可以得到这样一点启示:评价一个社会公平正义与否,不能仅仅着眼于形式或实质是否公正,而应着眼于是否真正实现了形式公正与实质公正的统一。唯有二者统一,才能真正实现社会公平正义。

那么,基于现代社会发展的实际情况,综合前人的意见,从以下几个方面来划分公正的类型。

(一)按涉及领域划分

社会可以分为经济、政治、文化、生态等不同的领域,在不同的领域公正表现出不同的样式。本书主要围绕经济公正、政治公正、文化公正、环境公正和网络公正等进行分析。

1. 经济公正

全部社会活动的基础是经济活动,人类离不开经济活动。“任何一个民族,如果停止劳动,不用说一年,就是几个星期,也要灭亡”①。经济活动的重要性,决定了经济公正的重要性。经济公正是社会公正的基本领域。顾名思义,它是指社会经济活动或社会经济生活领域中的公正。经济活动包含生产、交换、分配、消费四大环节,而每个环节都存在公正问题,所以,经济公正应包括生产公正、交换公正、分配公正和消费公正。不过经济公正通常被狭义地被理解为分配公正,也就是说在社会成员之间如何合理地分配各种经济利益。这是由经济分配公正在整个公正领域中的基础地位决定的。因为经济分配的公正问题是同人们的基本生活需要最为贴近的,也是其他领域不公正的源头。还有些学者认为,经济公正是经济学意义的公正,强调的是经济活动的起点和规则的公正,一视同仁,不追求结果的均等。本书认为,经济公正是在经济活动之前,确保每个社会成员有完全平等的基本发展机会和比例平等的非基本发展机会支配社会资源,参与社会经济活动;在经济活动之中,确保每个社会成员都享有同等的、竞争的规则;在经济活动之后,确保每个社会成员对社会经济成果的合理共享。虽然经济是社会的基础,但社会远不止经济领域一个方面,经济领域的公正必然要受其他因素的影响和制约。历史唯物主义原理告诉我们,经济基础决定上层建筑,上层建筑反作用于经济基础。所以,经济公正的实现要受政治、文化等多因素制约。经济公正尚需进一步发展到更高层次的公正。

① 《马克思恩格斯选集》第4卷,北京:人民出版社2012年版,第473页。

2. 政治公正

由于政治生活对社会的重要性，许多思想家、理论家都关注政治领域的公正问题，并将其作为研究焦点，提出自己的主张。柏拉图认为公正的政治生活是建立在合乎人的自然构成和禀性上的等级秩序社会，在这个社会中取消了私有财产，由哲学王领导。亚里士多德则认为，在政治正义中，一方面要保障已有的自然权利，另一方面要维护公共利益，使生活得以有序运转，只有这样才是公正的。孟德斯鸠主张政治社会应建立在自然法则基础上，而且为了保证国家能够合乎公正地行为，他提出了分权原则。卢梭、休谟等人提出社会契约论观点，认为公民社会只有建立在社会契约基础上才能尽可能地保障公民的权利和需要，保障公正。关于政治领域的公正理论举不胜举。但总体而言，政治公正是指一种社会政治制度和政府的主张，体现出公正合理地配置权利与义务，并能一以贯之地贯彻执行，以保持稳定正常的社会秩序。当前我国政治公正的根本要求就是要贯彻权利平等，首先是政治权利平等原则。虽然权利平等是资产阶级在反封建斗争中提出的革命口号，不过它绝不是资产阶级的专属，而是全人类的普遍价值追求和价值目标。社会成员权利平等的基础是经济权利的平等，这毋庸置疑。但从另一个角度看，由于政治是经济的集中表现，社会成员在经济、文化等方面的平等权利，也集中表现为政治权利的平等。换言之，社会成员所拥有的其他方面的平等权，正是由于他们拥有平等地参政议政的权利，才能得到支持和保障。所以，政治权利平等是权利平等的核心因素，而以政治权利平等为主要内容的政治公正是社会公正实现的重要保障。

3. 文化公正

文化是学者广泛关注并颇有争议的论题，对其概念界定有数百种之多。文化研究领域里所指的文化是广泛意义上的大文化，既包括物质和精神发展所取得的成果，也包括各种社会现象、社会过程和社会事物，也就是把人类所创造的并为一定社会群体所共有的一切事物都看成文化。本书论及的文化公正是人们对精神领域的产品和成果的共享的狭义上的文化概念。所谓文化公正是从意识形态或道德角度来审视一个国家或民族的精神支柱层面的实然与应然之间的矛盾现象。此外，由于教育与文化相伴而生、相随而长，互为前提、互相砥砺，在论及文化公正时不可避免要涉及教育公正问题。教育公正是社会公正在教育领域的延伸，也是达到社会公正的重要手段和途径。但是，教育要发挥促进社会公正的功能，必须以自身的公正为前提。什么是教育公正呢？教育公正主要包括教育权利平等和机会均等两个方面。教育权利平等是指在法律上要保证每个公民都享有同等的受教育权利；教育机会均等是指社会成员不论其家庭背景、个人出身，不论其性别、种族、地域等，都有同等的接受教育的机会。教育公正是我国人民数千年梦寐以求的教育理想。

4. 环境公正

环境公正是环境领域的公正，是从 20 世纪 70 年代中期开始才逐渐进入人们视野的，主要原因是工业化破坏了自然环境，生态平衡被打破，开始出现全球性环境问题。迄今为止，人类文明发展已经经历了原始文明、农业文明和工业文明三个阶段。每一阶段文明的进步都离不开人们对人与自然关系认识的深化。在生产力发展水平极其低下的原始文明阶段，人同自然界的关系像动物同自然界的关系一样，依靠集体的力量、大自然的恩赐才能生存发展。人与自然的关系是一种单向的附属关系，看似混沌共生的和谐状态，其实质是自然中心主义，人敬畏、崇拜、慑服于自然。到了农业文明阶段，人们不再主要从自然界中直接获取食物，而是在模仿自然的基础上运用生产工具改造自然，通过种植五谷杂粮、饲养牲畜等方式获得必需的生活用品。在人与自然的关系中，自然不再是威力无穷的主宰，人可以通过发挥主观能动性利用自然和改造自然。尽管人类为了生存发展在这一时期在某种程度上破坏了自然，不过由于人类对自然的破坏程度尚未超出自然的自身调整能力，所以人与自然的矛盾未能充分展现。在工业文明阶段，由于生产技术的进步，人类对自然资源的利用能力大幅度提高，改造自然界的力度不断增强，与此同时，人类对自然界的破坏也日趋严重，人与自然之间的关系变得愈发紧张和失衡，二者的矛盾也突显出来。人类不得不重新反思人与自然的关系问题，环境公正也就应运而生。虽然环境公正目前学术界没有统一的定义，但学者们都从不同的学科领域和研究旨趣对其进行了广泛而深入的探讨。本书认为，环境公正作为生态文明的理论支点，是人与自然、人与人以及人与社会在开发、利用和保护自然资源上责、权、利三者的有机统一。其中人、自然与社会都是环境公正的主体，三者缺一不可。在人与自然的关系方面，人要尊重自然、顺应自然、保护自然；在人与人的社会关系方面，每个公民平等公正地享有生态的权益要得到尊重和保护。环境公正的终极价值目标是要实现人与自然、社会的和谐共生。

社会的经济、政治、文化、生态是共存于一个社会整体的，但各领域公正之间也存在着层次性。其中经济公正是人的生存发展需要和权利的最核心、最直接的保障，政治公正一方面能规定或调整经济公正的方向，另一方面能扩大人的需要和权利的范围，使其上升到更高的层次；文化公正追求善，比政治公正通过外在方式来实现权利和需要更具人的发展意义，表现出更高的价值追求层次；环境公正则是保障人的生存发展需要和权利的基本前提。总之，经济公正、环境公正是政治公正、文化公正的基础性平台，政治公正是经济公正、文化公正、环境公正的必要条件，文化公正是经济公正、政治公正、环境公正的价值基础。它们彼此之间是紧密联系的统一整体。

（二）按目的和手段划分

按照公正的目的和手段可以划分为程序公正和实质公正。

程序公正，是一种行为过程的公正，具体是指制定和实施符合公正原则和精神的法律、法规、政策时所应遵循的基本规则和流程安排。所谓程序，从法理学角度来看，主要体现为按照一定的顺序、方式和步骤做出法律决定的过程。这就是说，程序属于行为过程范畴。这个行为过程不仅具有时间顺序，也具有空间顺序，是具有一定时空顺序的行为过程。如审判过程，除了法院其他任何机关不得干预，这体现的是各法律行为主体的空间相关性，而非时间相关性。又如审判过程是采取秘密审判还是公开审判，也是一种审判的法律程序。可见，程序还可表现为各种具体行为形式的选择。总之，程序公正侧重于形式上的、纯粹规则意义上的社会公正，是具有一定时空顺序的行为过程的公正。正如戴维·米勒所指出的那样：程序公正“指的是一个机构——一个人或一种制度——向若干其他人分配利益（或负担）的规则或途径”[①]。程序公正具体包括：在制定相关法律、法规、政策时所遵循的基本规则是公正的，而且这个制定过程是符合公正的法定的时空顺序，其实施过程也必须依照法律、法规、政策所规定的流程进行。程序公正对于社会公平正义理念的实现，对于社会的安全运行和健康发展具有不可替代的作用。如果一个社会缺少程序公正，那么就意味着这个社会制定的法律或政策具有随意性和不确定性，社会成员对社会的认同度和信任度会迅速降低。正如诺齐克所说：“使用不可靠程序并按其结果行动的人，

---

① ［英］戴维·米勒：《社会正义原则》，应奇译，南京：江苏人民出版社2001年版，第102页。

不管他的程序在一个具体情况中是否起了作用,他都给别人带来了危险。”[①]

实质公正是一种结果的公正,意味着公正在现实社会中的真正实现,也就是在实际效果或结果中,真正实现了权利和义务的统一,成本付出和利益回报达到一致。重视实质公正对于社会公正的实现也至关重要。因为如果过度看重程序公正,而轻视实质公正,在现实生活中会产生很多问题。例如,有人发现,美国法院普遍关注程序的精确性,给予自由的实质性限制以相当大的容忍,这势必会使一些人钻法律的空子,应该受到惩罚而得不到惩罚。正像哈耶克所说,“仅依靠程序已达致正义,乃是现代自由主义的谬误。而正是这种谬误使希特勒那种全权性政权获得形式合法性具有可能”。[②]

程序公正和实质公正是密不可分的。程序公正是一种手段公正,一种形式公正,是附属的、属性的、依附的公正;实质公正是一种结果公正,一种内容公正,是实体公正。“程序公正是实质公正的基本前提和基本保证。尤其是在现代社会,人们对于程序公正的要求更为迫切,因而这种情形更为显著。另一方面,实质公正是程序公正的最终标准和最终目的。如果脱离了实质公正,那么程序公正也就缺少了得以存在的实际意义,缺少了得以检验的最终标准。”[③]可见,程序公正和实质公正相辅相成,共同构成完整意义上的社会公正。

① [美]罗伯特·诺齐克:《无政府、国家与乌托邦》,何怀宏等译,北京:中国社会科学出版社1991年版,第110页。

② [英]弗里德里希·冯·哈耶克:《自由秩序原理》(上),邓正来译,北京:三联书店1997年版,第432页。

③ 吴忠民:《社会公正理论十二讲》,济南:山东大学出版社2012年版,第65页。

（三）按时空维度划分

按公正的时间和空间维度来划分，可分为代内公正和代际公正。

代内公正是空间维度的公正，是指当代人，不论国籍、种族、性别、经济水平、文化水平，在满足自身利益过程中享有平等的权利和义务。这种代内公正既可以是对国与国的审视，也可以是对国家内部甚至一个区域、一个群体的审视。比如发达国家和发展中国家的经济差距问题。从历史上看，一些发达国家是通过殖民扩张，野蛮掠夺殖民地自然资源走上工业化道路，实现飞速发展、国力繁荣的，今天它们凭借经济、技术上的优势，仍然对发展中国家进行生态意义上的掠夺，向其输出垃圾和废物，致使其环境不断恶化。而发展中国家在其后续发展中处于劣势，其生存权和发展权也受到了侵害和践踏。今天“南北差距”的结果，发达国家应该承担主要责任，应该为消除贫富差距，挽救生态危机做出实际努力，这是实现代内公正的最起码要求。但是，发达国家并没有做出实际的补偿行为，而且为了保护本国利益，竭力维护不公正的局面。再如，经济发展和环境保护之间本是良性互动的，但从现实来看，环境保护在一些地区在短期内是要付出经济代价的，甚至影响一些人的生活。对于这样的情形就要求不同地区、不同部门的人必须树立全国一盘棋意识，从自身实际出发，节能减排，降低能源消耗。可见，代内公正是对当代人提出的一种普遍的道德要求，它以当代人为现实的道德主体，通过相互履行责任和义务来达到公平而合理地使用地球资源的目的。

代际公正是时间维度的公正，是指人类在世代延续的过程中既要保证当代人满足或实现自己的利益需要，还要保证后代人也能够有机会满足他们的利益需要，即要求当代人要对后代人负责，绝不能只为一时之利而断送后代人的生存发展机会。简言之，代际公正就是要求人类在时代更替过程中公平地享有利益。主要表现在三个方面:一是每代人都能公平享有基本的生存与发展条件,既不能只顾及本代人利益而不顾及甚至预支后代人利益,也不能只顾及后代人利益而不顾及甚至透支本代人利益,否则社会无法持续增益,代际合作也就沦为空谈。正如罗尔斯所说,“每一代不仅必须保持文化和文明的成果,完整地维持已建立的正义制度,而且也必须在每一代的时间里,储备适当数量的实际资金积累”。[①] 二是保证代际的机会平等,即保证每代人都有平等的起点,都有机会实现过程的平等。为此,社会要努力消除代际特权性的“遗传优势”,创造一些有助于代际机会平等原则实施所需要的“平等条件”。三是在充分肯定每代人的地位和作用的同时,按照贡献进行代际分配,避免出现平均主义的观念和行为。

代内公正和代际公正的关系是辩证的。代内公正是代际公正的基础,它的实现有助于代际公正的实现。如果无视代内公正,代际公正只是海市蜃楼,不切实际。而代际公正是代内公正的延续,“它能把‘横向’社会中一些有碍于社会公正的因素通过‘纵向’的历史过程予以化解,而且,既增强了代际的社会活力,又在历史发展过程中逐渐地实现了社会公正”。[②] 当代内公正和代际公正发生矛盾时,一般优先处理代际公正问题。

此外,从公正的实现程度角度,还可将公正划分为应然公正和实然公正,或理想公正和现实公正。应然公正,即理想公正,是指理想意义上的、应当的公正。它反映了人们对公正的一种纯粹的价值追求,即公正应该是什么,不应该是什么;应该怎么样,不应该怎么样的理想目标

① [美]约翰·罗尔斯:《正义论》,何怀宏等译,北京:中国社会科学出版社 1988 年版,第 76 页。

② 吴忠民:《社会公正论》,济南:山东大学出版社 2004 年版,第 230 页。

和要求，它是人们对公正美好的设想和完满的愿望，指引着公正的发展方向，构成公正追求的动力。实然公正，即现实公正，是指应然公正在现实社会的实际兑现状态。一般来说，应然公正在现实社会的兑现是有限度的，而不可能百分之百地予以兑现。所以，应然公正与实然公正两者之间必然存在着程度不同的差距。[①] 因此，在现实社会生活中，我们不能单纯地追求应然公正而忽视实然公正，也不能因为实然公正而放弃应然公正，我们必须竭尽所能将二者有机统一起来，以缩小彼此之间的差距，从而提高现实社会的公正度。

① 吴忠民：《社会公正论》，济南：山东大学出版社 2004 年版，第 57 页。

第二章　改革开放以来中国共产党公平正义思想的理论渊源

有史以来，人类对于公平正义的追求和渴望从未停止过，尽管在不同时空对公平正义的理解不尽相同，但人类社会的每一次进步都包含着对公平正义理解的深化。当前，公平正义已成为人类最宝贵的价值理念之一，推进和实现公平正义也成为世界性潮流。中国共产党把公平正义作为自己的一贯主张和奋斗目标，并在革命、建设和改革的伟大实践中形成了独具特色的公平正义思想。诚然，任何一个思想理论都是在相互借鉴中得以传承发展的，改革开放以来中国共产党公平正义思想也不例外，也有其形成的理论渊源。改革开放以来中国共产党公平正义思想源头尽管是多方位的，但各个思想源头在该理论的形成过程中发挥的作用并不相同。其中马克思、恩格斯的公平正义思想是其理论基础，中国传统文化中的公平正义思想是其重要来源，毛泽东思想中的公平正义思想是其直接理论来源，它们共同构成了改革开放以来中国共产党公平正义思想的理论来源。

一 马克思恩格斯的公平正义思想

马克思恩格斯的公平正义思想是马克思主义理论体系的重要内容,是改革开放以来中国共产党公平正义思想的主要来源和根本指导思想。但对于马克思、恩格斯是否存在公平正义思想,长期以来学术界存在争议。有一种观点认为马克思主义是一种科学的理论形态,与道德无涉,正义在马克思看来都是虚假的意识形态,马克思拒斥正义。这种观点就是学术界著名的"塔克尔-伍德论题"。罗伯特·塔克尔在1969年《马克思的革命理念》一书中首次提出了"马克思对正义观念持反对态度"这一命题。1972年,艾伦·伍德在《马克思对正义的批判》一文中进一步论述了塔克尔所提出的马克思"反对正义理念"的命题,指出:"在马克思和恩格斯看来,'正义'基本上是一个司法或法律意义上的概念……对他们来说,权利和正义是最高的理性标准,法律、制度和人类行为将据此从一个司法的角度进行批判","在他的著作中找不到任何清楚地阐述积极的权利或正义思想的真正努力"。[①] 所以,塔克尔和伍德对马克思恩格斯思想中"正义"的否定的观点被布坎南称为"塔克尔-伍德论题"。的确,马克思、恩格斯从未把"公平正义"作为独立命题来研究,也从未写过专门论述公平正义问题的著作,但是,马克思和恩格斯毕生从事的就是追求公平正义的事业,其著作中包含着丰富的公平正义思想。正如有些学者指出的那样,"马克思所拒斥的是抽

① Allcn W. Wood:"Marxiatn Critique of Justise",*Philosophy and Affairs*,1972,Vol. 1,No. 3.

象意义上的资产阶级的正义观，而非一般意义上的正义概念……马克思也不是为了‘拒斥正义’而‘批判正义’，而是为了‘实现正义’、‘改造正义’而‘批判正义’。马克思所要批判的正义观只是抽象意义上的资产阶级正义观，而不是整个正义观念或一般意义上的正义概念。他所要拒斥的只是一种特定的历史形态或以资产阶级为代表的正义形态，而不是力图结束正义观念和终结正义观念的未来发展。因此，马克思不是简单地拒斥和否定正义观念，而是要超越传统正义和思辨正义，即从关注思辨正义或抽象正义回归到关注社会正义，或者说他只是实现了正义理论的现实转换，即从理论正义转向了社会现实正义”。[①] 马克思、恩格斯不但没有拒斥正义，而且运用历史唯物主义，以阶级分析方法对资本主义的公平正义理论和实践进行了尖锐批判，进而构建未来公正社会的理想样态，实现了公平正义思想的历史性超越。马克思恩格斯在关于公平正义的论述中，正义、平等和公平三个概念往往是同时使用的。虽然这三个概念是有区别的，但是在本质意蕴上三者具有一致性，所以，在马克思恩格斯的著作中关于正义、平等、公平的思想也是关于公正的思想。

（一）公平正义思想的哲学基础

在唯物史观创立之前，所有的唯物主义和唯心主义在社会历史观问题上都陷入了唯心史观。与之相对应，马克思主义公平正义思想产生之前的公平正义思想都是建立在唯心史观基础上的。而唯心史观至多考察了人的活动的思想动机，而没有进一步考察思想动机背后的物质动因和经济根源。正如恩格斯所指出的，“旧唯物主义在历史领域内

① 王玉鹏、冯颜利：《马克思与正义：国外学者观点辨析》，《中国人民大学学报》，2012 年第 4 期。

自己背叛了自己，因为它认为在历史领域中起作用的精神的动力是最终原因，而不去研究隐藏在这些动力后面的是什么，这些动力的动力是什么”。[1] 唯物史观的创立则科学地揭示了人们思想动机背后的物质动因和经济根源，使公平正义思想建立在科学的基础之上。

首先，将公平正义与经济关系联系起来，认为公平正义是由经济关系决定的。马克思在《〈政治经济学批判〉序言》中指出：“物质生活的生产方式制约着整个社会生活、政治生活和精神生活的过程。不是人们的意识决定人们的存在，相反，是人们的社会存在决定人们的意识。”[2] 公平正义思想作为社会意识的一部分，它的性质和内容也是由社会存在决定的，即由一定社会的物质生活条件——经济基础决定的。正如恩格斯指出，公平“始终只是现存经济关系的或者反映其保守方面、或者反映其革命方面的观念化的神圣化的表现”[3]。不存在离开特定经济关系的、抽象的公平正义。同时，公平正义的观念也随着经济关系的变化而变化。也就是说，公平正义不是永恒不变的，要因时因地因人而变。蒲鲁东主义公正观宣称的所谓“永恒的公正”是不存在的。恩格斯指出，“平等的观念，无论以资产阶级的形式出现，还是以无产阶级的形式出现，本身都是一种历史的产物，这一观念的形成，需要一定的历史条件，而这种历史条件本身又以长期的以往的历史为前提。所以，这样的平等观念说它是什么都行，就不能说是永恒的真理”。[4] 历史经验也表明，如果离开特定经济关系的发展而抽象提高社会公平正义水平，其所实现的公平正义只能是具有乌托邦色彩的公平正义，这样的公平正

---

① 《马克思恩格斯选集》第 4 卷，北京：人民出版社 2012 年版，第 255 页。

② 《马克思恩格斯选集》第 2 卷，北京：人民出版社 2012 年版，第 2 页。

③ 《马克思恩格斯选集》第 3 卷，北京：人民出版社 2012 年版，第 261 页。

④ 《马克思恩格斯文集》第 9 卷，北京：人民出版社 2009 年版，第 113 页。

义不是真正意义上的公平正义,也不可能持久。

其次,公平虽根源于人类实践的发展,但其直接来源是法权观念和道德观念。马克思恩格斯认为,公平是一个法的概念或法律概念,是一个与法律和据此法律享有的权利相联系的概念。公平是从法的角度判断法律、社会制度和人类行为的最高理性标准,而它归根到底是对现实经济关系与评价主体利益之间关系的反映,是法权观念和道德观念最抽象的表现。在谈到公平观念的产生时,恩格斯认识到,以往的法学家往往看不到隐藏在法权背后的经济条件,总是将法权视为本身包含有自己根据的体系,法学在其法中把各民族和各时代的法权体系加以比较,而“比较都是以具有某种共同点为前提的:这种共同点表现在法学家把这些法学体系中一切多少相同的东西统称为自然法权。而衡量什么算自然法权和什么又不算自然法权的标准,则是法权本身最抽象的表现,即公平”[①]。可见,公平是法学家用来衡量各种法律体系中相同东西的一种尺度,是法权本身一种更为抽象的表现。公平不仅仅直接来源于法权观念,而且也直接来源于道德观念。恩格斯在谈到资本主义分配关系时说,“按照资产阶级经济学的规律,产品的绝大部分并不属于生产这些产品的工人。如果我们说,这是不公平的,不应该这样,那么这首先同经济学没有什么关系。我们不过是说,这个经济事实同我们的道德情感相矛盾”。[②] 可见,从道德意义上讲的公平也是道德本身一种更为抽象的表现。公平作为一种主观的道德评判,是一种价值判断,即对事物是否符合主体的公平感所做出的判断。需要特别指出的是,马克思恩格斯对公平正义问题的认识,首先是从现实的合理性出发,也就是从资本主义生产方式成为现实的必然性出发,然后从道德领

① 《马克思恩格斯全集》第18卷,北京:人民出版社1965年版,第309～310页。

② 《马克思恩格斯文集》第4卷,北京:人民出版社2009年版,第203页。

域批判资本主义生产方式。这样，既不会遮蔽资本主义生产方式自然发展的合理性，同时也对资本主义生产方式进行了尖锐的批判，认识到了公平的价值判断对变革资本主义生产方式具有能动的革命力量。此外，马克思恩格斯也不同于拉萨尔。拉萨尔秉持唯心史观，没有深入探讨公平正义背后的物质动因，而将公平正义看成是一个纯粹抽象的法权观念，在解决公正问题上用所谓“公平”的抽象要求代替消灭不公正的物质根源的现实革命路径，也就只能停留在对资本主义社会的伦理道德控诉，不能从根本上解决资本主义社会的不公正问题。而马克思、恩格斯虽然认为公平直接来源于法权观念和道德观念，但物质利益始终是其考察公平正义问题的逻辑起点。正如马克思所说，人奋斗所争取的一切，包括公平正义，都同他们的利益有关。公平正义问题源于物质利益。原始社会由于生产力发展水平极其落后，人类为了生存繁衍，共同占有生产资料，也就不存在所谓公正不公正的问题。伴随着生产力的发展和剩余产品的出现，原始社会的公有制逐渐被私有制所取代，社会各群体之间因利益分配不均产生了冲突和矛盾，公平正义问题随之产生。不同社会形态的公平正义思想也各有不同。如封建社会的思想家们大多从伦理道德、政治秩序等维度探索公平正义，甚至幻想通过历史倒退实现社会公平正义。这些具有乌托邦色彩的公平正义思想显然不符合人类历史的发展趋势，注定只能流于空想。资本主义社会则在人类历史上第一次从制度层面确立了诸如“天赋人权”“法律面前人人平等”等公平正义原则，有力地打破了封建社会的观念公平正义。马克思和恩格斯实现了对以往一切阶级公平正义的超越，找到了考察公平正义问题的切入口，即物质利益、物质生产，这就触及了公平正义问题的根源。只有这样，才能真正认清特定不公正现象的社会历史，才能真正找到解决资本主义社会不公正问题的现实路径。

最后，公平正义是历史的、具体的范畴，不是永恒的、抽象的观念。

马克思恩格斯在使用"正义"一词时非常谨慎。因为每一个阶级、每一个社会集团、每个人都在讲正义，公开反对社会正义的是极少数的，特别是资产阶级在进行资产阶级革命时，已经将正义这一词语抽象化、永恒化。马克思恩格斯担心无产阶级群众对正义一词产生误解，以为无产阶级的正义与资产阶级的正义没有区别，从而陷入资产阶级的正义话语框架而不利于无产阶级运动，所以他们特别慎重地使用正义一词。一个比较明显的例子是，在1864年10月马克思起草的《国际工人协会临时章程》中，关于加入协会所遵循的原则时写道："加入协会的一切团体和个人，承认真理、正义和道德是他们彼此间和对一切人的关系的基础，而不分肤色、信仰或民族。"[①]这里马克思使用了"真理""正义"等词，随后他在写给恩格斯的信中就此作了说明："不过我必须在章程导言中采纳'义务'和'权利'这两个词，以及'真理，道德和正义'等词，但是，对这些字眼已经妥为安排，使它们不可能造成危害。"[②]其实，在马克思和恩格斯看来，无产阶级的正义和资产阶级的正义既有联系又有区别。它们的联系是两者都属于现代社会的平等观念，存在着一定的共同性。因为无产阶级的正义观念是吸收了资产阶级正义观念的历史成果并运用资产阶级的正义话语而发展自身的正义，其内容部分地包含了资产阶级的正义内容。另一方面二者又具有本质区别。资产阶级虽然以全人类和全社会的名义宣传正义，但这并不是由于资产阶级正义理论本身的科学性，而是由于它对无产阶级鼓动的价值。从现实方面来讲，无产阶级存在本身就说明了资本主义制度的不公正性。虽然马克思恩格斯认真地区分无产阶级的正义与资产阶级的正义，谨慎地使用正义，但是在对正义的认识上，由于受拉萨尔和杜林的正义观念的

① 《马克思恩格斯全集》第16卷，北京：人民出版社1964年版，第16页。

② 《马克思恩格斯文集》第10卷，北京：人民出版社2009年版，第215页。

影响，各国无产阶级政党还是产生了分歧。拉萨尔主张用“消除一切社会的和政治的不平等”的口号代替“消灭一切阶级差别”的口号；杜林则把正义看作是“最高的原则和最终的真理”。他们的正义观念没有根本摆脱唯心的、形而上学的思维方式，没有确立彻底的唯物主义思想，他们把社会主义正义抽象化、永恒化，没有脱离资产阶级正义的话语框架，在工人群众中引起了很大的思想混乱。马克思恩格斯对拉萨尔和杜林的正义观念进行尖锐批判，阐明了具体的历史的相统一的正义观。一方面，公平正义是具体的，不存在抽象的公平正义。马克思恩格斯认为，认识公平正义要依据一定的时间、地点和主客观条件，反对把公平正义抽象化、绝对化。即使是在社会主义社会也不存在绝对的平等。以按劳分配为例，按劳分配是以劳动来计量的，“但是，一个人在体力或智力上胜过另一个人，因此在同一时间内提供较多的劳动，或者能够劳动较长的时间；而劳动，要当做尺度来用，就必须按照它的时间或强度来确定，不然它就不成其为尺度了。这种平等的权利，对不同等的劳动来说是不平等的权利”。[①] 在马克思看来，即使是社会主义社会的按劳分配也不能实现人人认可的公平。马克思恩格斯反对抽象的公平正义理论，认为抽象的公平正义理论是虚无缥缈的幻想，是荒谬的。只有建立在唯物主义基础上具体地研究公平正义问题才是合理的。另一方面，公平正义是历史的，随着历史的发展而发展，不存在永恒的公平正义。公平正义问题不是独立于社会历史之外的，而是从社会内部矛盾对立中产生的，是对社会矛盾结果的反映。马克思恩格斯认为人类社会的历史是阶级斗争的历史，正义是社会矛盾对立的产物。恩格斯指出：“正义仅仅存在于同非正义的对立中，因此，它们还摆脱不了同以往

① 《马克思恩格斯选集》第3卷，北京：人民出版社2012年版，第364页。

旧历史的对立，就是说摆脱不了旧社会本身。”[①]这表明，不存在永恒的公平正义。每一个时代、每一个历史阶段、不同时代的每个人对公平正义的理解因历史条件的不同而必然不同。所以，马克思恩格斯反对脱离历史发展谈论公平正义，反对把公平正义当成最终的、永恒的真理。因此，只有具体地、历史地研究公平正义问题才能正确地认识公平正义。

综上，马克思恩格斯对公平正义并未从普遍意义上给出一个明确的定义，但是根据他们对于公平正义的阐发，可以发现，他们对公平正义的理解是以历史唯物主义为理论前提，将阶级分析方法引入到公平正义观念之中，从根本上超越了以往对公平正义问题的抽象描述和永恒不变的理解，实现了质的飞跃。

（二）公平正义思想的诉求基础

马克思恩格斯在分析资产阶级公平正义观时，充分肯定其历史进步性。他们认为，资本主义社会是人类实现公平正义的重要历史阶段，资产阶级提出的权利、平等等口号体现了历史的进步性。近代以来，资产阶级是打着“正义”的旗号走上历史舞台的。以商品经济为主导的资本主义生产方式实现了以往任何一种社会形态都无法比拟的公平。在奴隶社会，奴隶主占有全部生产资料，包括奴隶本身。奴隶对奴隶主具有完全的人身依附关系，没有任何自由，只是“会说话的牲口”，奴隶主可以买卖、屠杀奴隶，根本无公平正义可言。到了封建社会，封建主占有主要的生产资料——土地，农奴或农民只占有简单的生产工具，在封建主的土地上劳动，对封建主具有半人身依附关系。公平正义也就成了镜中花水中月。到了资本主义社会，“束缚于天然首长的形形色色的

① 《马克思恩格斯文集》第9卷，北京：人民出版社2009年版，第354页。

封建羁绊”，“被无情地斩断了”。[①] 每个人看起来都是独立地、自由地相互接触，并在这种自由中不受约束地互相进行商品交换，人的“独立性”“自主性”得到前所未有的增强，人的聪明才智有了更充分更平等的发展可能，这就大大促进了资本主义社会生产力的发展。正如马克思恩格斯所指出的，“资产阶级在它的不到一百年的阶级统治中所创造的生产力，比过去一切世代创造的全部生产力还要多，还要大。自然力的征服，机器的采用，化学在工业和农业中的应用，轮船的行驶，铁路的通行，电报的使用，整个大陆的开垦，河川的通航，仿佛用法术从地下呼唤出来的大量人口，——过去哪一个世纪料想到在社会劳动里蕴藏有这样的生产力呢？”[②]而且资本主义制度的产生还推动了国家的生产和消费成为世界性的。正是从促进生产力、推动科技进步和经济全球化的角度，马克思恩格斯认为，资本主义制度相较于封建制度是公平正义的，是人类历史的巨大进步。资产阶级公平正义观是建立在商品经济基础之上的，是资本主义生产方式的产物。而商品经济的发展必然对平等和自由提出要求。因为商品经济的前提是平等与自由。对此，马克思指出，“平等和自由不仅在以交换价值为基础的交换中受到尊重，而且交换价值的交换是一切平等和自由的生产的、现实的基础。作为纯粹观念，平等和自由仅仅是交换价值的交换的一种理想化的表现，作为在法律的、政治的、社会的关系上发展了的东西，平等和自由不过是另一次方的这种基础而已”。[③] 恩格斯在谈及资产阶级平等观时，也曾说过“当社会日益成为资产阶级社会的时候，国家制度仍然是封建的。大规模的贸易，特别是国际贸易，尤其是世界贸易，要求有自由的、在行

---

① 《马克思恩格斯选集》第1卷，北京：人民出版社2012年版，第403页。

② 《马克思恩格斯选集》第1卷，北京：人民出版社2012年版，第405页。

③ 《马克思恩格斯全集》第46卷(上)，北京：人民出版社1979年版，第197页。

动上不受限制的商品占有者，他们作为商品占有者是有平等权利的，他们根据对他们所有人来说都是平等的、至少在当地是平等的权利进行交换”。[①] 这说明，资产阶级的平等观也就是商品所有者的平等观，而商品所有者的平等观就是用等价物交换等价物。在资本主义社会占统治地位的社会关系，是人与人之间的商品所有者的关系，那么资产阶级公平正义观也就自然是等价交换这一商品交换的基本原则。将等价交换原则看成资产阶级的公平原则是马克思的一贯思想。

当然，马克思恩格斯在充分肯定资产阶级公平正义观历史进步性的同时，也指出资产阶级公平正义观具有局限性。马克思在分析法国最激进的1793年宪法之后，指出资产阶级所说的自由不过是从旧制度束缚下解放的自由，平等不过是废除封建的特权，因此，自由、平等、权利始终是被限制在资产阶级法律范围内谈论的。资产阶级革命所给予无产阶级和劳动群众的只是一种形式上的平等，即政治平等，而非社会平等。资本主义社会仍然是不公平的社会，它只是“完成了从政治等级到社会等级的转变过程，或者说，使市民社会的等级差别完全变成了社会的差别……金钱和教养则是这里的主要标准”。[②] 换言之，马克思恩格斯批判了资本主义生产方式的非正义性，揭示了资产阶级公平正义观的虚伪性和欺骗性。按照资产阶级的公平原则，所有人都具有追求财富的自由，具有获得财富的平等机会，所有人都可以通过自己的明智选择、辛勤劳动、熟练技术和诚实经营而取得成功，这种“得其应得”的交易属于“公平交易”，是同资本主义生产方式相适应的。“做一天公平的工作，得一天公平的工资”[③]，这种资产阶级的公平正义似乎是人类

① 《马克思恩格斯选集》第3卷，北京：人民出版社2012年版，第482页。

② 《马克思恩格斯全集》第1卷，北京：人民出版社1956年版，第344页。

③ 《马克思恩格斯文集》第3卷，北京：人民出版社2009年版，第77页。

的理想，作为实现这种公平正义的资本主义社会似乎也就成为最公正的理想社会，历史到这里似乎就可以终结了。但事实上，这种公平正义只是一种形式上的公平正义，而非一种实质性的公平正义，这种公平正义只是在资本主义流通领域中表现出来的假象，一旦离开流通领域进入生产领域，这种所谓的“公平正义”就脱下了平等的外衣，显示出其不平等的本质。马克思对此曾不无嘲讽而形象地指出，“劳动力的买和卖是在流通领域或商品交换领域的界限以内进行的，这个领域确实是天赋人权的真正乐园。那里占统治地位的只是自由、平等、所有权和边沁……一离开这个简单流通领域……就会看到，我们的剧中人的面貌已经起了某些变化。原来的货币所有者成了资本家，昂首前行；劳动力所有者成了他的工人，尾随于后。一个笑容满面，雄心勃勃；一个战战兢兢，畏缩不前，象在市场上出卖了自己的皮一样，只有一个前途——让人家来鞣”。[①] 资本家和工人阶级之间的雇佣与被雇佣、剥削与被剥削的关系表明二者之间根本无公平可言。资本主义社会中的所谓经济自由不过是资本家剥削工人的自由，工人所获得的自由不过是接受资本家剥削的自由。而所谓政治上的平等自由，也不过是在富人和穷人不平等的前提下的平等，真正的平等是不可能实现的。如果说资本主义生产方式在某种程度上是正义的，那也只是一种表现，在这种形式正义之下掩盖着资本主义生产方式实质上的不正义。

马克思恩格斯站在无产阶级立场上，进一步深刻揭示了资本主义社会不公正的根源在于资本主义的经济基础，即生产资料私有制。恩格斯曾指出，“私有制最初的结果就是生产分为两个对立面（自然的方面和人的方面），即分为土地和人的活动。土地没有人耕作仅仅是不毛

① 《马克思恩格斯全集》第23卷，北京：人民出版社1972年版，第199～200页。

之地，而人的活动的首要条件恰恰就是土地”。[①] 就是说，作为生产资料的土地和作为劳动者的人本来是紧密结合在一起的。但是，生产资料私有制的出现，使生产资料和劳动者发生了分离。生产资料被牢牢控制在某一阶级即统治阶级手里，他们在社会生活中居于主导地位。因而，“凡是社会上一部分人享有生产资料垄断权的地方，劳动者，无论是自由的或不自由的，都必须在维持自身生活所必需的劳动时间以外，追加超额的劳动时间来为生产资料的所有者生产生活资料”。[②] 而在资本主义社会，资本家之所以能够无偿占有雇佣工人的剩余价值，并最大限度地压榨雇佣工人的剩余价值，同样是因为资产阶级占有生产资料，而无产阶级丧失了生产资料，除了拥有自己的劳动力，一无所有。工人为了生存，就只能把自己的劳动力作为商品出卖，只能屈从于资产阶级对他们的残酷剥削。正是这种资产阶级的生产资料私有制决定了工人要遭受资本家的剥削。马克思恩格斯对其剥削的罪恶进行了无情的揭露，指出资产阶级“抹去了一切向来受人尊崇和令人敬畏的职业的光环。它把医生、律师、教士、诗人和学者变成了它出钱招雇的雇佣劳动者”[③]，“工人变成了机器的单纯的附属品”[④]。“挤在工厂里的工人群众就像士兵一样被组织起来……他们不仅仅是资产阶级的、资产阶级国家的奴隶，他们每日每时都受机器、受监工、首先是受各个经营工厂的资产者本人的奴役。这种专制制度越是公开地把营利宣布为自己的最终目的，它就越是可鄙、可恨和可恶”。[⑤] 因为它繁荣的外衣掩遮着

---

① 《马克思恩格斯全集》第1卷，北京：人民出版社1956年版，第612页。

② 《资本论》第1卷，北京：人民出版社1975年版，第263页。

③ 《马克思恩格斯选集》第1卷，北京：人民出版社2012年版，第403页。

④ 《马克思恩格斯选集》第1卷，北京：人民出版社2012年版，第407页。

⑤ 《马克思恩格斯文集》第2卷，北京：人民出版社2009年版，第38页。

工人阶级的悲惨生活。在资本主义制度下，工人“并不是随着工业的进步而上升，而是越来越降到本阶级的生存条件以下。工人变成赤贫者，贫困比人口和财富增长得还要快”。[①] 可见，在马克思和恩格斯看来，资产阶级公平正义观所宣扬的所谓“公平”“正义”是一种私有财产的公平正义，只适用于资产阶级，而对于受剥削、受压迫的工人阶级来说，则具有欺骗性，是用形式上的公平掩盖事实上的不公平，是一种虚无缥缈的幻想，其实质是企图抹杀资本家同工人阶级之间的矛盾对立，为资本主义制度的合理性、永恒性作辩护。

马克思恩格斯对资本主义不公正的现实也进行了严厉的批判。马克思恩格斯在现实社会实践中，越来越认识到掌握生产资料的资产阶级掌握一切特权，而无产阶级一无所有，这势必造成不公正的社会现实。马克思在1842年《莱茵报》上发表了《关于林木盗窃法的辩论》，为贫苦的农民进行辩护，谴责莱茵省议会把农民为了生存而捡枯枝列为盗窃林木的企图。马克思认为，农民在冬季靠在森林里捡拾枯树枝，偶尔用斧子砍伐树木，带回家生火取暖，是几百年来延续的生活方式，是合理的、正义的习惯权利，把捡拾枯枝说成是盗窃，这是对农民最起码的生存权的剥夺。针对“平等权利”这一虚伪假象，马克思和恩格斯也进行了批判。他们认为所谓“平等权利”是劳动和资本相交换的虚幻反映。商品交换活动成为普遍形式是在资本主义社会开始的。“全部产品或至少大部分产品采取商品的形式……这种情况只有在一种十分特殊的生产方式即资本主义生产方式的基础上才会发生”。[②] 因为在资本主义制度下，工人与其生产出来的产品被强制分离。工人只有出卖自己的劳动力才能维持其生存。这样，工人的劳动力以商品形式可以

---

① 《马克思恩格斯文集》第2卷，北京：人民出版社2009年版，第43页。

② 《资本论》第1卷，北京：人民出版社2004年版，第197页。

在市场上自由买卖，而其买卖后作为劳动力为资本家生产的产品又以商品的形式在市场中进行买卖，商品关系就成为资本主义社会主导性的关系。继而，整个社会被分成拥有劳动力的雇佣工人和拥有生产资料的资本家两个阶级。最初，资本与劳动的交换给人的感觉像其他商品交换一样，是简单的公正的交换。工人付出劳动，资本家付出货币。然而，资本主义制度是“以物的依赖性为基础的人的独立性”的社会形态，人们作为商品所有者之间的关系，完全转换为物物之间的关系。人们在进行商品交换时所遵循的平等关系，一旦进入商品交换的背后，其不平等性显露无遗。因为工人与资本家之间不存在起点公平，工人生产的劳动产品不属于自己，而属于资本家。资本家对工人剥削的结果就会出现一边是财富的积累，一边是贫困的积累。马克思和恩格斯还批判了资本主义制度对生态正义的破坏。他们认为，在资本主义私有制条件下，资本家为了追求更多的剩余价值，不关心雇佣工人的身心状况，资源、土地等自然力更不在其思考的范围内，他们必然会肆无忌惮地掠夺自然界的资源和能源。人与自然之间正常的物质交换就会遭受到严重的破坏。马克思批判了资本主义的工业化和城市化给人与自然带来的灾难。他指出，在城市“资本主义生产……破坏着人和土地之间的物质交换，也就是使人以衣食形式消费掉的土地的组成部分不能回到土地，从而破坏土地持久肥力的永恒的自然条件。这样，它同时就破坏城市工人的身体健康和农村工人的精神生活”。[①] 在农村，“也和在城市工业中一样，劳动生产力的提高和劳动量的增大是以劳动力本身的破坏和衰退为代价的。此外，资本主义农业的任何进步，都不仅是掠夺劳动者的技巧的进步，而且是掠夺土地的技巧的进步，在一定时期内

① 《马克思恩格斯全集》第23卷，北京：人民出版社1972年版，第552页。

提高土地肥力的任何进步,同时也是破坏土地肥力持久源泉的进步”。[①] 因而,资本家为了追求最大化的利润,不仅摧残了雇佣劳动者,而且也使土地等资源枯竭,致使生态环境遭到破坏。这些残酷的社会现实有力地证明了资本主义社会的非公正性。

此外,马克思和恩格斯还痛斥了资产阶级“金钱特权”的非公正性。“特权”作为一种政治现象,产生于前现代的等级制社会。在奴隶社会,奴隶主可以任意驱使、奴役、打骂甚至杀戮奴隶,这是奴隶主的阶级特权。在封建社会,等级森严的专制统治使特权制度化,封建君主站在权力金字塔的顶端,具有至高无上的权力。由封爵制和世袭制所发展起来的等级政治特权,按等级的高低,可以享有豁免捐税、减免刑罚等种种特权。到了资本主义社会,资产阶级通过革命废除了封建社会的“世袭特权”“行会特权”“教会特权”等封建特权。但是,恩格斯指出,资产阶级反对封建特权,“只是为了用金钱的特权代替以往的一切个人特权和世袭特权”,他们“把历史的一切封建特权和政治垄断权合成一个金钱的大特权和大垄断权”[②]。就是说,资产阶级革命反对封建的阶级特权,又建立了资产阶级的阶级特权,一种新的不平等代替了一种旧的不平等。金钱特权进而又引发了日益严重的道德公正问题。对此,马克思恩格斯尖锐地指出,在资本主义的金钱特权制度下,人与人之间的关系除了“赤裸裸的利害关系”“冷酷无情的现金交易”“纯粹的金钱关系”之外,“就再也没有任何别的联系了”,而且这种日益严重的道德公正问题进一步渗透到家庭关系中,“资产阶级撕下了罩在家庭关系上的温情脉脉的面纱,把这种关系变成了纯粹的金钱关系”。[③]

---

① 《马克思恩格斯全集》第 23 卷,北京:人民出版社 1972 年版,第 552～553 页。

② 《马克思恩格斯全集》第 2 卷,北京:人民出版社 1957 年版,第 647 页。

③ 《马克思恩格斯选集》第 1 卷,北京:人民出版社 2012 年版,第 403 页。

（三）未来公平正义社会的理想样态

马克思和恩格斯以历史唯物主义为立足点和出发点考察社会公平正义问题，在批判资产阶级公平正义观的基础上，提出了未来公正社会的理想样态，即共产主义社会。在他们看来，只有全人类彻底解放的共产主义社会才能实现真正的公平正义，并找到了实现公平正义的现实路径。

依照历史唯物主义，马克思恩格斯认为，作为意识形态范畴的公平正义是生产力发展的必然产物，而真正公平正义理念的实现也依赖于生产力的充分发展，即物质财富竞相迸流的共产主义社会的到来。因为阶级社会没有公平正义可言，阶级社会的不公正，是由生产方式、物质利益决定的。在一定生产方式中，统治阶级掌握着生产资料，掌握着经济命脉，就会利用自己的经济特权对被统治阶级进行压迫和剥削，奴隶社会、封建社会、资本主义都是如此。当然，生产方式不是停滞不前的，要继续向前发展，当现实物质生产方式不允许一部分人利用经济权利来剥夺另一部分人时，即要求消灭阶级并取得胜利时，阶级社会将不复存在，不公正的社会形态也将随之消失，而这只有在共产主义社会才能真正实现。共产主义社会是对资本主义生产关系对抗形式的超越，是对剥削性、不公正社会的完全否定。在《德意志意识形态》中，马克思恩格斯写道："共产主义对我们来说不是应当确立的状况，不是现实应当与之相适应的理想。我们所称为共产主义的是那种消灭现存状况的现实的运动。这个运动的条件是由现有的前提产生的。"[①]也就是说，共产主义社会是现实生产方式发展的必然结果。而之前的资本主义生产方式是"社会生产过程的最后一个对抗形式"。所以，共产主义社会

① 《马克思恩格斯选集》第1卷，北京：人民出版社2012年版，第166页。

取代资本主义社会，是对以往阶级社会的彻底否定，是人类真正公正的社会形态。正如马克思恩格斯所说，“真正的自由和真正的平等只有在共产主义制度下才可能实现。而这样的制度是正义所要求的”。[①] 到了共产主义社会，生产力高度发达，阶级消失，社会分工消失，人类已经彻底摆脱了对自然界的依赖以及人受物奴役的状态，劳动作为人的对抗性力量已经消失，人的畸形发展已被剔除，人们无拘无束拥有自己物品的所有权、使用权和交换权，可以满足自己的生产、生活和交换的需要，人们对物质利益的诉求淡化，继而淡出，开始迈向真正的人类的生存状态，实现了对阶级社会人们追逐物质利益的质变性超越。人与人的关系也将成为平等的、互助的、和谐的，人与人的对立、人与社会的对立、人异化为非人的现象都将消失。总之，在共产主义社会中，“人和自然界之间、人和人之间的矛盾的真正解决，是存在和本质、对象化和自我确证、自由和必然、个体和类之间的斗争的真正解决”。[②] 也就是说，人可以成为真正自由而有尊严的人，能够充分实现人的自由全面发展，真正地自由地做回自己，成为自己真正的主人。在《哥达纲领批判》中，马克思形象生动地描述了共产主义社会人的主体地位彻底回归时的情形：体力劳动和脑力劳动之间的差别和对立已经消灭，人们奴隶般服从分工的情况已经消失，人们可以完全按照自己的意愿自由选择职业并变换职业。劳动已不再是人们谋生的手段，而成为生活的第一需要，成为自我发展、自我实现、自我完善的需要。人实现了真正的回归，成为真正自由的人，并能很好地协调个人利益和社会利益。每一个人的发展都不再与他人发生冲突，并成为一切人发展的条件。这种回归，是与社会化大生产的经济基础相适应的有自觉性的个人的回归，而不是简

① 《马克思恩格斯全集》第1卷，北京：人民出版社1956年版，第582页。

② 《马克思恩格斯全集》第42卷，北京：人民出版社1979年版，第120页。

单地回复到原始社会的“自由人”。这样的自由人已经摆脱了受物奴役的状态，成为自己真正的主人。共产主义社会正是这样的“自由人”的联合体。

马克思恩格斯还主张未来公平正义的实现要经历一个渐进的历史过程。公平正义一直是马克思和恩格斯的向往和追求，在他们的思想中处处渗透着公平正义理念。早在1845年2月，恩格斯在爱北斐特的演说中就提出：“我们……应当认真地和公正地处理社会问题……应当尽一切努力使现代的奴隶得到与人相称的地位。”[①]马克思在《国际工人协会共同章程》中明确写道：“加入协会的一切团体和个人，承认真理、正义和道德是他们彼此间和对一切人的关系的基础，而不分肤色、信仰或民族”。[②] 他们对资本主义不公正现实的批判，洞察到了资本主义制度要成为生产力进一步发展的障碍，必然要被取代。马克思指出，“以资本为基础的生产的这些限制，还在大得多的程度上，是以前的那些已经以交换为基础的生产方式所固有的。但是这些限制并不是生产本身的规律。一旦交换价值不再成为物质生产的限制，而物质生产的限制取决于物质生产对于个人的完整发展的关系，那么，这全部历史及其痉挛和痛苦也就终止了”。[③] 也就是说，资本主义生产必然要实现对自身的否定，从而被一种建立在生产资料公有制基础上的社会所取代，这一未来社会就是共产主义社会。

众所周知，马克思和恩格斯把未来社会划分为两个阶段，即共产主义社会的第一阶段和高级阶段。共产主义社会的第一阶段也就是社会主义社会。在未来社会，生产资料归社会共同所有，但生活资料的生活

---

① 《马克思恩格斯全集》第2卷，北京：人民出版社1960年版，第625～626页。

② 《马克思恩格斯选集》第2卷，北京：人民出版社2012年版，第172页。

③ 《马克思恩格斯全集》第46卷(下)，北京：人民出版社1980年版，第127页。

分配要经历一个从按劳分配到按需分配的发展过程。社会主义社会由于“经过长久的阵痛刚刚从资本主义社会里产生出来”[①]，物质生产力发展水平还不是很高，不是实行“按需分配”，而只能实行“按劳分配”。按劳分配“以劳动为尺度”，按照劳动的多少来分配社会产品，而不是按照阶级高低来分配，这与过去所有阶级社会相比都是更公正的。但是按劳分配只是一种相对的公平，不是“不折不扣的公平分配”，因为按劳分配以劳动作为同一尺度，这种“平等权利”对“不同等的劳动者”来说，却是“不平等的权利”。正如马克思所强调的，“一个人在体力或智力上胜过另一个人，因此在同一时间内提供较多的劳动，或者能够劳动较长的时间；而劳动，要当做尺度来用，就必须按照它的时间或强度来确定，不然它就不成其为尺度了。这种平等的权利，对不同等的劳动来说是不平等的权利。它不承认任何阶级差别，因为每个人都像其他人一样只是劳动者；但是它默认，劳动者的不同等的个人天赋，从而不同等的工作能力，是天然特权。所以就它的内容来讲，它像一切权利一样是一种不平等的权利。权利，就它的本性来讲，只在于使用同一尺度；但是不同等的个人（而如果他们不是不同等的，他们就不成其为不同的个人）要用同一尺度去计量，就只有从同一个角度去看待他们，从一个特定的方面去对待他们，例如在现在所讲的这个场合，把他们只当做劳动者，再不把他们看做别的什么，把其他一切都撇开了。其次，一个劳动者已经结婚，另一个则没有；一个劳动者的子女较多，另一个的子女较少，如此等等。因此，在提供的劳动相同，从而由社会消费基金中分得的份额相同的条件下，某一个人事实上所得到的比另一个人多些，也就比另一个人富些，如此等等”。[②] 此外，社会主义社会作为共产主义的

① 《马克思恩格斯全集》第 19 卷，北京：人民出版社 1963 年版，第 22 页。

② 《马克思恩格斯选集》第 3 卷，北京：人民出版社 2012 年版，第 364 页。

第一阶段，其首要任务是发展生产力。因为共产主义的实现需要生产力的解放，而不仅仅是政治上的解放。刚刚脱胎于资本主义的社会主义，只有大力发展生产力，摆脱资本主义制度下人的物役性，“才能为一个更高级的、以每个人的全面而自由的发展为基本原则的社会形式创造现实基础”。所以，实行按劳分配，也是为了快速发展生产力，步入共产主义的高级阶段所采取的方法。归根到底，社会主义生产力发展的现状，决定了这一阶段的公平正义只能是相对的公平正义。但需要指出的是，即使是这样的相对公平正义，在资本主义社会也是不可能实现的。在马克思和恩格斯的设想中，只有到了共产主义的高级阶段，实行“各尽所能，按需分配”，才实现了真正意义上的公平正义。因为共产主义社会，“对私有财产即人的自我异化的积极的扬弃”，超越了“资产阶级权利的狭隘眼界”，加之阶级的消灭，人实现了完全的复归，真正占有了人的本质，铲除了不公平的根源，人们追求了几千年的真正的公平正义才可能变成事实。

诚然，马克思和恩格斯把“按劳分配”和“按需分配”作为区别社会主义和共产主义这两个连续发展阶段的原则，但是这两个原则要服从一个更高的原则，即服从于事实上的机会均等原则。否则，一旦“按劳分配”和“按需分配”脱离了机会均等原则，便会失去马克思恩格斯赋予它们的意义，从而产生不同的意义。脱离机会均等原则，“按劳分配”就有可能变成竞争性的唯成就论，而“按需分配”就可能变成为贵族式的或特权阶级辩护的制度。所以，机会均等是“按劳分配”和“按需分配”的前提条件。也就是说，马克思恩格斯所阐述的社会公平正义，毫无疑问关系到社会的商品分配，涉及分配公正，但不能把它们的理论仅仅解释为涉及分配公正。在他们看来，社会消费品的分配是由社会制度或所有制决定的，商品的公正分配并非最终的道德的善。在《哥达纲领批判》中，马克思就鲜明地批判了原始共产主义把人的相互之间的关系公正理解为物品分配的公正。

此外，马克思和恩格斯还强调，为了消除社会中不公正现象，提升整个社会发展水平，未来社会应当重视社会的普遍调剂。《共产党宣言》对资本主义社会如何向共产主义社会过渡提出了许多具体措施。其中有些措施就可以看成是社会调剂方面的具体主张，如“剥夺地产，把地租用于国家支出”，“征收高额累进税”，“把农业和工业结合起来，促使城乡对立逐步消灭”，“对所有儿童实行公共的和免费的教育。取消现在这种形式的儿童的工厂劳动。把教育同物质生产结合起来，等等”。[①] 恩格斯在《共产主义原理》中提出的无产阶级建立“民主的国家制度”所采取的一些措施，也可以看成是社会调剂方面的具体措施，如“用累进税、高额遗产税、取消旁系亲属（兄弟、侄甥等）继承权、强制公债等来限制私有制”，“在国家农场、工厂和作坊中组织劳动或者让无产者就业，这样就会消除工人之间的竞争，并迫使还存在的厂主支付同国家一样高的工资”，“所有的儿童，从能够离开母亲照顾的时候起，都由国家出钱在国家设施中受教育”，“在国有土地上建筑大厦，作为公民公社的公共住宅。公民公社将从事工业生产和农业生产，将把城市和农村生活方式的优点结合起来，避免二者的片面性和缺点”，“拆毁一切不合卫生条件的、建筑得很坏的住宅和市区”，“婚生子女和非婚生子女享有同等的继承权”。[②] 马克思认为，由社会掌管的用于全社会的费用应当包括：“第一，同生产没有直接关系的一般管理费用……第二，用来满足共同需要的部分，如学校、保健设施等……这一部分一开始就会显著地增加，并随着新社会的发展而日益增长。第三，为丧失劳动能力的人

① 《马克思恩格斯选集》第1卷，北京：人民出版社2012年版，第421～422页。

② 《马克思恩格斯选集》第1卷，北京：人民出版社2012年版，第305页。

等等设立的基金，总之，就是现在属于所谓官办济贫事业的部分”。[①]

马克思恩格斯在探索公平正义时，不仅仅把它看成是一个理论问题，而且把它看成是一个实践问题。他们找到了实现公平正义的主体力量和现实路径，即无产阶级和革命。无产阶级是公平正义实现的主体力量。马克思认为，阶级是一个历史范畴，它不是从来就有的，也不会永远存在下去，是社会生产发展到一定阶段，即生产有所发展而又发展不足的产物。同时，阶级也是一个经济范畴。划分不同阶级的基础是生产资料占有关系不同。阶级之间的对立实质是社会上占有生产资料的一部分人，利用自身占有的生产资料对另一部分人的剥削。无产阶级是伴随着资本主义生产方式而产生的，是作为资产阶级的对立面而存在的。在资本主义制度下，资产阶级占有生产资料和劳动产品，无产阶级除了劳动力，没有任何可以实现自己劳动力所必需的物质条件，只能靠出卖劳动力为生。而资产阶级虽然拥有生产资料，但要进行资本主义生产，榨取剩余价值，只能通过购买无产阶级的劳动力，并将其与生产资料相结合进行生产才能实现。资产阶级就利用自身对生产资料的占有，在等价交换原则的掩盖下，雇佣工人从事劳动，无偿占有工人创造的剩余价值，这样在资产阶级和无产阶级之间就具有了剥削与被剥削的对抗性质。换言之，资产阶级是以牺牲工人阶级的利益创造财富的。资产阶级赚取的剩余价值越多，利润越多，无产阶级受剥削的程度越重。可以说，资产阶级的财富是以直接生产者的贫困化为代价的。无产阶级创造了远远高于自身价值的价值，而多出来的那一部分价值被资产阶级无偿占有，他们生存状况越来越差，资产阶级却生活富足。无产阶级在资本主义社会中的生活条件、状况和地位，反映了他们受到的不公和非人的待遇。当无产阶级强烈意识到自己的不公正待遇

---

① 《马克思恩格斯选集》第3卷，北京：人民出版社2012年版，第62页。

时，就会变得非常愤怒，甚至于联合起来通过革命的方式来改变这种悲惨境遇。“如果他们乖乖地让人把挽轭套在脖子上，只想把挽轭下的生活弄得比较过得去一些，而不想摆脱这个挽轭，那他们就真的变成牲口了”[①]。无产阶级想要达到解放自身的目的，想要实现真正的公平正义，就必须采取革命的方式消灭阶级，消除一个阶级对另一个阶级压迫的状态。因为资产阶级不仅掌握生产资料，还掌握着国家政权，他们不会自愿拱手相让，无产阶级如果想通过改良的方式，通过不变性的局部量变，利用合法手段和和平道路来实现对生产资料的占有，这只能是一种幻想，既不可取也不现实。马克思在《哥达纲领批判》中就指出，《哥达纲领》把劳动资料提高为公共财产，没有触及资本主义私有制，应当说把劳动资料变为公共财产。“变”强调的是使事物发生质变，而不是量变，不能期望或沉醉于改良，期待“资本主义生产方式有另一种产品分配，那就等于要求电池的电极和电池相联使水分解，不在阳极放出氧和在阴极放出氢”。[②] 更何况，无产阶级如果不采取革命的方式炸毁构成资本主义社会的上层建筑，推翻资产阶级的统治，就不能彻底改变无产阶级的地位和命运。总之，马克思、恩格斯对资本主义制度下种种不公正现象和弊端的批判和分析，都是在为无产阶级的公平正义诉求作论证，也正是在批判资本主义公平正义原则的基础上，在探讨资本主义社会生产关系内在矛盾解决途径的过程中，表达了实现共产主义这一卓越的公平正义诉求。

总之，马克思、恩格斯虽然没有将公平正义作为独立的体系加以研究，但他们对公平正义的阐释，包含在对资产阶级公平正义理论与现实非公正制度和现象的批判之中，包含在对人的全面自由发展的

① 《马克思恩格斯全集》第 2 卷，北京：人民出版社 1957 年版，第 400 页。

② 《马克思恩格斯文集》第 9 卷，北京：人民出版社 2009 年版，第 292 页。

社会变革的理论之中,包含在对共产主义社会公平正义实现的伟大理想之中。马克思恩格斯所理解的公平正义,是不能脱离经济基础抽象理解的公平正义,是不能脱离社会制度静止理解的公平正义,是不能脱离人的发展片面理解的公平正义。马克思和恩格斯公平正义思想是人类公平正义思想史上的伟大变革。他们第一次把公平正义思想建立在历史唯物主义基础之上,把公平正义看成一定社会中特定经济生产方式的产物,超越了以往把公平正义锁定在道德和分配领域内的抽象的公平正义原则,以及设想通过这种抽象公平正义原则解决问题的做法,宣告了唯心主义公平正义观的破产。同时,他们以阶级分析方法研究公平正义理论与实践,始终站在无产阶级立场上,维护无产阶级的根本利益,并把公平正义的实现与人的解放和全面自由发展结合起来,指明了未来人类社会的发展方向和前景。马克思恩格斯公平正义思想的阐发,促进了世界范围内社会主义革命与建设的伟大实践,推动了西方资本主义国家工人运动的开展,并极大地促进了民族独立与民族解放运动的发展。马克思恩格斯公平正义思想也成为以马克思主义为指导思想的中国共产党人推动中国社会公平正义事业发展的理论本源。马克思主义经典作家立足唯物史观,将公平正义置于特定历史背景中加以考察,深刻阐释了公平正义的基本属性,为中国共产党人正确理解公平正义的本质提供了科学理论依据。马克思主义经典作家对未来社会公平正义的制度构想,如对生产资料所有制、分配制度、政治制度的主张也为中国共产党人指明了追求公平正义的努力方向,他们提出的通过革命、发展生产力过渡到共产主义的方式和条件也为中国共产党人实现公平正义提供了具体路径选择。中国共产党正是继承发展了马克思主义经典作家的公平正义思想,并结合中国革命和社会主义建设的伟大实践,形成了中国特色社会主义公平正义观,推动着一代代中国共产党人为增进人民福祉，推动人的全面发展、社会全面进步的公正目标实现而不懈努力。

二　中国传统文化的公平正义思想

公平正义问题由来已久，每一个时代都有其对公平正义的诉求，而每一个时代的思想家都有他们关于这一问题的不同表达方式。我国传统文化博大精深、源远流长，蕴含着丰富而独特的公平正义思想，形成了蔚为大观的公平正义理论。这些传统的公平正义思想是中华民族最具活力的精神基因，是支撑中华民族五千年文明史不断延续升华的重要精神动力，值得我们深入挖掘、借鉴和珍藏。

（一）儒家公平正义思想

儒家思想作为中国传统文化的重要组成部分，在中国思想史上扮演着重要角色。儒家思想蕴含的以“道德仁义”为宗旨、以“礼乐正名”为特色的公平正义思想，作为中华民族主体文化，因其在几千年漫长的封建社会占统治地位，潜移默化地影响着中国社会的发展和人们的生活方式。研究儒家公平正义思想，是对我国传统文化的一种尊重，同时也有利于我国公平正义社会的构建。

1. 作为道德标准的公平正义

儒家认为，公平正义是一个人立足社会的根本，是衡量一个人的道德水平和道德素质的重要标准，是规范人的行为准则。这可以从仁、义、礼中得以体现。首先，“仁”作为儒家伦理思想的核心范畴，是规范人的行为的道德准则。儒家关于“仁”的论述以孔子的论述为最多，也最具代表性。在孔子看来，“仁”就是“爱人”[1]，即“己欲立而立人，己欲达而达人”，“己所不欲，勿施于人”[2]，意思是自己想要得到的，就要想到别人也想得到，自己不想做的事情，也不要强加于人。也就是说，儒家在坚持“爱有差等”的前提下，主张推己及人来达到“仁”。一个人做到了这些，就是一个有仁爱之心的君子。这样的“仁”在为人处事时也能做到公正。可见，在孔子看来，“仁”是处理人际关系的最高准则。他的观点对后世产生了很大影响。如孟子提出“老吾老以及人之老，幼吾幼以及人之幼”。[3] 荀子把“仁”理解为公正，认为正因为君子、圣人“能以公义胜私欲”，即公正无私，才能成为君子、圣人。宋代理学大师朱熹认为，“公而无私便是仁”。[4] 他们都主张将“仁”作为人的思想的最高道德境界、行为的最高道德准则。

其次，“义”也是衡量人的道德水平和道德素质的重要标准，是规范人的行为的重要道德准则。“义”是儒家道德中五常“仁、义、礼、智、信”之一，蕴含公平正义之意。孔子最早提出“义”，并将其与“仁”一起作为人的行为准则。孔子提出“义以为上”“义以为质”是区分君子和小人的界线，“君子喻于义，小人喻于利”。[5] 在面对“利”时，要做到“见利思义”，即在决定取舍之前，要考虑到“利”是否符合“义”的准则。孟子则把“义”与“利”对立起来，认为君子应只讲仁义，不可言利，甚至为了实现仁义，就是牺牲生命也在所不惜。正如他所说，“生，亦我所欲也；义，亦我所欲也。二者不可得兼，舍生而取义者也”。荀子将“义”与“利”视

---

① 《论语・颜渊》。

② 《论语・卫灵公》。

③ 《孟子・梁惠王上》。

④ 《朱子语类》卷六。

⑤ 《论语・里仁》。

为人所具有的两种本质属性,“义与利者,人之所两有也”。但是人有知仁义法正之质,能仁义法正之具,因此能形成自觉的道德意识,能够做到先义后利,并能以义制利。荀子认为义与利是相互依存的,“利”是“义”得以体现的前提,而“义”存在的价值就在于规定和调节“利”。因为欲多物寡,若放纵人的本性,顺着人的情欲,必然发生争夺,破坏社会秩序。荀子主张“以义制利”,就是通过礼义来调节人们的欲望,达到义与利的和谐。荀子所讲的“义”,是一种内在的道德意志,荀子也将“义”作为调和“义”与“利”冲突的应变之道。这个“义”在荀子看来,就是为人处世、治理国家的标准。一方面,荀子把“义”视为辨别君子与小人的标准。他认为君子以“义”作为处世准则,能够做到以义应变,按照礼义法度来类推世间万物法则,身处其中,既能修身,又能义荣、势荣兼有,实现“君子两进”。而小人则不然,不知以义应变,而是以利处世,此种处世方式,义与利无法兼得,实则两废。另一方面,荀子还将“以义应变”用于政事方面。认为国君治理国家,若能以义变应,广纳贤才,罢黜邪恶之人,国家定能国泰民安。君王“以义应变”既是修养自身,也是国家富强、人民安康的良方。宋朝的张载认为,“义,公天下之利”。[①] 程颐认为,“人皆知趋利而避害,圣人则更不论利害,惟看义当为与不当为”。[②] 这里的“义”就是公正、公平的意思。而朱熹明确把“公”解释为仁义,他说,“仁义根于人心之固有,天理之公也;……循天理,则不求利而自无不利;殉人欲,则求利未得而害已随之”。[③] 朱熹是以“天理”为衡量标准,违背“天理”就是人欲之私,就是不公正。朱熹进而提出“存天理,灭人欲”,认为只有“私欲净尽”,才能“天理流行”。只有正确处理

① 《正蒙·大易》。

② 《河南程氏遗书》卷十七。

③ 《四书集注·孟子》。

义与利、公与私的关系,社会才能有序,才会和谐。

最后,“礼”在儒家思想中也具有重要地位,是规范人的行为的具体规则。“道德仁义,非礼不成”[①]。在儒家看来,要实现公平正义,离不开“礼”。“礼”的首要任务是“正名”,正所谓“名不正,则言不顺;言不顺,则事不成;事不成,则礼乐不兴;礼乐不兴,则刑罚不中;刑罚不中,则民无所措手足”。[②] 而就如何正名,孔子主张“君君、臣臣、父父、子子”。也就是说,每个人要明确自己所处的名分,各安其分,即在自己的名分范围内行使权利,并承担相应的义务。妻子要侍奉丈夫,子女要侍奉父母,臣子要侍奉好君主,士、农、工、商都要做好自己的本职工作。这样形成的尊卑等级序列就是最基本的“礼”。除此以外,还有很多具体的“礼”。所有人的行为都不能违背“礼”,正如孔子所说,“恭而无礼则劳,慎而无礼则葸,勇而无礼则乱,直而无礼则绞”。[③] 有了“礼”的规范,人与人之间才能和谐共生,整个社会才有可能实现真正的公平正义。这个意义上的“礼”就相当于一种约束人们行为的社会规范。

2. 各得其分、无偏无党的分配公正

孔子所处的时代是“礼崩乐坏”的社会剧烈变革和动荡的时代,但他仍极力拥护周礼、推崇周礼,视周礼为最完美的社会体制,多次说,“吾从周”,“梦见周公”,并要求学生“非礼勿视,非礼勿听,非礼勿言,非礼勿动”。[④] 然而周礼的出发点和归属是“亲亲”和“尊尊”,礼以亲疏、远近、贵贱、上下等级为其本质。也就是说,礼的重要作用之一就是别贵贱、序尊卑。正如荀子所说:“礼者,贵贱有等,长幼有差,贫富轻重皆

---

① 《礼记・曲礼》。

② 《论语・子路》。

③ 《论语・泰伯》。

④ 《论语・颜渊》。

有称者也”[①]。承认礼的合法性和正当性，也就是认同人与人之间不平等的合法性与正当性。换言之，在儒家看来，社会中的身份、等级是一种客观存在，人与人之间的不平等是天经地义的。对此，儒家也毫不掩饰，如孟子宣扬“有天爵者，有人爵者”[②]，荀子也认为“贱事贵，不肖事贤”是“天下之通义”[③]。既然人与人之间是不平等的，存在等级，那么怎样分配才能实现公正呢？儒家主张在礼的基础上，“各得其分”就是公平正义。但是，礼制的专制等级结构必然带来“土地不均，富者日长，贫者日削，虽有耒耜，谷不可得而食也”[④]，由此历代很多思想家提出“均平”的理念和主张。如孔子曾说“不患寡而患不均”，董仲舒提出“不患贫而患不均”。这里的“均”是有等差的，并非平均主义。如果将“均”理解为平均主义，那就意味着每个人的所得以及所享受的权利和所处的地位都是完全一致的，那么儒家对名分和礼的重视就无法解释。所以，儒家所强调的“均”不是平均主义，而应是一种社会财富的均衡占有和合理分配。换言之，每个人所处的社会地位不同，对社会的贡献不同，只要每个人都能得其所应得，即各得其分，实现了“均”，也就实现了公正的分配。这种“均平”还表现出了对弱势群体的关注和帮助。孔子就曾与弟子讲到“君子周急不继富”。[⑤]“均平”的目的是要“使富者足以示贵而不至于骄，贫者足以养生而不至于忧”，调整贫富差距以回到符合“礼”度的“各得其分”的公平正义轨道上来。

符合“礼”的“各得其分”的公平正义，还需要处理好“义利关系”。

① 《荀子·富国》。

② 《孟子·告子上》。

③ 《荀子·仲尼》。

④ 《平土书》卷一。

⑤ 《论语·雍也》。

自孔子提出“以义为上”的理念,义利问题就成为儒家的重要命题。尤其是孟子提出“舍生取义”的主张,把“义”置于首要位置,并将“义”视为君子处世的准则。荀子与孟子在以仁义作为处世行事的准则问题上,基本是一致的。荀子也言:“君子养心莫善于诚,致诚则无它事矣,唯仁之为守,唯义之为行。”[①]这里的“诚”,其实就是仁义的体现。儒家思想其实并不排斥利的存在与价值,公利与其提倡的“义”并不矛盾。孔子和孟子虽然没有明确提出“公义”的概念,但荀子把“公”与“义”结合起来提出了“公义”的观念,使孔孟思想中重内省意义的“义”转而取得外铄的含义,避免了儒家义利思想被批判只重个人修德,而忽视人有求利的实际现象。荀子是在坚持儒家重视“义”的道德价值前提下,主张正视人的求利欲望,并以人文化成的方式,使义与利有同时存在的可能,进而使利在义的节制之下实现,而兼重义利。荀子说的“义”,对内可节制人的性情,对外可节制万种事物。综上可知,在儒家看来,面对物质财富,人首先要想到“义”,而不是如何占有,人如果违背“义”,随心所欲地分配和占有财富,必然会导致社会不安、国家动荡。因此,为了实现社会的稳定发展,人要做到“见利思义”“以义取利”,而且要“取予有度”。

3. 守仁行义、谋道利民的为政公正

儒家非常重视统治者在维护和实现社会公平正义中的作用。儒家主张积极入世,提倡“学而优则仕”,希望信道于天下,实现治国平天下的政治理想。儒家的诸多思想学说是为为政服务的,认为为政者应该要推动人民生活富足,健康长寿。鲁哀公问政,孔子说,“政有使民富且寿”。哀公曰:“何谓也?”怎样推进人民富足安康。孔子说:“薄赋敛则民富,无事则远罪,远罪则民寿。”可见,在孔子看来,作为统治者要减轻

① 《荀子·不苟》。

赋税,不要采取过分地剥削和竭泽而渔的政策,让老百姓富起来,这样百姓不饥不寒,就会远离犯罪行为,百姓就会长寿。孟子继承了孔子所推崇的尊礼仪、施仁政等一系列思想,进一步提出“制民之产”等富国利民的主张。孟子认为,“民之为道也,有恒产者有恒心,无恒产者无恒心。苟无恒心,放辟邪侈,无不为已”。[①] 这里的“恒心”指的是仁义、孝悌等观念,这些观念维持着社会的正常秩序。而“恒心”的形成依赖于“恒产”的存在,如果民众没有恒产,即衣食温饱等赖以生存的物质都没有保障,遵守礼义本分的仁爱之心便会缺乏,各种辟邪之事便会大量发生。因此,开明的君主治理天下,要使百姓的衣食温饱有保障,就要“制民之产”。在以自然经济为主的农业社会,土地是百姓赖以生存的第一要素,“制民之产”的重要手段就是分配土地,使类似“八口之家”的农户,获得和保有诸如“五亩之宅”“百亩之田”的“恒产”,从而巩固古代专制社会的经济基础。同时,“制民之产”还要轻徭薄赋。轻徭役,要求统治者爱惜民力,取民有时,不能随意征发力役。特别是“不违农时”,否则,错过了对农业生产至关重要的节气,可能会使民众颗粒无收,给农业生产带来巨大损害。薄税敛,要求“取于民有制”,反对滥征苛捐杂税。在较轻的税赋之下,民众才有可能达到“仰足以事父母,俯足以畜妻子,乐岁终身饱,凶年免于死”[②]的生活质量,“黎民不饥不寒,然而不王者,未之有也”,在这种情况下,君主才能够一统天下。可见,儒家主张公正的社会应该是为政者利民的社会。那么,选择什么样的人作为为政者呢?儒家主张“为政以德”“政在选贤”。如孔子认为要选择“好恶与民同情,取舍与民同统”的与民息息相通的人,要选择管仲、子产式的能促进社会发展、为国建功立业之人。只有选了贤人才能把国治理

① 《孟子·滕文公上》。

② 《孟子·梁惠王上》。

好，才能让人民服气。如果统治者仅凭个人喜好，以不贤为贤，把邪曲之人提拔上来，百姓就会遭殃。正所谓，“举直错诸枉，则民服；举枉错诸直，则民不服”。[①] 为此，儒家主张“唯贤是用”，不拘一格选才，甚至提出要突破门第界限，选拔出身低微又有才能的人做政府官吏。

关于如何治理国家，除了选拔贤能的官吏外，行事公道，以身作则也是为政者必须重视的大问题。孔子认为，对于一国之君来说，巩固自己的统治地位，就要率先垂范，做到公正无私，为臣民树立一个良好的榜样。孔子提出“政者，正也。子帅以正，孰敢不正”[②]，“君为正，则百姓从政矣”。[③] 在孔子看来，为政归结于正己正人，自己不正，则不能正人，上者正己是为正的前提。为政者只有具有公正的品质，公正处理政事，各安其分，各司其职，才能维护社会的正常秩序，实现社会的稳定发展。其次，上善则下善。“君子之德风，小人之德草，草上之风必偃”。[④] 百姓是跟着领导者跑的，上行下效，上善则民善，反之上恶则下亦趋之。所以，为政者要身体力行。正所谓“其身正，不令而行；其身不正，虽令不从”。[⑤] 只有统治者以身作则，做出表率，对百姓才是有利的。这就要求为政者谋道不谋私利。因为为政者有俸禄，能够满足自己的衣食温饱，不需要为个人私利而绞尽脑汁、挖空心思。他们的责任是“谋道”，即制定方针政策，制民之产，使国库充盈，人民富足，社会安定。这样，他们的俸禄也有保障，其私利也随着全局利益的实现而实现。如果为政者一心谋求私利，甚至与民争利，必会造成严重的后果。为政者

① 《论语·为政》。

② 《论语·颜渊》。

③ 《礼记·哀公问》。

④ 《论语·颜渊》。

⑤ 《论语·为政》。

“去利，怀仁义以相接”则必然会“王”天下，“去仁义而怀利以相接”则必会“亡”天下。对为政者来说，真正的根本利益在行仁义之中，如不讲仁义而专去谋私利，不但自己的私利不能得到保障，还会伤及根本，最终导致亡天下。

4. 立法等差的司法公正

儒家主张德治，提出“为政以德”，强调道德对政治生活的重要作用。孔子说：“为政以德，譬如北辰，居其所而众星共之。”[①]意思是，一个仁德的、凡事以百姓利益为先的执政者，才能聚拢民心。否则，执政者无才无德，以权谋私，做出违背仁德的行为，就会背离人心，成为孤家寡人。儒家主张以道德教化为治国原则，但“徒善不足以为政”[②]。在现实社会中人与人之间的关系不得不用法律来调整。在人与人之间，儒家认为存在贵贱亲疏上下之分，所以对人应本其名分加以区别对待，“名位不同，礼亦异数”。[③] 这一思想落实到法律上就是所谓的“礼不下庶人，刑不上大夫”[④]，要求立法有等差。这样，在司法方面就存在司法特权。不过，儒家在司法本身不公平的前提下，又主张平等执法和守法。这一思想在孟子与桃应的对话中表现最明显、最充分。桃应问曰：“舜为天子，皋陶为士，瞽瞍杀人，则如之何？”孟子曰：“执之而已矣。”“然则舜不禁与？”曰：“夫舜恶得而禁之？夫有所受之也。”“然则舜如之何？”曰：“舜视弃天下犹弃敝蹝也。窃负而逃，遵海滨而处，终身䜣然，乐而忘天下。”[⑤]从孟子与桃应的对话中，我们不难看出，孟子认为皋陶

① 《论语·为政》。

② 《孟子·离娄上》。

③ 《左传·庄公十八年》。

④ 《礼记·曲礼》。

⑤ 《孟子·尽心上》。

作为执法者应该公正地执法，不能因为瞽瞍是天子舜的父亲而曲法，舜作为守法者也应该平等守法，不能滥用职权干预皋陶执法。但是当亲情与法律发生冲突时，孟子主张要把维护亲情放在首位，即“事亲为大”，所以在皋陶执法的问题上，孟子主张舜为了维护亲情遂不能干预法律，但可以放弃自己的天子之位，带着犯法的父亲逃走。可见，孟子仍在贯彻儒家关于“父为子隐，子为父隐，直在其中矣”[①]的精神。在儒家看来法律不仅在仁德教化之下，也在亲情伦理之下，其司法公正思想存在着矛盾，一方面主张尽可能地公正执法和守法，另一方面又宣扬基于名分的立法等差、司法特权具有天然合理性。儒家所追求的司法公正只能是一种向往和理想。在残酷的王权威力下，对于老百姓来说，最大的希望只能是拥有一个开明、仁德的皇帝，在他的“仁政”统治下享受等级森严的所谓“公正”。

5. 有教无类的教育公正思想

教育历来是公平正义关注的对象。儒家十分重视教育，孔子就是中国历史上首创私人办学的教育家，打破了只有贵族子弟有权接受教育的局面，提出“有教无类”的主张。西周时期，政府设国学和乡学两类。乡学多称为庠、序、校、塾等，而国学又分大学和小学两级。大学学习以礼、乐、射、书为主，小学学习以六艺基础知识为主。这一时期的教育以贵族教育为主，平民百姓很难进入官办学校学习。到了东周，社会动荡，战乱频繁，礼崩乐坏。周王的地位逐渐下降，失去了对全国的控制，各种社会制度开始崩解，诸侯各自为政一方。为了培养本国人才，各诸侯纷纷设立自己的官学。为了充实人才，这时教育对象不再局限于贵族，一些有能力的平民也被吸收到官学进行培养。当时的社会经济政治和文化教育都在下移，这就为私人办学提供了机会。以孔子为

---

① 《论语·子路》。

代表的儒家正是在这一时期兴起，孔子本人也特别重视教育，认为教育是教化民众，增强国家实力，维护社会稳定的重要手段。他非常认同扩大教育对象范围的做法，也积极推广创办私学，希望通过兴办教育来培养贤才和官吏，以实现儒家的政治理想。孔子在教育对象问题上明确提出“有教无类”的思想。“有教无类”打破了统治阶级贵族对教育的垄断，扩大了受教育的对象，使每个愿意学习的人，不论高下贵贱、国界华夷都有接受教育的权利和机会。孔子这一主张使许多过去没有机会接受教育的平民子弟获得了接受教育的机会，他的学生中有来自贵族阶层的，如南宫敬叔、司马牛等，还有很多来自平民家庭的，如颜回、子路、曾参、公冶长等，其中公冶长甚至坐过牢，孔子仍接受了他，而且将自己的女儿嫁给公冶长。可见，孔子弟子的身份也是非常复杂的。对于这种情况，有人曾问子贡：“夫子之门，何其杂也？”子贡曰：“君子正身以俟，欲来者不拒，欲去者不止。且夫良医之门多病人，隐栝之侧多枉木，是以杂也。”[①]虽然这些学生在人品、能力、智力等方面存在差异，但孔子做到了兼收并蓄。此外，孔子的弟子还来自不同的国度，有鲁、齐、晋、宋、秦、楚、陈、蔡等，如当时被中原人视为蛮夷的楚国人公孙龙也被孔子所接收，这不仅打破了当时的国界，也打破了当时的夷夏之分。总之，这种不分国界、不分贵贱的教育打破了“学在官府”的框框，充分体现了孔子“有教无类”的精神实质。

“有教无类”的教育公正思想是有其理论基础的。孔子有句名言：“性相近也，习相远也。”[②]意思是说，人们先天素质没有太大的差异，通过后天的教育人人都可以成才成德。孔子本人出身贫贱，通过自己的刻苦学习获得了大夫身份就是最好的证明。孟子也认为，人人皆可为

---

① 《荀子·法行》。

② 《论语·阳货》。

尧舜，人有天生的善端，便可成仁成圣。荀子虽然与孟子主张性善论不同，他主张性恶论，但都与孔子的“性相近”观点一致，荀子也认为“涂之人皆可为禹”，也就是说，在孟子和荀子看来，只要加强教育就能够培养出合乎宗法社会所需要的理想人才。可见，儒家无论坚持性善论还是性恶论，他们都坚持人性平等，从而强调人人享有教育权利的合理性和人人都具有自我完善的可能性。这就为“有教无类”奠定了坚实的理论基础。儒家“有教无类”的教育公正思想在教育发展史上具有划时代的意义。

综上，儒家公平正义思想是集伦理道德为根本，圣贤政治为核心的思想，它一方面以“礼”“义”为基础，将“礼”“义”作为评判完全德性或公正的尺度，强调公正的个人道德品质的重要性，另一方面又确立了以“礼”为依据的等级名分，并按照名分分配，同时以“义”为标准来分析成为一个社会成员必须具备什么样的条件，以及进行不平等分配的必要性。总之，我们要历史地、客观地、辩证地看待儒家公平正义思想，既要看到它的历史局限性，又要看到其蕴含的合理的、积极的因素，对我们今天构建公平正义社会的启示和借鉴意义。

（二）道家公平正义思想

道家是我国先秦时期形成并得到充分发展的思想流派，是先秦各家中最善于把握事物的普遍联系和辩证运动的学派。道家认为在变化多端的万物中，有着超越具体而又颇具涵盖力的标准在把握万事万物，即道。道家的创始者是老子，后由庄子、列子、杨朱等加以完善。道家的公平正义观念主要表现在以下几方面。

1. 道是至上的天道公平

道家认为道是至上的，仁义不是至上的。《道德经》第四十二章曰：“道生一，一生二，二生三，三生万物。”道是万物的本源，是至上的，仁义是道废的产物，“大道废，有仁义”。在道家看来，“道”是公正无私、不偏不倚的。老子说：“天地不仁，以万物为刍狗；圣人不仁，以百姓为刍狗。”[①]就是说，天地不情感用事，不偏爱，对万物一视同仁；圣人也不情感用事，不偏爱，对百姓一视同仁。天地和圣人都没有任何私心与成见，不干涉万物和人类，顺其天性让其自由生长，这也是天地和圣人赋予万物和人类的真正无私的大爱。庄子继承了老子的公平观，认为世间万物虽形态各异，但“道通为一”，“以道观之，物无贵贱”[②]。就是说，从道的角度看，事物之间没有贵贱之分。道不会偏爱任何一物，它只为万物公平地播撒阳光和雨露，它也不会将万物据为己有，它是公正无私的。《吕氏春秋》也充分体现了天道公平的思想，认为公平源于天道，道是公平的，没有任何偏私，周而复始地独立运行，万物承受着天地的恩泽得以繁衍生息。正所谓“天无私覆也，地无私载也，日月无私烛也，四时无私行也，行其德而万物得遂长焉”[③]，“平出于公，公出于道”[④]。《淮南子》中也认为天地对万物是公平公正的，不会偏袒任何一方。“天地不包一物，阴阳不生一类。”[⑤]《太平经》中也同样认为天地公平无私。《名为神诀书》说：“夫天无私祐，祐之有信。夫神无私亲，善人为效。”[⑥]天是公正无私的，不会偏袒保佑谁，只佑护诚信之人。神也是公正无私

① 陈鼓应：《老子注译及评介》（修订增补本），北京：中华书局 2009 年版，第 74 页。

② 张默生：《庄子新释》，北京：新世界出版社 2007 年版，第 254 页。

③ 《吕氏春秋·去私》。

④ 《吕氏春秋·大乐》。

⑤ 许匡一：《淮南子全译》，贵阳：贵州人民出版社 1993 年版，第 1199 页。

⑥ 龙晦、徐湘灵、王春淑等：《太平经全译》，贵阳：贵州人民出版社 1999 年版，第 44 页。

的，只亲善之人。天地生养万物，不管善恶大小，都给予佑助，永不伤害它们。可见，道家主张天道是公平公正的。正是在这种公平公正的“道”的作用下，天地万物以其各自独特的运动发展规律各行其道，构成宇宙的整体和谐运行轨迹。如果违背了“道”就会走向灭亡。如老子所说：“物壮则老，是谓不道，不道早已。”[①]意思是不合道德，事情就会失败。人类社会的运行发展也必须遵循“道”的法则，否则也是不能长久的。庄子曾说：“鱼相忘乎江湖，人相忘乎道术。”[②]鱼游于江湖就忘记一切而自由快活，人游于道术就忘记一切而逍遥自在。人类与万物的生长离不开道庇护和滋养，但是人们却又感受不到道的仁恩。如果人们违反了道的公正无偏爱的天性，执意表现出这种爱就会适得其反。他讲述了一则寓言，实则是批判了统治者的偏私本性。这则寓言说，从前有只海鸟飞落在鲁国的郊外，鲁侯将它迎进庙堂，让它饮酒，演奏《九韶》之乐取悦于它，宰牛羊猪供它食用。海鸟看得眼花缭乱，内心忧愁悲惧，不敢吃一块肉，不敢饮一杯酒，三天就死了。庄子评论说：“此以己养养鸟也，非以鸟养养鸟也。夫以鸟养养鸟者，宜栖之深林，游之壇陆，浮之江湖，食之鳝鯈，随行列而止，委蛇而处。”[③]天道公平公正，它不会偏爱人类，也不会偏爱其他生物。总之，道家主张“人之道”要符合“天之道”的思想，即天道公平是其公平正义思想的理论基础。道家把“道”视为一种客观、公正的自然规律。天地万物按照这种自然规律兴盛荣枯，人类社会也必须遵循“道”的要求，以此来保持人类社会的平衡与和谐。

① 《老子》第三十章。

② 张默生：《庄子新释》，北京：新世界出版社 2007 年版，第 140 页。

③ 张默生：《庄子新释》，北京：新世界出版社 2007 年版，第 270 页。

2. 人人平等的公正社会

道家的公平正义思想还表现在对理想社会的追求上。老子的理想世界是“小国寡民”，生活在这里的人们是“甘其食，美其服，安其居，乐其俗。邻国相望，鸡犬之声相闻，民至老死不相往来”。[①] 没有剥削和压迫，没有贫富对立，没有各种丑恶现象，人们自由自在，顺性生产生活，一切都是安宁、公平、和谐。这种“小国寡民”的社会理想体现了对原始平等的直接追求。在老子看来，人和天地一样，都是自然之物，是平等的。人生在天地之间，与天地乃是一体，天地有自然规律，人亦是如此。看重自己轻视他人是违背自然，看重他人轻视自己是违背本性。只有将自己和他人放在同等地位，平等看待世界，才是合乎道的。由道生万物、天人同源等基本观点，就可以逻辑地引出人类在本源上是平等的思想。庄子强调“天地与我并生，万物与我为一”，就体现了平等看待一切事物的观念。庄子对理想社会也作出了描述：“其民愚而朴，少私而寡欲；知作而不知藏，与而不求其报；不知义之所适，不知礼之所将；猖狂妄行，乃蹈乎大方；其生可乐，其死可葬。”[②]显然，他所描述的是一个没有剥削和压迫，没有私有制，人们头脑中没有财产观念，人人参与劳动，共利共给，不求回报的理想社会。可见，道家由自然平等引出了社会平等。如老子强调，明智的君主应该无偏无私地对待百姓，即“圣人不仁，以百姓为刍狗”。《吕氏春秋》也明确提出了“天下非一人之天下，天下之天下”，“得天下者，其得之以公，其失之必以偏”，“昔先圣王之治天下也，必先公。公则天下平矣，平得于公”等观点，认为得到天下的人都是因为大公无私，而失去天下的人则一定是因为偏私。古代贤

① 陈鼓应：《老子注译及评介》（修订增补本），北京：中华书局 2009 年版，第 344 页。

② 《庄子・山木》。

明君王治理天下，首先做到了大公无私，只要大公无私，天下就太平了。行天道就要循其理，去私欲。正是基于对人人平等的理想社会的追求，道家谴责社会中富者越富、贫者越贫的不公平现象。如《老子》第七十七章说："天之道，其犹张弓与？高者抑之，下者举之；有余者损之，不足者补之。天之道，损有余而补不足。人之道则不然，损不足以奉有余。"[①]天之道是减损有余而补不足，人之道则是劫掠贫穷以益富余。换言之，天之道是有利于贫穷者，能够给他们带来宁静和和平，而人之道则是富人手中的工具，使贫穷的人濒于绝境。这是不合理的"人之道"。只有"有道者"才能够效法天之道，改变人类社会劫贫济富的不公平现象，实现财富由"有余"向"不足"的方向流动。总之，道家倡导人是自然之物，人人应该平等，而人人平等就要求经济平等，批判当时社会中的不平等、不公平现象。

3. 无为而治的治理方式

如何实现理想的公正社会呢？道家将"无为而治"视为具有道德正义性的治理模式，认为只有"为无为"，才能达到"无不治"的治理效果，实现公正太平的社会理想。可见，在道家这里，无为而治乃是实现社会公平正义的必由之路。所谓"无为"，并非无所作为，而是不妄为、不强为，即执政者不从主观意愿出发办事，不脱离客观自然规律。道家认为无论是人还是物，都有自己的特点，彼此之间的差异性是客观存在的，不要将自己的主观意志强加于人。理想的统治者应该是顺应治理对象的天性，不苛求、不强制，因势利导加以治理。正如老子所认为的，"以辅万物之自然而不敢为"。[②] 另一方面，不干涉百姓，也是给百姓一个自为的空间："为无为，事无事"，"天下神器，不可为也，不可执也。为者

① 《老子》第七十七章。

② 《老子》第六十四章。

败之，执者失之。是以圣人无为，故无败；无执，故无失”。[①] 所以，无为而治包含统治者的“为无为”和民众的“自为自治”两个方面。统治者的“为无为”是指统治者要以无为的态度去作为，以不搅扰的方式去做事。换言之，就是不将自己的主观意志强加于治理对象，遵循治理对象的自身法则，让其保持本然状态。统治者要实现无为而治，就要控制自己的私欲，不与民争利，不滥用权力。道家认为统治者要经常以不骚扰人民为治国之本，如果经常以繁苛之政骚扰人民，就不配作统治者治理国家。《道德经》第六十六章说：“是以圣人欲上民，必以言下之；欲先民，必以身后之。是以圣人处上而民不重，处前而民不害。是以天下乐推而不厌。以其不争，故天下莫能与之争。”圣人要想得到人民的尊敬爱戴，必须言辞谦下；要想使得人民簇拥而前，必须把自身利益摆在后面。圣人如果身居高位，而民众没有感到重压；身处人民之前，而人民利益也没有受到损害，天下的人民都愿意拥戴他而不厌弃。正是因为不与人相争，所以天下反而没有人能和他相争。而现实社会中的人民，正是由于统治者政令繁苛，才遭受饥荒，才难于统治的。所以，君主要去私去欲，不以个人意愿干扰民众，要循理而动，要顺应时势和民众的本性而行事。汉代《淮南子》将“无为”作为“人主之术”，认为“无为”就是不让“私志”“嗜欲”妨碍“公道”和“正术”，主张以“循理”和“因资”为前提“举事”和“立功”。在《淮南子·修务训》中说：“若吾所谓无为者，私志不得入公道，嗜欲不得枉正术，循理而举事，因资而立功，推自然之势，而曲故不得容者，事成而身弗伐，功立而名弗有，非谓其感而不应，迫而不动者。”总之，道家无为而治的原则在某种程度上对后世君主慎用权力，警束自我，实施休养生息的治国方略具有启示作用。

无为而治在统治者方面是实行“为无为”的治理方式，在民众方面

① 《老子》第二十九章。

则是“自为自治”。郭象在注释《庄子》时曾这样阐述：“物各自任，则罪责除也”[1]，“就其殊而任之则万物莫不当也”[2]，“指麾顾眄而民各至其性也，任其自为”[3]。意思是君主在统治和御使民众时必须顺应和发挥其自然之性，给予民众“自为”的空间，才能实现“圣治”。此外，道家学者为了说明让民众“自为”的必要性，还以古代圣贤的治平之功业为证据。郭象说：“夫欲为人之国者，不因众之自为而以己为之者，此为徒求三王主物之利而不见己为之患也。然则三王之所以利，岂为之哉？因天下之自为而任耳。”[4]在郭象看来，古代圣贤之所以造福天下，是因为让民众“自为自治”。让民众“自为自治”不仅仅是给民众松绑，让民众进行自我治理，而且也是对民众的信任，认为每个人都是成熟理性的，都有为自己生命自由奋斗的权利和能力。虽然这种“自治自为”精神与现代公民意识有着本质区别，但其蕴含的平等、自由精神也具有一定的价值，将其进行现代诠释和转换，也能生发出富有中国特色的社会公平正义之果。

（三）墨家公平正义思想

墨家与儒家是中国传统文化中的两大学派，曾并称为显学，虽经历短暂辉煌就迅速式微，但其对公平正义的诉求、对理想公正社会的设计却有着许多独特之处，对于实现公平正义具有一定的借鉴价值。墨家创始人墨子，生活的时代正是中国社会结构重整和再组合的时代，战争频仍，土地荒芜，民不聊生。墨子来自社会底层，渴望构建一个弭兵息

① 《庄子·天道注》。

② 《庄子·秋水注》。

③ 《庄子·天地注》。

④ 《庄子·在宥注》。

战、休养生息的公平正义社会。为此，他提出了以“义”为核心，“兼爱”“非攻”“尚贤”“尚同”“节用”“非乐”的平权正义构想。

1. 义从天出的天志公正观

《墨子》认为“万事莫贵于义”。“义”贵于手足、生命、江山社稷。“义”是最高的道德准则，既是治理天下的依据，也是君主、百姓行事的准绳。天下之事，有义则生，无义则死。“义”从哪里来呢？《墨子·天志中》曰：“义之不从愚且贱者出，必自贵且知者出。”义不是从愚蠢卑贱者那里生出，必定是从高贵和智慧者那里创造。墨子认为，天是高贵和智慧的。所以，义是上天创造和要求的。“义”就是天志，即天的意志。“顺天之意者，义之法也”[①]，顺应天意是义的方法。“义”作为墨家的一个重要关键词，包含有公平正义之义。首先，义，利也。“义”以“利他”为要义。《墨子·天志中》说：“观其事，上利乎天，中利乎鬼，下利乎人，三利无所不利，是谓天德。此仁也，义也。”一切言行，只要利天、利鬼、利人，就是义，就可以去做。这里的“义”具有利他性。可见，墨子把利他作为义与不义的标准，认为仁者就是要兴天下之利，除天下之害，这就使得墨家具有一种任侠者流的扶危济困精神。最能体现“义”的利他性的是“兼”。《墨子·兼爱下》描绘了“兼士”和“别士”两种士人的形象。“兼士”是指能够利他的人，“别士”则是指严守利己原则的人。无论人们自己是否能做到“兼”，但遇事时总会依托兼士。由此，墨子断言：“兼即仁矣，义矣。”其次，义，正也。义正的核心内容是兼爱和非攻。墨子认为，顺从天意是“兼”，违反天意是“别”。“兼者，处大国不攻小国，处大家不篡小家，强不劫弱，众不暴寡，诈不谋愚，贵不傲贱”。“兼”与儒家主张的亲疏有别、爱有差等截然不同，它打破人与人之间的等级，表达了对公平正义的强烈诉求。

---

① 《墨子·天志中》。

2. 兼爱非攻的理想社会

墨子认为,国家之间的征伐和人们之间的纷争所导致的社会动乱,根源在于人们之间“不相爱”。人人都知道爱自己、爱自己的家、爱自己的国,而不知道爱他人,爱他人的家,爱他人的国,从而出现国与国相攻、家与家相篡、人与人相贼的局面。要克服“祸篡怨恨”就要“兼相爱”,“交相利”。“兼相爱、交相利”能够防止过于注重自我,亏人自利,有助于平息怨恨。这种“兼爱”就是“俱爱”“尽爱”“周爱”,即“视人之国若视其国,视人之家若视其家,视人之身若视其身”。[①] 一句话,爱人若己。同时,墨子还把爱推到人的外延的全部,提出“爱众世与爱寡世”,“爱尚世与爱后世,一若今之世人也”。这种“兼爱”一方面体现了墨家既追求人人平等,不分亲疏、贵贱、贫富、人我地爱一切人,也体现了人人之间应和平相处、互爱互利的精神。墨家从“兼爱”出发,高举和平的旗帜,坚决反对战争,提出了“非攻”的主张。他告诫王公贵族,发动战争无论对本国还是他国都无利可言,都会给天下带来严重损失。《墨子·兼爱中》说:“今若国之与国之相攻,家之与家之相篡,人之与人之相贼,君臣不惠忠,父子不慈孝,兄弟不和调,此则天下之害也。”诚然,墨家主张“非攻”,但并不反对“行诛”,即顺天应人的讨伐。墨子将汤伐桀、武王伐纣这样的战争视为代天行义的正义战争,而诸侯国之间进行的“以不义伐不义”或“以不义伐有义”的兼并战争是非正义的战争。同时,对于保护自己城池的战争,墨子也是大加提倡的。

3. 尚贤尚同的平等观念

墨家的政治理想是建立一个“兼相爱、交相利”的理想社会。为了建立这样的理想社会,墨家提出了“尚贤”“尚同”的主张,就是要打破贵族世袭的政治制度,建立一个平民可以参与国家管理的相对公平合理

---

① 孙以楷、甄长松:《墨子全译》,成都:巴蜀书社 2000 年版,第 335 页。

的政治制度。“尚贤”是贤人政治，主张要选拔、培养、推举、重用贤良之士，做到“有能者举之，无能者下之”。在墨子看来，尚贤乃是为政之本。选贤用贤才能国泰民安，废弃贤臣、宠信奸佞则国家衰亡，民不聊生。要实现贤人政治要求众贤、进贤和使能的统一。“众贤”就是通过“富之、贵之、敬之、誉之”选拔人才，尽力增加国家的贤才，尊重他们的才能，给予优厚的待遇，创造一种鼓励贤能之士的社会环境，贤才就会越来越多。“进贤”是要打破“亲疏尊卑之差”，撇开门户、等级观念，不问贫富贵贱，面向社会大多数举荐贤能之士。墨子提出“举义不避亲疏”，“举义不避贫贱”，“举义不避远近”。这样，选贤的范围不仅仅包括士君子阶层，还包括广大普通劳动者的平民阶层，如在“农与工肆”之列的能人也能举之。此外，墨子所说的贤人，也并非专指那些“有力者疾以助人、有财者勉以分人、有道者劝以教人”[①]的国家管理人才和“厚乎德行、辩乎言谈、博乎道术”[②]的士君子，同时也包括像“良工”“良宰”“善射御之士”这样有特殊技艺或有一技之长的人。总之，所有能“上欲中圣王之道、下欲中国家百姓之利”[③]者，都在贤人之列。“使能”则是依据所举之人的才能有效地任用，达到“可使治国者，使治国；可使长官者，使长官；可使治邑者，使治邑”。墨家的“尚贤观”充分体现和反映了不分贵贱尊卑的一视同仁的平等观念。墨子不仅主张“尚贤”，还主张“尚同”。“尚同”是“尚贤”的必然结果。“尚同”就是主张“天下之百姓，皆上同于天”，建立天下吏民思想一致、高度集中统一的贤人政治。墨子认为“一人一义”，“十人十义”，人越多而义越多，没有统一的是非标准，社会就会混乱。“圣王皆以尚同为政，故天下治。”所以他主张天子

① 孙以楷、甄长松：《墨子全译》，成都：巴蜀书社2000年版，第318页。

② 孙以楷、甄长松：《墨子全译》，成都：巴蜀书社2000年版，第308页。

③ 孙以楷、甄长松：《墨子全译》，成都：巴蜀书社2000年版，第319页。

要能“一同天下之义”,“天下之百姓皆上同于天子”。当然,学界有人认为墨子之“尚同”是维护帝王专制,但“尚同”的前提是“尚贤”,是从下到上皆选“贤可”的精英政治,而且“尚同”的价值标准是凌驾于天子之上并作为正义立法者的天。

4. 爱利万民的仁爱精神

墨子提出“义,志以天下为爱,而能利之”,即利于天下的行为就是义。作为统治者要顺天意,就要“爱利万民”。爱利万民强调的是公利,要重视保障社会底层人民的利益。《墨子·非乐上》说:“王公大人蚤朝晏退,听狱治政,此其分事也;士君子竭股肱之力,亶其思虑之智,内治官府,外收敛关市、山林、泽梁之利,以实仓廪府库,此其分事也。”同时,墨子提出统治者要节俭,认为国家强盛不仅在于创造大量的物质财富,也在于节约适用财富,“俭节则昌,淫佚则亡”。墨子反对君王权贵骄奢淫逸,贪图享乐,不体恤民力,肆意铺张浪费,认为这是“不义”,明确提出“节葬”“节用”“非乐”等主张。在墨子看来,“为明君于天下者,必先万民之身,后为其身,然后可以为明君于天下。是故,退睹其万民,饥即食之,寒即衣之,疾病侍养之,死丧葬埋之。兼君之言若此,行若此”。[①] 意思是明君就应该先看重万民之身,然后才能看重自己,看到老百姓挨饿,就给他吃,受冻就给他穿,生了病就给他疗养,死亡就给予埋葬。墨家主张的“爱利万民”的仁爱精神,反映了百姓要求公平正义的呼声。

墨家在当时历史条件下,提出平权正义的理念,虽然不能突破等级森严的血缘宗法社会得以真正实现,但其包含着鲜明的平等观念是毫无疑问,且难能可贵的,即使在今天也具有跨越时空的现代价值,成为我们建设公平正义社会的重要历史资源。

---

① 孙以楷、甄长松:《墨子全译》,成都:巴蜀书社 2000 年版,第 311 页。

（四）法家公平正义思想

“得民心者得天下”，这是自古以来的治国道理。在法家看来，治国的根本方式是实行法治，善于治国的人一定是以法治国，离开法治，民生保障无以为本。法家推行的法治固然不同于现代民主政治下的法治，其本质仍是封建专制制度下的产物，不可能实现现代的真正意义上的民主和公正，但是其法治本身蕴含的公平正义思想是不可否认的。先秦法家把公正视为政治治理的根本。管子提出“政者，正也”，认为政治治理可以确定每个人的命运，“正也者，所以正定万物之命也”。法家认为公正的实现依赖于制度公正和治理者公正。法家以法律制度作为公正的先决条件，“正之、服之、胜之、饰之，必严其令，而民则之，曰政”。[①] 如果离开了法律制度，就不能实现公平正义。在公正的制度创设后，治理者的公正德性也非常重要。“为人君者中正而无私”，才会出现“为人臣者忠信而不党”，如果“上离其道”，必有“下失其事”。执政者只有精修品德才能站在中立的角度，制定公正的制度，明确公正的尺度，才能公正地治理国家。可见，法家法治中渗透的公平正义价值还是比较丰富的，具体表现在以下几方面：

1. “法不阿贵”的平等精神

在西周时期，社会等级制度森严，主要依靠礼和刑调整社会关系、维护统治。其中突出贵贱有别的礼治在国家政治中居于主导地位，“礼”专为大夫以上特权阶层享有，而体现法治的《九刑》《吕刑》也同时存在，但“刑”却是针对平民和奴隶。可见，“礼”与“刑”的适用范围是不同的。正所谓“礼不下庶人，刑不上大夫”，并且在成文法公布之前，存在“刑不可知，则威不可测”的神秘法传统，依恃不成文的习惯法和君主

---

① 《管子·正》。

的命、诰来执行，执法具有极大的主观随意性。到了春秋战国时期，一些新兴阶层已不满足礼治下的低贱地位，也不满足于早期法治不公开状态和“阿贵”色彩，他们为了争取和维护自己的权益，要求实现法治的公开性和公平性。公元前536年，郑国子产将郑国的法律条文铸在象征诸侯权位的金属鼎上，向全社会公布，史称“铸刑书”，开创了公布成文法的先例。此举无疑给原有贵族的既得利益和特权带来极大挑战。子产之举遭到了叔向等人的极力反对，叔向给子产的书信中写道：“昔先王议事以制，不为刑辟，惧民之有争心也”[①]。其中“议事以制”意思是“临事制刑，不豫设法”，通俗地说，就是法律不以成文法形式存在，发生事情之后再制定刑罚。商鞅继承了法家先驱子产等人公布成文法的传统，主张“宣明法制”，增加法的透明性。这一方面可以让人们知晓合法与非法的界限，了解自己的权利和义务，另一方面增强了法的可预见性。人们知道了法律所赋予法吏的权利界限，法吏就不敢随意断罪，罪犯也不敢法外求情或者刁难法吏。法家的集大成者韩非也主张“明法”，他评论说：“明法者强，慢法者弱”[②]，“法分明，则贤不得夺不肖，强不得侵弱，众不得暴寡”。[③] 可见，法家非常重“明法”。当然，“明法”不仅仅是指把法律公布于众，还包括法律条文对所要保护与确定的权利和义务作出明确界定，否则即使公布成文法，这种法律也是形同虚设。如商鞅所说，“今法令不明，其名不定，天下之人得议之。其议，人异而无定。人主为法于上，下民议之于下，是法令不定，以下为正也”。[④] 法律对所要保护与确定的权利论述不明确，人们的理解就会产生歧异，认

① 《左传·定公九年》。

② 《韩非子·饰邪》。

③ 《韩非子·守道》。

④ 《商君书·定分》。

识上的歧异势必导致行为上的各行其是，这样就达不到运用法律手段规范人们行为的目的。同时，这种含混不明的法律条文必定会使犯罪分子钻空子，他们利用法律上的漏洞故意犯罪，这样社会必然陷入混乱之中。“明法”是实现司法公正的前提。

法家还十分看重法律的平等精神，主张“刑无等级”，“法不阿贵”，意味着法律适用于所有人，不分贵贱亲疏，平等对待，不偏向、不倾斜、不曲从。对法家多有微词的司马迁，对于法家的“不别亲疏，不殊贵贱，一断于法”普遍适用的平等性原则也给予高度评价。法家将所有人都纳入法律的范围之内，法治之内，上自君臣，下到百姓都要遵法守法，没有特权。《管子》中也说：“上亦法，臣亦法”，“法令者，君臣之所共守也”，即是要求君主和大臣都要守法。商鞅在此方面要求更为严格，“所谓壹刑者，刑无等级，自卿相将军以至大夫、庶人，有不从王令、犯国禁、乱上制者，罪死不赦”。[①] 换言之，无论身份地位如何，只要触犯法律就要受到法律的制裁。在实践中，商鞅也努力维护法的平等性。在推行新法过程中，秦太子驷在他人唆使下，公然诋毁阻挠新法推行。商鞅对于太子驷的违法行为主张依法惩处，因其是君位继承人，加之秦孝公出面求情，不便对太子驷施加肉刑，最后让太子的师傅代其受刑，“黥其师，劓其傅”。可见，商鞅不仅理论上倡导“刑无等级”，实践中也力求贯彻平等原则。韩非子也主张“法不阿贵”。在《韩非子·有度》中说道，“法不阿贵，绳不绕曲。法之所加，智者弗能辞，勇者弗敢争，刑过不避大臣，赏善不遗匹夫”。韩非子把法治作为治国理政的基本方式，这种坚持法律面前人人平等，一视同仁，主张“刑过不避大臣，赏善不遗匹夫”的思想相较于“刑不上大夫，礼不下庶人”的贵族法权观念是一种重大进步，对清除贵族特权、维护法律尊严有着积极意义。法家还强调，

---

① 《商君书·赏刑》。

作为君主不仅要尊重法律，还要率先垂范，服从法律，执行法律。管子曾说，君主应当“置法以自治，立仪以自正”[1]，君主在法律制定后必须用法律治理自己、端正自己。管子还指出：“是以有道之君，行法修制，先民服也。”[2]强调君主必须以身作则，带头尊重法律、遵行法律，只有“君臣上下贵贱皆从法”，天下方能“大治”。

法家主张的“刑无等级”“法不阿贵”的平等精神，在当时的社会条件下，敢于突破旧的礼制与不平等的刑罚，维护法令的公正性和公平性，无疑昭示着历史的一大进步。当然，在中国长达两千年的封建社会，没有摆脱贵贱之分，也未能真正实现“法律面前人人平等”。“平等”作为人类社会永恒追求的目标，基于“平等”精神的“法不阿贵”作为一条自古以来就被提倡的法治原则，其思想价值仍然具有现实生命力。

2. 破私任公的尚公价值

“破私任公”是法家对执政者的一个基本要求。公私问题一直以来都是伦理学家讨论最多的问题之一。在春秋战国时期，这个问题也被诸子百家广泛讨论。绝大多数人认为“私”应服从“公”，法家也不例外。先秦法家虽然严厉排斥道德，肯定人皆好利，并制定法律保护个人私权，引导和鼓励人们追求个人利益，但是其最终目的还是为统治者服务，希望帮助君主实现富国强民。所以，公与私的问题在法家那里并不是完全对立的，甚至明显偏向“公”，是极为尚公的。在法家看来，“民本，法也”，“故法者，国之权衡也”。[3] 法家把这种体现国家意志外在强制性约束力量的法，看作是衡量是否功过的客观准绳。而这种法的公正性、存在的合理性又来源于“天道”。天对万物无远无近，无偏无私。

① 《管子·法法》。

② 《管子·法法》。

③ 《商君书·修权》。

天运行的内在规律和法则就是“天道无私”。这种天之道显现于人之道、落实于法是为“公”。一个国家能否治理有道就在于是否公私分明，“公私之分明，则小人不疾贤，而不肖者不妒功。故尧、舜之位天下也，非私天下之利也，为天下位天下也；论贤举能而传焉，非疏父子亲越人也，明于治乱之道也。故三王以义亲，五伯以法正诸侯，皆非私天下之利也，为天下治天下。……今乱世之君臣，区区然皆擅一国之利而管一官之重，以便其私，此国之所以危也”。[①] 这段话的意思是：只有公私界限分明，小人才不嫉妒贤人，无能的人才不嫉妒有功的人。尧舜治理天下，不是独占天下人的利益，而是为了天下人治理天下，所以选拔贤能，并把天下传给他。尧舜并不是疏远自己的儿子，亲近外人，而是明晓治国的道理。三王用道义来爱护天下人，五霸用法度来纠正诸侯，都不是独占天下利益，乃是为了天下人而治理天下。现在乱世的君臣很渺小地独占一国的利益，或掌握一官的职权，从而追求个人的私利，这就是国家危险的原因。可见，“公私之交，存亡之本也”。[②]商鞅把“公”与“私”区分问题看作是关乎国家存亡的根本。统治者只有持政以公，在行为取向上以国家和人民的利益为重，那么他的统治才能使人民得到益处，使国家得到富强。反之，统治者如果一切以自身的利益得失为裁夺，做事全是为了满足一己私欲，那么结果必将是足一人而寡天下。这里的“公天下”是法家尚公价值的充分体现。韩非子也主张公私分明，他说：“明主之道，必明于公私之分，明法制，去私恩。夫令必行，禁必止，人主之公义也；必行其私，信于朋友，不可为赏劝，不可为罚沮，人臣之私义也。私义行则乱，公义行则治，故公私有分。人臣有私心，有公义。修身洁白而行公行正，居官无私，人臣之公义也；污行从欲，安身利

① 《商君书·修权》。

② 《商君书·修权》。

家，人臣之私心也。明主在上，则人臣去私心、行公义；乱主在上，则人臣去公义、行私心。故君臣异心：君以计畜臣，臣以计事君，君臣之交，计也。”[①]在韩非子看来，君主和大臣各有公义和私义，君主明察公与私的界限，彰明法制，抛弃个人恩惠，行公义，那么大臣也会去私义而行公义，反之，如果君主去公义行私义，那么大臣也会去公义而行私义，这样君臣之间就会相互算计，上下不一心，国家就会混乱。可见，韩非子也主张君主与大臣要以公义为先。

法家主张公私分明，以公为先，那么如何保证以公为先？法家主张通过法制来保证。韩非子在对君主与大臣们的公私作出区分之后又指出，臣民们“临难必死，尽智竭力，为法为之”，所以“先王明赏以劝之，严刑以威之。赏刑明则民尽死；民尽死则兵强主尊。刑赏不察则民无功而求得，有罪而幸免，则兵弱主卑。故先王贤佐尽力竭智。故曰：公私不可不明，法禁不可不审，先王知之矣”[②]，认为大臣们之所以能够弃私从公，尽心侍奉君主，是因为法律赏罚机制发挥的作用。慎子也提出了著名的“立公弃私”说，认为“法虽不善，犹愈于无法”，“法之功，莫大使私不行”，即认为法律即使有不完善的地方，有法律也比没法律好，法律能够杜绝谋私利之事。由此可见，法家在“公”与“私”的价值取向上偏向“公”，“法”成了“公”的代言人。同时，法家主张执法要公正。“凡法事者，操持不可以不正。操持不正，则听治不公；听治不公，则治不尽理，事不尽应。”[③]公正无私、执法严明向来是天下大治的先决条件。所以，“圣君任法而不任智……任公而不任私”，“以法制行之，如天地之无

① 王先慎：《韩非子集解》，北京：中华书局 2013 年版，第 137 页。

② 王先慎：《韩非子集解》，北京：中华书局 2013 年版，第 137 页。

③ 《管子·版法解》。

私”,“夫私者,壅蔽失位之道也”[①]。“任公”则国必治,“任私”则国必乱。这是要求君主不能受私情迷惑,以个人好恶乱行赏罚,否则会导致国家混乱衰亡。商鞅也将是否公正无私和国家治乱兴衰联系起来,提出“君臣释法任私必乱”。韩非子也说,“道私者乱,道法者治”。[②] 以上论述,足见法家对“破私任法”问题的重视。为了推进执政者秉公执法,法家还要求为官者要尊法守法,权力要在法律的控制下运行,不能滥用权力。如韩非子主张“罪过不避大臣,赏善不遗匹夫”。管子强调以法治官,“有法度之制,故群臣皆出于方正之治而不敢为奸”,他要求执法者“不知亲疏、远近、贵贱、美恶,以度量断之”[③],即依法办事,以法制作保证。当然,执法者在公正执法过程中,要谨慎地适用法律,以实现公平正义。如管子说:“人主不可以不慎其令。令者,人主之大宝也。”[④] 意思是国家法律是至高无上的,人主要将其看成大宝,必须谨慎地对待法律、适用法律。因为“法者,将用民之死命者也。凡用民之死命者,则刑罚不可不审也”。[⑤] 法律关乎人的生死,所以要谨慎对待。商鞅则明确提出“明主慎法制”的观点。他说:“人主之所以禁使者,赏罚也。赏随功,罚随罪。故论功察罪,不可不审也。”[⑥]这里的“不可不审”的“审”是指谨慎的意思。可见,法家在主张明法、尊法的同时,也主张慎法。当然,明法、尊法、慎法是为了奉法,即执行法律。只有执法者公正无私,依法办事,才能实现司法公正,国家才能强盛;如果执法者徇私枉

① 《管子·任法》。

② 《韩非子·诡使》。

③ 《管子·任法》。

④ 《管子·法法》。

⑤ 《管子·权修》。

⑥ 《商君书·禁使》。

法,不依法办事,国家就会混乱甚至衰败。正所谓“奉法者强则国强,奉法者弱则国弱”。[1]

3. 以刑去刑的理想社会

法家主张以“法”治国,提出“尚法”思想,是为了实现“治”的目标。“治”与“法”之间,“法”是手段,“治”是目标。法家是要通过法律实现“以刑去刑”,即最终目的是“定分止争”,消除刑杀和诉讼,实现公平正义的理想社会。商鞅明确提出了“以刑去刑”的主张。他说,“故王者以赏禁,以刑劝,求过不求善,籍刑以去刑”。[2] 意思是王者要用赏赐禁止人们做坏事,用刑罚劝止人们做坏事,而且只寻找人们的罪过,不找人们的善行,以刑罚手段来去除刑罚。“籍刑以去刑”几乎是所有法家人物对理想社会的一种追求。商鞅又说:“行刑:重其轻者,轻者不至,重者不来,此谓以刑去刑,刑去事成。罪重刑轻,刑至事生,此谓以刑致刑,其国必削。”[3]可见,商鞅主张“轻罪重罚”其目的并不在于惩罚犯罪者本人,而是通过“刑不善”,最终达到“去刑”的目的,这也是商鞅的终生奋斗目标。他的逻辑是:如果轻罪重罚,那么人们就不敢犯轻罪,轻罪都不敢犯,重罪就更不敢犯了,于是就达到不用刑的效果,也就“以刑去刑”了。韩非子对此高度认可:“公孙鞅之法也重轻罪。重罪者,人之所难犯也;而小过者,人之所易去也。使人去其所易,无离(罹)其所难,此治之道。夫小过不生,大罪不至,是人无罪而乱不生也。”[4]通过轻罪重罚,达到小过不生、大罪不至,从而实现社会和谐。可见,韩非子也主张“严刑重罚”。在他看来,凡主张轻刑者都是厌恶混乱不强烈的人,都

① 《韩非子·有度》。

② 《商君书·开塞》。

③ 《商君书·靳令》。

④ 《韩非子·内储说上七术》。

不特别希望把国家治理好，否则他们就主张严刑重罚了。他认为英明的君主治理国家，“正明法，陈严刑，将以救群生之乱，去天下之祸”[①]，并强调说：“夫严刑重罚者，民之所恶也，而国之所以治也；哀怜百姓轻刑罚者，民之所喜，而国之所以危也。”[②]就是说越是严刑重罚，老百姓就越不敢犯法，国家就会因此大治，反之则导致国家危亡。法家的另一代表人物李斯也曾说过：“彼唯明主为能深督轻罪。夫罪轻且督深，而况有重罪乎？故民不敢犯也。”[③]其中“督”为责罚之意。也就是说，只有重罚轻罪，民众才不敢以身试法。可见，法家都主张通过“严刑重罚”，达到“以刑去刑”。这里的“严刑”并不是滥刑，不是滥施刑罚、随意轻重，没有任何标准可言，而是有标准的，强调严格依法论罪，当重则重，做到同罪同罚。

法家“以刑去刑”的理想与儒家所提倡的“以德去刑”实质上殊途同归，最终目的都是定分止争，达到无讼状态，实现人们和谐相处、情同手足的和谐社会。只不过儒家是通过德治，而法家是通过严刑峻法。法家的严刑重罚虽然过于迷信司法暴力，与儒家的“司法仁道主义”背道而驰，甚至以今人的眼光来看，“重刑”前提下的司法公正，其效果也是被质疑的，但其法治主义中渗透的公平正义思想是不容置疑，也是值得珍藏借鉴的。

综上所述，儒、道、墨、法四大学派的公平正义思想，各有千秋，共同演绎出了中国古代传统文化公平正义思想的绚丽篇章，构成了中国古代传统公平正义观的主要内容。虽然四大学派关于理想社会的主张、实现途径等方面认识不同，但都倡导以民为本，追求公平正义。我们应

① 《韩非子·奸劫弑臣》。

② 《韩非子·奸劫弑臣》。

③ 《史记·李斯列传》。

该辩证地认识中国传统文化的公平正义思想，深入挖掘其积极的、合理的思想，进行跨越时代的现代转换，在中国特色社会主义伟大实践中不断生发出新价值、新内容。

三　毛泽东的公平正义思想

毛泽东公平正义思想是毛泽东思想的重要组成部分。毛泽东一生以实现公平正义作为奋斗目标，致力于建立一个公正的社会主义中国。他虽然没有专门论述公平正义的文献，也没有专门建立过公平正义的论述体系，但在领导中国人民进行新民主主义革命、社会主义革命和社会主义建设过程中，将马克思主义公平正义思想与中国实际相结合，形成了丰富而深刻的公平正义思想，反映了以毛泽东为主要代表的中国共产党人对马克思主义公平正义理论的丰富和发展，为中国共产党公平正义理论的构建和实践推进奠定了重要基础。

（一）公平正义实现的前提条件

在深刻认识历史和国情的基础上，毛泽东特别强调国家独立和民族解放，认为只有实现国家独立和民族解放，才能实现国格平等，维护民族尊严，保障人民最起码的生命权、人格尊严权，否则，公平正义只不过是一种幻想。

在毛泽东青年时期，中国积贫积弱、内忧外患，百姓颠沛流离、困苦无助，给他留下了深刻印象。《西行漫记》中记载，毛泽东年少时，对因发生严重饥荒造反的贫苦人被官府处决不仅“同情”，而且为他们所受的冤屈“深感不平”，说明毛泽东已经朦胧意识到当时社会制度的不公正。在长沙学习期间，毛泽东曾在《伦理学原理》这本教材上写下一万余字的批语，其中写道："故凡有压抑个人、违背个人者，罪莫大焉。故吾国之三纲在所必去，而教会、资本家、君主、国家四者，同为天下之恶魔者。"①他认为儒家的"三纲"压抑人性，与教会、资本家、君主等恶魔者，"在所必去"，表达了对中国封建社会宗族礼教不平等性质的极大不满。对于中国在国际社会上的地位，年轻的毛泽东也感到极度忧虑和愤慨。所以，他非常钦佩孙中山、康有为、梁启超等风云人物，在了解了华盛顿、拿破仑、林肯、彼得大帝等人物的事迹后，希望中国也能有这样的人物带领国家走上富国强兵之路。1918 年 4 月毛泽东发起新民学会，宗旨是"改造中国与世界"。改造成什么样呢？就是缩小劳苦大众与达官贵人之间的财富、地位、权力鸿沟。1919 年，毛泽东执笔《湘江评论》创刊宣言写道："各种改革，一言蔽之，由强权而得自由而已。各种强权，丝毫没有存在的余地，都要借平民主义的高呼，将它打倒。"毛泽东猛烈地抨击帝国主义、封建主义，主张对中国进行全面改革，打倒一切强权，由强权而得自由。这里的自由除了个人自由，更多地是强调民族的自由、国家的自由，是希望中国摆脱外来支配和干涉，取得平等的国际地位。可见，青年时期的毛泽东已由争取个人摆脱家庭和封建伦常的束缚，升华为谋求人民大众和社会的光明前途。救国救民的初心在青年毛泽东那里已经形成，他最终成为一个坚定的马克思主义者和共产党人。

毛泽东对中国的国情有着深刻认识。他认为"帝国主义不但操纵了中国的财政和经济的命脉，并且操纵了中国的政治和军事的力量"，将中国变成了一个半殖民地半封建社会，中国人民承受着帝国主义和封建主义双重压迫，不推翻帝国主义和封建主义两座大山，中国的国家独立和民族解放就不可能真正实现，人民最起码的生命权、人格尊严权

① 李锐：《毛泽东的早年与晚年》，贵阳：贵州人民出版社 1992 年版，第 54 页。

就不可能真正得到保障。所以,以毛泽东为主要代表的中国共产党人举起正义的旗帜,坚决反对帝国主义对中国的侵略,领导中国人民取得了新民主主义革命的胜利,建立了独立自主的新中国,实现了国家独立和民族解放,开启了中国人民建设公平正义的社会主义国家的历史新时期。新中国成立后,在对外关系方面,毛泽东主张国格平等,国家无论大小、贫富、强弱,都应互相尊重、平等相待。他对1954年6月周恩来与印度总理尼赫鲁发表的《联合声明》所提出的和平共处五项原则进行了高度评价,认为和平共处五项原则不仅适用于社会制度相同的国家,也适用于社会制度不同的国家。和平共处五项原则既是中国奉行独立自主和平外交政策的基础,也是中国在国际社会衡量国与国关系是否公正的标准。如今,和平共处五项原则已被世界绝大多数国家接受,并成为规范国际关系的重要准则。毛泽东特别强调国家交往中的平等、互惠互利。1954年他在会见缅甸总理吴努时指出:"国家不应该分大小。我们反对大国有特别的权利,因为这样就把大国和小国放在不平等的地位。大国高一级,小国低一级,这是帝国主义的理论。一个国家不论多么小,即使它的人口只有几十万甚至几万,这同另外一个有几万万人口的国家,也应该是完全平等的。这是一个基本原则,不是空话。既然说平等,大国就不应该损害小国,不应该在经济上剥削小国,在政治上压迫小国,不应该把自己的意志、政策和思想强加在小国身上。既然说平等,相互就要有礼貌,大国不能像封建家庭里的家长,把其他国家看成是它的子弟,不论大国小国,互相之间都应该是平等的、民主的、友好的和互助互利的关系,而不是不平等和互相损害的关系。"①在他看来,虽然国家间有大小、强弱、贫富之分,但绝不能以大欺

① 《毛泽东外交文选》,北京:中央文献出版社、世界知识出版社1994年版,第1191～1192页。

小、以强凌弱、以富掠贫，在国家关系上应该是平等的、互利的。只有互利，国与国的合作才能维持下去。毛泽东甚至主张要做到国家地位平等，作为大国应积极主动尊重小国地位，应把小国的代表团“当作大国的使者来欢迎”。

毛泽东不仅关注本国的国家独立和民族解放，也把世界人民的解放事业看作是实现人类公平正义的根本前提，积极援助“正在争取解放的人民的斗争”，并将其视为我们的“国际主义义务”。新中国成立后，我国曾支援朝鲜人民反抗美帝国主义，支援越南和非洲等国家人民的民主革命运动，坚决反对美国霸权主义对中国和其他国家地区事务的干涉。1955 年 10 月毛泽东会见日本国会议员访华团时，针对美国霸权主义对中国事务的干涉，曾明确表示不满：“各国的事情要由各国自己管，这是个真理。美国的事情由美国自己管，我们不管它，但美国现在管得太多了。”[①]在 1964 年 1 月发表的《中国人民坚决支持巴拿马人民的爱国正义斗争》中也明确指出：“社会主义阵营各国人民要联合起来，亚洲、非洲、拉丁美洲各国人民要联合起来，全世界各大洲的人民要联合起来，所有爱好和平的国家要联合起来，所有受到美国侵略、控制、干涉和欺负的国家要联合起来，结成最广泛的统一战线，反对美帝国主义的侵略政策和战争政策，保卫世界和平。”[②]在 1970 年 5 月发表的“五・二〇”声明中，毛泽东强烈谴责了美国的侵略行径，指出，“得道多助，失道寡助……小国人民只要敢于起来斗争，敢于拿起武器，掌握自己国家的命运，就一定能够战胜大国的侵略。这是一条历史的规

① 《毛泽东文集》第 6 卷，北京：人民出版社 1999 年版，第 483 页。

② 《毛泽东文集》第 8 卷，北京：人民出版社 1999 年版，第 355 页。

律。”[1]这对越南、老挝、柬埔寨三国人民的抗美救国斗争是一个极大的支持和鼓舞。毛泽东还支持和赞扬阿尔及利亚人民的独立斗争。当阿尔及利亚朋友感谢中国对临时政府的承认时,毛泽东连声说,应该如此,这是我们的国际义务。可见,在国际关系上,毛泽东主张国家之间平等、互惠互利,并努力建设公正的国际秩序。

(二)公平正义实现的关键所在

任何一种公正观都涉及对权利和利益的界定,不同之处在于以哪些人的权利和利益为基准。毛泽东把维护和发展人民群众的权利和利益作为社会主义公正观的主旨。他认为人民利益高于一切,而共产党员无论何时何地都应个人利益服从于民族的和人民群众的利益,“他们完全不谋私利,而只为民族与人民求福利。他们生根于人民之中……他们每时每刻地总是警戒着不要脱离群众,他们不论遇着何事,总是以群众的利益为考虑问题的出发点,因此他们就能获得广大群众的衷心拥护,这就是他们的事业必然获得胜利的根据”。[2] 由此必然得出结论,社会主义必须实现人民基本权利平等,只有这样才能从底线意义上保证社会公平正义的实现。

毛泽东对于人民基本权利包含的内容进行了详尽阐述。首先,人民的生存权是最基础的权利。生存权作为人权的重要组成部分,在我国人权系统中居于首要的、基础的地位,必须保障生存权的实现。中国共产党从成立的那一天起,无论是在战火纷飞的革命战争年代,还是在热火朝天的和平建设时期,都致力于实现人民的生存权。1922 年 5 月

---

① 《毛泽东外交文选》,北京:中央文献出版社、世界知识出版社 1994 年版,第 586 页。

② 《毛泽东文集》第 3 卷,北京,人民出版社 1996 年版,第 47 页。

1日纪念国际劳动节时，毛泽东在湖南《大公报》上发表文章，呼吁社会各界“请注意到劳工的三件事：一、劳工的生存权，二、劳工的劳动权，三、劳工的劳动全收权”[①]，“一个人在‘老’‘少’两段不能做工的时候应该都有一种取得保存他生命的食物的权利，这就是生存权”。[②] 可见，他把生存权摆在了首位。在新民主主义革命时期，毛泽东等人认识到了解决农民实际生活问题的基础性意义，并提出从土地、劳动问题入手来解决农民的生存权问题。他说，“我们应该深刻地注意群众生活的问题，从土地、劳动问题，到柴米油盐问题。……一切这些群众生活上的问题，都应该把它提到自己的议事日程上。应该讨论，应该决定，应该实行，应该检查。要使广大群众认识我们是代表他们的利益的，是和他们呼吸相通的”。[③] 与此同时，毛泽东领导发动农民进行了中国有史以来最大规模的土地革命，为中国农民生存和发展状况的改善作出了重大贡献。

其次，要保证人民的劳动权。劳动权是最起码的权利，没有劳动权也就没有生存权。毛泽东非常关注劳动权问题。1921年4月赵恒惕在长沙各报刊公布《湖南省宪法草案》，假惺惺地征求民意，毛泽东撰写了《省宪法草案的最大缺点》一文，揭露湖南省宪草案的虚伪性。文章中指出省先草案的最大的一个缺点，就是人民的权利规定得不够，还应该增加三项条文：一、人民不分男女均有承受其亲属遗产之权。二、人民有自由主张其婚姻之权。三、人民有依其自由意志求得正当职业之

① 《毛泽东文集》第1卷，北京：人民出版社1993年版，第8～9页。

② 《毛泽东文集》第1卷，北京：人民出版社1993年版，第9页。

③ 《毛泽东选集》第1卷，北京：人民出版社1991年版，第138页。

权。[1] 文章强调第三项最重要，而“求得正当职业之权”，就是指劳动权。如果没有劳动权，那么生存权也就失去了。1922年五一国际劳动节，毛泽东在湖南《大公报》发表《更宜注意的问题》一文中呼吁各界注意劳工的三件事中，第二件事就是劳工的劳动权，他指出，“一个人在十八以上六十以下有气有力的时候，除开他自己发懒不做工可以让他饿死不算数外，在理都应该把工给他们做，工人就有种要求做工的权利。若是工人有力而社会无事可以买他的力事实上工人不得不‘赋闲’时，社会就应该本着罪不在工人的理由而给与他们平常的工资，这就是劳动权”。[2] 新中国建立初期，百废待兴，为了恢复经济，头一个难题就是如何解决失业问题，毛泽东指出：“必须认真地进行对于失业工人和失业知识分子的救济工作，有步骤地帮助失业者就业。”[3]可见，毛泽东非常重视失业人员的劳动权问题，认为只有解决好劳动者的劳动权问题，才能解决好劳动者的生存问题，才能更好地保障人民群众的最根本利益。

第三，还包括其他一系列权利。如选举权问题。在1931年毛泽东亲自参与起草的《中华苏维埃共和国宪法大纲》中明确提出了无产阶级要享有选举权。“为着只有无产阶级才能领导广大的农民与劳动群众走向社会主义，中国苏维埃政权在选举时，给予无产阶级以特别的权利，增多无产阶级代表的比例名额。”[4]在1940年毛泽东就主张各族人

---

① 李铁明编：《湖南自治运动史料选编》，长沙：湖南师范大学出版社2012年版，第493页。

② 《毛泽东文集》第1卷，北京：人民出版社1993年版，第9页。

③ 《毛泽东文集》第1卷，北京：人民出版社1993年版，第71页。

④ 中央档案馆编：《中共中央文件选集》第7册，北京：中共中央党校出版社1991年版，第773页。

民都有选举权和被选举权，认为不分阶级、民族、男女、信仰、党派、文化程度，只要年满十八岁的赞成抗日和民主的中国人，都有选举权和被选举权。毛泽东还特别看重劳动者参与管理的权利。新中国成立以后，在学习借鉴苏联社会主义建设经验的过程中，针对苏联比较重视干部、专家在建设中的领导和管理地位，而忽视一般劳动者管理国家和社会事务的权利的做法，毛泽东指出人们在劳动中的关系应该是平等的，劳动者参与管理的权利应当作为人民基本权利的重要内容，是"社会主义制度下劳动者最大的权利，最根本的权利"[①]。因为"没有这种权利，劳动者的工作权、休息权、受教育权等等权利，就没有保证"。[②] 让广大劳动人民有参与管理国家事务的权利，是政治上实现公平正义的一种体现。此外，毛泽东还特别重视妇女基本权利的保障。他指出，中国封建社会，妇女要受政权、族权、神权、夫权的支配，没有独立的人格，没有财产所有权和继承权，没有参政议政的权利，要实现妇女解放，让妇女同男人一样，"有自由，有平等"[③]，"就是女子有办事之权，开会之权，讲话之权，没有这些权利，就谈不上自由平等"。[④]

（三）公平正义实现的基本要求

机会，是指社会成员发展的可能性空间和余地，是其生存和发展必需的资源。机会均等是保证社会成员在参与各种活动、获取各种资源时都有平等的权利和地位。机会均等是实现社会公平正义的要求和条件。毛泽东十分重视机会均等，关注每一个社会成员平等享有社会提

① 《毛泽东文集》第 8 卷，北京：人民出版社 1999 年版，第 129 页。

② 《毛泽东文集》第 8 卷，北京：人民出版社 1999 年版，第 129 页。

③ 《毛泽东文集》第 2 卷，北京：人民出版社 1993 年版，第 169 页。

④ 《毛泽东文集》第 2 卷，北京：人民出版社 1993 年版，第 171 页。

供的机会。

男女机会均等。毛泽东是中国妇女解放运动的直接提倡者和领导者。他主张性别平等，妇女解放，认为女子和男子同样是社会进步的伟大力量，必须享有同等的权利，而且将“男女平等”写进新中国的第一部宪法。毛泽东还提出了“时代不同了，男子能做到的事情，女同志也能做到”“妇女能顶半边天”等响亮口号。那么，如何实现男女平等？毛泽东对妇女权益的保障问题作了探索。首先，妇女享有平等获得经济与社会资源的权利，并且实行男女同工同酬。毛泽东认为男女不平等的主要根源在于经济方面女子不能独立，经济“是女子被压制不能翻身的总原因”，女子全面参加生产劳动、社会发展是实现妇女解放、提高女性地位的先决条件。毛泽东在其审订的《中国共产党中央委员会关于目前解放区农村妇女工作的决定》中曾强调：“只有妇女积极起来劳动，逐渐做到在经济上能够独立，并不依靠别人，才会被公婆、丈夫和社会所敬重，才会更增加家庭的和睦与团结，才会更容易提高和巩固妇女们在社会上和政治上的地位，也才会使男女平等的各项法律有充分实现的强固基础。”[①]经济工作是“妇女最适宜的工作”，动员妇女参加生产“是保护妇女切身利益最中心的环节”[②]。在井冈山颁布的根据地《土地法》中明确提出分配土地以人口为标准，男女老幼平均分配。新中国颁布的《土地法》继续坚持男女平等分田的原则，使妇女真正拥有了平均分配土地的权利。为了加快社会主义建设，提出要充分发掘妇女这一“伟大的人力资源”，“使全部妇女劳动力，在同工同酬的原则下，一律参

① 中华全国妇女联合会编：《中国妇女运动重要文献》，北京：人民出版社1979年版，第13页。

② 中华全国妇女联合会编：《中国妇女运动重要文献》，北京：人民出版社1979年版，第8页。

加到劳动战线上去”[①]。这就使妇女从“家天下”中解放出来，获得了相对自由的社会政治空间。可见，毛泽东不仅指出妇女通过参加社会生产劳动获得经济上的独立，打碎捆绑在妇女身上的枷锁，而且提出男女同工同酬的思想，充分体现了性别平等和社会的公正，也为改革开放以后男女平等地获得经济资源和社会服务，消除职业中的隔离和工资上的不平等现象奠定了思想基础。其次，妇女有同男子相同的参政权利。人类社会是由男女两性共同构成的，社会的进步是男女共同奋斗的结果，无论政治权利偏向哪一方，都会导致社会力量的失衡，影响社会秩序的稳定发展。毛泽东将女性参政看成是妇女解放和社会发展的必然要求。他主张要坚持培养专职的妇女干部。就全国而言，由于妇女长期受封建思想的压制，无论是妇女干部的数量，还是妇女组织的数量都不够，而要领导中国妇女运动，没有一批能干的、专职的妇女干部是不行的。所以，毛泽东将培养妇女干部当成重要的政治任务来看待。妇女工作也成为新中国成立后党的工作的重要组成部分，进一步建立健全了妇女组织、全国妇女联合会和各级工会的女工部，培养了大批妇女干部，曾在20世纪50年代实现县县有女县长，乡乡有女乡长的发展目标，使得中国妇女政治参与出现了一个新高潮。最后，妇女具有婚姻自主权。毛泽东认为，以封建宗法为基础的婚姻制度是“野蛮的无人性，女子所受的压迫与痛苦比男子更甚”[②]。他对这种旧式婚姻制度深恶痛绝，主张婚姻自由。1934年由毛泽东、项英、张国焘共同签署的《中华苏维埃共和国婚姻法》中明确规定：“男女婚姻以自由为原则，废除一

① 中华全国妇女联合会：《毛泽东周恩来刘少奇朱德论妇女解放》，北京：人民出版社1988年版，第64～65页。

② 中国妇女管理干部学院编：《中国妇女运动文献资料汇编》第1册，北京：中国妇女出版社1988年版，第266页。

切包办强迫和买卖的婚姻制度。”[①]毛泽东明确指出苏维埃婚姻制度的重大意义在于：“这种民主主义的婚姻制度，打碎了中国4000年束缚人类尤其是束缚女子的封建锁链，建立适合人性的新规律，这也是人类历史上伟大的胜利之一。”新中国成立后，颁布的婚姻法就是以男女平等、婚姻自由为原则的婚姻制度，是对延续数千年封建婚姻制度的彻底革命，这使得婚姻自由逐渐成为婚姻家庭的主流，为妇女享有平等权利提供了保障。此外，毛泽东还提出妇女应享有受教育权、财产继承权。受教育权可以使妇女摆脱封建礼教和迷信的束缚，最终立足社会；财产继承权是妇女解决教育、职业、财政、婚姻种种问题的关键。

教育机会均等。毛泽东十分重视教育公平问题，他认为中国教育史有人民性的一面，孔子的有教无类具有重要价值，但几千年的教育主要是剥削阶级手中的工具，只能由少数人占有，大多数普通百姓的子女因贫穷无缘接受教育，这是一种显失公平的教育制度。毛泽东主张实行大众教育，坚决反对带有特权色彩的教育。在新中国成立之初，他就曾提出：“干部子弟学校，第一步应划一待遇，不得再分等级；第二步，废除这种贵族学校，与人民子弟合一。”[②]对于新中国广大人民群众在教育上所享受的不平等待遇毛泽东也十分不满。20世纪60年代毛泽东曾对中国人的文化程度作过一个估计，认为占人口10%的“地主、富农、城市资产阶级和知识分子，中国有文化的主要是这一部分人。还有百分之十左右的人是识字的，就是上层小资产阶级和富裕中农。百分之八十的人过去都是文盲”。[③] 因此，毛泽东提出要实行大众教育。大

① 中国妇女管理干部学院编：《中国妇女运动文献资料汇编》第1册，北京：中国妇女出版社1988年版，第266页。

② 《毛泽东文集》第6卷，北京：人民出版社1999年版，第232页。

③ 《毛泽东文集》第8卷，北京：人民出版社1999年版，第214～215页。

众教育思想的宗旨，就是要让广大人民群众接受教育，使每个人都能获得受教育的机会。1931年通过的《中华苏维埃共和国宪法大纲》中规定：中国苏维埃政权以保证工农劳苦民众有受教育的权利为目的。抗日战争时期，毛泽东对为人民办文化教育的思想进行总结和概括，强调包含教育在内的新民主主义文化是为一般平民所共有的，它应为全民族百分之九十以上的工农劳苦民众服务。新中国成立后，毛泽东为广大人民群众办教育、切实保障人人享有受教育权利和机会的教育思想，成为新中国教育工作的根本指导思想。在第一次全国教育工作会议提出学校必须实现向工农开门的方针。针对农村大多数农民不识字，没有现代文化技术，能用锄头、木犁，不能使用拖拉机的现状，将农民教育看成是关键和重点。为了使更多的民众从教育中受益，毛泽东提倡教育内容和教育方式的多样化。他指出：农村应当制定"文化教育规划，包括识字扫盲，办小学，办适合农村需要的中学，中学里面增加一点农业课程，出版适合农民需要的通俗读物和书籍，发展农村广播网、电影放映队，组织文化娱乐等等"。[①] 他还提倡群众集体办学和多种形式办学；大力发展非正规的厂办大学、业余教育、民办教育；正规教育和半工半读教育相结合。毛泽东提倡大众教育，使新中国有限的教育资源能够为更多的普通民众所共享。在新中国教育制度中，不少处于社会底层的民众因接受一定程度的教育而获得了向上流动的机会。这种流动，对于增进中国社会成员之间关系的协调具有十分重要的意义。同时，从制度上改善教育公平的状况，为国家按统一尺度在全社会范围内培养和选拔人才提供了有力保障。这种制度的制定与实施，避免了人才的分散与闲置，有利于有限的人才在整个国家范围内的集中、统一和有效的培养与使用。

---

① 《毛泽东文集》第6卷，北京：人民出版社1999年版，第475页。

代际机会平等。在我国封建社会,个人的发展总是受到年龄、资历的限制,年长者和资历深的具有某种等级特权,许多有为的年轻人其发展往往受到限制。毛泽东对这种论资排辈、有损公平的不良传统非常不满,曾尖锐地指出:“老年人和成年人的保守思想是比较多的,他们往往压抑青年人的进步活动”①,“一切事情,小孩子和青年人是没有发言权的。中国的青年人受封建家庭封建社会的苦太大了”②。在毛泽东看来,这是不公正的、不平等的,也不利于社会的发展进步。毛泽东要打破这种代际之间的不平等,对代际关系进行重新诠释。他指出:“有两种人:一种是老资格,……一种是新生力量,这是年轻的人。这两种人中间哪一种人更有希望呢? ……当然是新生力量更有希望。”③“青年是整个社会力量中的一部分最积极最有生气的力量。他们最肯学习,最少保守思想,在社会主义时代尤其是这样。”④毛泽东称赞青年是社会的新生力量,是世界的未来。他多次强调不要忽视青年的力量,要相信青年,争取青年,团结青年,组织青年,使他们在革命斗争中发挥先锋作用,在生产建设中发挥突击作用。他说:“从古以来,发明家、创立新学派的人,在开始的时候,都是年轻的,学问比较少的,被人看不起的,被压迫的。这些发明家到后来才变成壮年、老年,变成学问多的人。”⑤他对青年人敢于创新的精神给予高度称赞,认为青年是保证共产主义伟大事业持续发展和最终胜利的承前启后的一代,要求“各地的党组织,协同青年团组织,注意研究如何特别发挥青年人的力量,不要

① 《毛泽东文集》第6卷,北京:人民出版社1999年版,第453页。

② 《毛泽东文集》第2卷,北京:人民出版社1993年版,第169页

③ 《毛泽东文集》第6卷,北京:人民出版社1999年版,第402页。

④ 《毛泽东文集》第6卷,北京:人民出版社1999年版,第466页。

⑤ 毛泽东:《在八大二次会议上的讲话》,1956年5月8日。

将他们一般看待，抹杀了他们的特点”。[1] 所以，对于青年人应该重视和发挥其作用，促进其健康快速成长。

（四）公平正义实现的核心精髓

公平分配是毛泽东公平正义思想的核心。传统社会存在着大量分配不公平的现实，建立社会主义制度，实行生产资料公有制，就是要消灭剥削，为社会成员实现新的公平分配方式创造条件。毛泽东强调，“按劳分配和等价交换，是在建设社会主义阶段内人们决不能不严格地遵守的马克思列宁主义的两个基本原则”。[2] 在收入分配方面，毛泽东既反对平均主义，也反对两极分化，认为平均主义和两极分化都有损社会公平正义原则，是不公正的，主张合理分配，并对其进行过较多论述，如“要发动妇女参加劳动，必须实行男女同工同酬的原则”[3]，“在合作社的收入中，国家拿多少，合作社拿多少，农民拿多少，以及怎样拿法，都要规定得适当”[4]，等等。毛泽东对平均主义进行了深入批判，认为平均主义是错误的、落后的、倒退的，是不能实现的幻想。从红军时代直至20世纪六七十年代，毛泽东经常批判平均主义。1929年毛泽东在《关于纠正党内的错误思想》一文中指出：“背米不问大人小孩体强体弱，要平均背。住房子要分的一样平，司令部住了一间大一点的房子也要骂起来。勤务要派的一样平，稍微多一点就不肯。……应指出绝对平均主义不但在资本主义没有消灭的时期，只是农民小资产者的一种幻想；就是在社会主义时期，物质的分配也要按照‘各尽所能按劳取酬’

① 《毛泽东文集》第6卷，北京：人民出版社1999年版，第466页。

② 《建国以来毛泽东文稿》第10册，北京：中央文献出版社1996年版，第8页。

③ 《建国以来毛泽东文稿》第5册，北京：中央文献出版社1991年版，第519页。

④ 《毛泽东文集》第7卷，北京：人民出版社1999年版，第30页。

的原则和工作的需要，决无所谓绝对的平均。”[①]新中国成立后，平均主义思潮屡屡泛滥，毛泽东进行了多次批判，其中在1959年召开的郑州会议上作了比较典型和集中的批评。他指出：“必须首先检查和纠正自己的两种倾向，即平均主义倾向和过分集中倾向。所谓平均主义倾向，即是否认各个生产队和各个个人的收入应当有所差别。而否认这种差别，就是否认按劳分配、多劳多得的社会主义原则。所谓过分集中倾向，即否认生产队的所有制，否认生产队应有的权利，任意把生产队的财产上调到公社来。……上述两种倾向，都包含有否认价值法则、否认等价交换的思想在内，这当然是不对的。”[②]为了纠正严重平均主义倾向，他领导全党制定和颁布了反对贫富拉平、健全三级管理体制等一系列措施。毛泽东在批判平均主义的同时指出，两极分化也是社会主义不能容许的。新中国成立初期，毛泽东担心许多农民因生产资料不足，处于贫困地位，有些人欠债，有些人出卖土地，如果让这种情况继续发展，两极分化现象在农村中就会越来越严重。他提出通过走合作化道路解决农村两极分化问题。为了实现分配的公平，毛泽东自己带头，反对领导干部搞特权。他以身作则，拒绝地方政府在接待中为自己提高生活待遇，号召共产党员要全心全意为人民服务，不要滋长官僚主义作风，不要成为脱离人民的贵族阶层，同时指出在分配问题上，要正确处理国家利益、集体利益和个人利益，把国家利益和集体利益放在第一位，国家利益、集体利益增加了，个人利益也就随之改善了。毛泽东公平分配的观点和举措，在计划经济体制背景下最大限度地调动了全社会的人力资源，实现了各种社会资源的有效整合。

---

① 《毛泽东选集》第1卷，北京：人民出版社1991年版，第91页。

② 《毛泽东文集》第8卷，北京：人民出版社1999年版，第11页。

（五）公平正义实现的奋斗目标

毛泽东把共同富裕作为中国革命和建设的最终目标，也作为追求社会公平正义实现的最终奋斗目标。毛泽东是中国共产党发展史上首次明确提出“共同富裕”概念的。在 1953 年 12 月中共中央发布的由毛泽东主持制定的关于农业生产合作社的决议中明确提出：要“逐步实行农业的社会主义改造，使农业能够由落后的小规模生产的个体经济变为先进的大规模生产的合作经济，以便逐步克服工业和农业这两个经济部门发展不相适应的矛盾，并使农民能够逐步完全摆脱贫困的状况而取得共同富裕和普遍繁荣的生活”[①]。此后，毛泽东也曾在多篇文章中提到共同富裕问题。毛泽东关于共同富裕的内容可以归纳为四个方面。一是明确实现共同富裕的制度基础是坚持社会主义道路。毛泽东虽然没有明确提出社会主义的本质特征和根本目标是实现共同富裕，但认识到了实现共同富裕的唯一出路是走社会主义道路。一方面从执政党的历史任务来看，中国共产党必须给农民以新的利益，即社会主义。他说，“如果我们没有新东西给农民，不能帮助农民提高生产力，增加收入，共同富裕起来，那些穷的就不相信我们……要巩固工农联盟，我们就得领导农民走社会主义的道路”。[②] 另一方面，从中国农民的现实生活条件和迫切要求来看，“对于他们来说，除了社会主义，再无别的出路……这就是说，全国大多数农民，为了摆脱贫困，改善生活，为了抵御灾荒，只有联合起来，向社会主义大道前进，才能达到目的”。[③] 所

① 《毛泽东文集》第 6 卷，北京：人民出版社 1999 年版，第 442 页。

② 《毛泽东选集》第 3 卷，北京：人民出版社 1991 年版，第 197 页。

③ 黄道霞等主编：《建国以来农业合作化史料汇编》，北京：中共党史出版社 1992 年版，第 250 页。

以，中国共产党必须领导人民走社会主义道路，只有走社会主义道路，才能使广大人民群众共同富裕。二是认为实现农业合作化是广大农民走向共同富裕的必由之路。毛泽东在领导中国人民走向共同富裕的进程中，所关注的重点问题是农民如何实现共同富裕，这是最大的公平正义问题，也是重大的理论问题和实践问题。因为如果农村不实现稳定全面发展，整个社会也不可能实现稳定全面发展；如果农民不实现脱贫致富，那么全国就不可能实现共同富裕。而要使广大农民走向共同富裕，需要实现农业合作化。“只要合作化了，全体农村人民会要一年一年地富裕起来”。[1]“现在我们实行这么一种制度，这么一种计划，是可以一年一年走向更富更强的，一年一年可以看到更富更强些。而这个富，是共同的富，这个强，是共同的强，大家都有份”。[2] 三是重视发展生产力对共同富裕实现的重要性。毛泽东把大力发展生产力作为实现共同富裕的物质手段。他说，“我们还是一个农业国。在农业国的基础上，是谈不上什么强的，也谈不上什么富的”[3]，要实现共同富裕，就必须大力发展生产力。“只有经过社会生产力的比较充分的发展，我们的社会主义的经济制度和政治制度，才算获得了比较充分的物质基础（现在，这个物质基础还很不充分），我们的国家（上层建筑）才算充分巩固，社会主义社会才算从根本上建成了。”[4]如果不大力发展社会生产力，搞好经济建设，我们的政权就不会巩固，我们的目标就不会实现。四是认识到实现共同富裕是一个渐进的历史过程，并初步提出了实现共同富裕的概略时间表。毛泽东认识到中国作为一个“不富不强”的大国，

---

① 《毛泽东选集》第5卷，北京：人民出版社1977年版，第197页。

② 《毛泽东文集》第6卷，北京：人民出版社1999年版，第495页。

③ 《毛泽东选集》第1卷，北京：人民出版社1991年版，第1079页。

④ 《毛泽东选集》第5卷，北京：人民出版社1977年版，第462页。

要实现由贫穷到富裕的转变需要一个漫长而艰苦的过程，首先，“我们准备在几年内，使农业得到发展，使合作社得到巩固，使农村中没有了贫农，使全体农民达到中农和中农以上的生活水平”。[①] 之后，“要有几十年时间，经过艰苦的努力，才能将全体人民的生活水平逐步提高起来”[②]，并最终实现共同富裕。

每一时代的理论思维都是一种历史的产物。毛泽东公平正义思想也是时代的产物，注定带着时代的烙印，但是他对公平正义的艰辛探索和实践是极其珍贵的，为中国共产党公平正义思想的形成和发展留下了一笔宝贵的可供继承的遗产和资源，对于确立当代中国的科学公平正义观、构建公平正义的和谐社会具有重要的理论意义和实践意义。

---

① 《毛泽东选集》第4卷，北京：人民出版社1991年版，第776页。

② 《毛泽东选集》第4卷，北京：人民出版社1991年版，第775页。

第三章　改革开放以来中国共产党公平正义思想的发展脉络

实现公平正义，是人类社会千百年来孜孜以求的理想目标，也是中国共产党一以贯之的奋斗目标。中国共产党成立 90 多年来，一直在为实现公平正义而不懈努力。中国共产党带领广大人民群众进行新民主主义革命，并通过社会主义改造使我国进入了社会主义社会，在一定程度上讲，就是为了实现公平正义。改革开放 40 多年来，中国共产党领导中国人民在社会主义现代化建设的进程中将马克思主义基本原理与中国实际相结合，形成了邓小平理论、“三个代表”重要思想、科学发展观和习近平新时代中国特色社会主义思想，走出了一条中国特色社会主义道路。在这一时期，中国共产党关于社会公平正义的理论日益清晰和科学，关于社会公平正义的实践日渐丰富和有效。改革开放以来党的公平正义理论和实践，从多方面和多角度丰富和发展了中国共产党社会公平正义思想。

一　邓小平理论对公平正义的思考探索

改革开放以来，以邓小平为主要代表的中国共产党人，立足当时的中国国情，准确把握时代特点，科学对待马克思主义，开辟了中国特色社会主义现代化建设的崭新道路，形成了邓小平理论。邓小平理论虽然直接谈到“公平正义”的地方并不多，但是在回答“什么是社会主义，怎样建设社会主义”这一理论主题时，渗透着对公平正义的理解和追求。邓小平理论将公平正义视为社会主义的本质要求，对公平正义问题进行了深刻的理论探索和实践创新，形成了独具特色的公平正义观。认真梳理和挖掘邓小平理论中的公平正义思想，对于正确认识和把握中国共产党公平正义思想，科学处理中国社会发展中一系列重大理论和现实问题具有重要意义。

（一）公平正义实现的物质前提

一个公平正义的社会应该建立在生产力高度发达的基础上，生产力落后是不可能实现真正意义上的公平正义的。生产力落后意味着贫穷，意味着社会经济资源匮乏，意味着广大人民群众还处在生存危机状态之中。这种条件下实现的公平，只能是具有乌托邦色彩或平均主义的公平，不可能持久。只有高度发达的生产力，才能为社会公平正义的实现奠定坚实的物质基础。邓小平理论非常重视生产力的高度发展。邓小平在深刻总结我国社会主义发展经验教训时指出，“建国后，如果说我们有错误，最大的一条就是不重视发展生产，所以我们落后了”[①]。因此，在改革开放伊始，邓小平号召全党必须把工作重点转移到社会主义现代化建设上来，要坚持以经济建设为中心，集中力量大力发展社会生产力。贫穷不是社会主义，社会主义要消灭贫穷。只有大力发展生产力，弥补生产力方面的先天不足，才能提高人民的生活水平，才能消灭贫穷，这才符合社会主义的要求。邓小平把发展生产力放到了社会

① 《邓小平年谱（1975—1997）》，北京：中央文献出版社 2004 年版，第 981 页。

主义本质的高度。他指出："社会主义的本质，是解放生产力，发展生产力，消灭剥削，消除两极分化，最终达到共同富裕。"[①]他认为，社会主义不是抽象的，建设社会主义就是要通过发展生产力，逐步摆脱贫穷，使国家富强起来，使人民物质生活和精神生活得到改善。社会主义国家只有致力于发展生产力，才能保证公平正义的实现。邓小平还从社会主义优越性的角度强调发展社会生产力的重要性。邓小平在会见几内亚总统杜尔时说："根据我们自己的经验，讲社会主义，首先就要使生产力发展，这是主要的。只有这样，才能表现社会主义的优越性。"[②]社会主义的优越性归根结底要体现在它的生产力与资本主义相比，发展更快些、更高些，并且在发展的同时，不断改善人民的生活水平。只有大力发展社会生产力，才能实现人民所期待的更高水平的社会公平正义。否则，没有持久的生产力发展，没有坚实的物质基础，社会公平只能成为空中楼阁。

邓小平不仅深刻认识到了发展生产力的重要性，而且抓住了发展生产力的关键。他说："我们国家要赶上世界先进水平，从何着手呢？我想，要从科学和教育着手。"[③]邓小平提出了"科学技术是第一生产力"的观点。他看到了科学技术作为生产力显示出越来越巨大的作用。科学技术已经成为生产的先导，它的应用可以大幅度地提高生产效率、产品质量，进而带来巨大的经济效益，推进我国现代化建设的步伐。所以，要提倡科学，只有靠科学才能推动生产力快速发展，进而在高度发达的生产力基础上实现社会的公平正义。邓小平还强调教育的重要性。他说："我们国家，国力的强弱，经济发展后劲的大小，越来越取决

① 《邓小平文选》第3卷，北京：人民出版社1993年版，第28页。

② 《邓小平文选》第2卷，北京：人民出版社1994年版，第314页。

③ 《邓小平文选》第2卷，北京：人民出版社1994年版，第48页。

于劳动者的素质，取决于知识分子的数量和质量。一个十亿人口的大国，教育搞上去了，人才资源的巨大优势是任何国家比不了的。有了人才优势，再加上先进的社会主义制度，我们的目标就有把握达到。”[①]同时，邓小平还敏锐地认识到发展生产力、改善人民生活要稳步推进，不能一蹴而就。他在《目前的形势和任务》一文中指出：“我们也反对现在要在中国实现所谓福利国家的观点，因为这不可能。我们只能在发展生产的基础上逐步改善生活。发展生产，而不改善生活，是不对的；同样，不发展生产要改善生活，也是不对的，而且是不可能的。”[②]在邓小平看来，只有不断推动社会发展才是硬道理，只有推动生产力不断发展和创造更多的社会财富才是实现社会公平正义的前提。而社会公平正义问题的解决，又能够充分调动广大人民群众的积极性、主动性，激发社会创造力，从而有利于以生产力的发展增强综合国力和推动社会和谐。

（二）公平正义实现的重要方式

对社会资源如何进行分配，是衡量和评价某种社会制度和政策公正与否的重要标准，也直接体现公正原则的兑现程度。社会主义初级阶段首先要建立起最能体现公平正义精神的分配方式。只有公平地分配才能调动每个社会成员的积极性，才能激发整个社会的活力，进而推动社会持续稳定健康发展。改革开放之前的一段时间，我国分配制度的最大弊端就是实现了平均主义分配方式。这种分配方式挫伤了社会成员劳动的积极性，使得社会发展效率不足、经济效益不高。邓小平对这种不公平的分配方式进行了批判，重新认识马克思主义的按劳分配

---

① 《邓小平文选》第3卷，北京：人民出版社1993年版，第120页。

② 《邓小平文选》第2卷，北京：人民出版社1994年版，第257～258页。

原理，要求打破“大锅饭”，收入要直接与劳动贡献、经济效益挂钩，提出必须要坚持按劳分配的社会主义原则。按劳分配就是按劳动的数量和质量进行分配，不是“按政（政治表现）分配”“按资（资格）分配”，也不是平均分配，是“以劳动为尺度”，用“劳动量”将人们的所得与付出平衡起来。无论社会成员自身条件如何都有同等的生存和发展权利，等量的劳动获得等量的报酬，劳动差别决定收入差别。这种分配方式是与生产力发展水平相适应的公平分配方式，是最现实可行的。邓小平还指出按劳分配的性质必须是社会主义的，不能是资本主义的。资本主义的分配方式是资本剥削雇佣劳动的分配方式，它或许“可以使中国百分之几的人富裕起来，但是绝对解决不了百分之九十几的人的生活富裕问题”[①]，“按社会主义的分配原则，就可以使全国人民普遍过上小康生活。”[②]

邓小平主张实行按劳分配，反对平均主义。在他看来，过去的平均主义，吃“大锅饭”，实际上是共同贫穷、共同落后。改革首先就要破除平均主义，打破“大锅饭”。社会成员收入之间应该有合理的差距，使他们的收入和他们付出的劳动相联系，多劳多得，少劳少得，以此调动社会成员劳动的积极性，从而促进社会生产力的发展。“要有奖有罚，奖罚分明。对于干得好的、干得差的，经过考核给予不同的报酬”[③]，“合格的管理人员，合格的工人，应该享受比较高的待遇，真正做到按劳分配”。[④] 邓小平在强调肯定和保护个人物质利益的同时，也指出必须处理好国家、集体和个人三者的物质利益关系。他说：“我们提倡按劳分

① 《邓小平文选》第3卷，北京：人民出版社1993年版，第64页。

② 《邓小平文选》第3卷，北京：人民出版社1993年版，第64页。

③ 《邓小平文选》第2卷，北京：人民出版社1994年版，第102页。

④ 《邓小平文选》第2卷，北京：人民出版社1994年版，第130页。

配，承认物质利益，是要为全体人民的物质利益奋斗。每个人都应该有他一定的物质利益，但是这决不是提倡各人抛开国家、集体和别人，专门为自己的物质利益奋斗，决不是提倡各人都向‘钱’看。”[①]只有处理好国家、集体和个人三者的关系，才能极大调动人们的积极性，充分发挥他们的创造性和内在潜力，促进经济快速发展，提升人民生活水平。当然，邓小平在反对平均主义的同时，也认识到了按劳分配不能无节制地鼓励一部分地区和个人无限的富裕，多劳多得，也应该照顾到整个社会，否则收入差距过大，就会造成分配不公，从而违背社会主义按劳分配原则的初衷。他主张可以通过税收手段来调节各种收入。对高收入者进行征税，以改变社会成员之间最终收入分配状况，从而解决因按劳分配所导致的收入差距过大问题，避免两极分化。他还提出在国家力所能及的范围内对贫困落后地区实行一些必要的“倾斜政策”，以帮助和支持贫困落后地区；先富起来的地区要“通过多交利税和技术转让等方式来大力支持不发达地区”，但一定要贯彻党的政策，不搞摊派，提倡自愿，而且要适度，要实行“扶而不养”的政策。邓小平倡导的按劳分配，不仅打破了平均主义的分配方式，同时还打破了过去单一的分配模式。这种以按劳分配为主体的分配原则，使得公平成为社会发展的一种内在需求、动力和活动机制。这种分配机制的形成，对于调动人们的劳动积极性、主动性，促进经济效益的提升显示出积极意义，有利于促进公平正义的实现。

（三）公平正义实现的必要条件

机会公平是同现代化进程和市场经济相适应的社会理念和准则，是实现社会公平正义的必要条件。在现代社会，随着个人意识的觉醒、

① 《邓小平文选》第2卷，北京：人民出版社1993年版，第297页。

理性意识的增强、判断能力的提高、竞争意识的提升，人们越来越看重并广泛认同机会公平的理念和准则。只有实现机会公平，人们才能地位平等和公平合理地占有资源，才能享有平等的生存和发展空间，才能有更高的发展期望，从而激发社会发展的活力，提升经济社会发展质量。改革开放以来，人们逐渐认同机会公平的原则。虽然这只是刚刚开始，但已是不可逆转的良好开端。邓小平基于当时社会的具体情况，针对机会公平问题进行了深刻阐述。邓小平认为真正的社会公平应该是不分民族、不分性别、不分阶层的，而社会主义社会就是要努力为人民创造一个全方位的、能够使自我价值充分实现的良好社会环境。要实现机会公平，首先应充分保障公民的基本权利。权利平等是社会公平正义的基本要求，也是衡量一个社会公平程度的重要标志。邓小平指出，应当"充分发扬人民民主，保证全体人民真正享有通过各种有效形式管理国家、特别是管理基层地方政权和各项企业事业的权力，享有各项公民权利……。"[①]"要切实保障工人农民个人的民主权利，包括民主选举、民主管理和民主监督。"[②]"公民在法律和制度面前人人平等……人人有依法规定的平等权利和义务，谁也不能占便宜，谁也不能犯法……任何人都不许干扰法律的实施，任何犯了法的人都不能逍遥法外。"[③]邓小平对妨碍机会公平的特权思想进行了深入批判。在他看来，特权思想之所以存在，是由中国封建社会的长期存在、现代人民民主制度的不完备和人们重视不够等原因导致的。他指出，"我们今天所反对的特权，就是政治上经济上在法律和制度之外的权利。搞特权，这是封建主义残余影响尚未肃清的表现。旧中国留给我们的，封建专制

① 《邓小平文选》第2卷，北京：人民出版社1994年版，第322页。

② 《邓小平文选》第2卷，北京：人民出版社1994年版，第146页。

③ 《邓小平文选》第2卷，北京：人民出版社1994年版，第332页。

传统比较多，民主法制传统很少。解放以后，我们也没有自觉地、系统地建立保障人民民主的各项制度，法制很不完备，也很不受重视，特权现象有时受到限制、批评和打击，有时又重新滋长”。[①] 倘若社会中存在特权，机会公平就会被打破，社会公平从起点上就丧失了公正性，这样的社会也不可能实现真正的公平正义。所以，邓小平始终坚决反对特权思想。尤其是针对人民群众主要议论之一的干部队伍特权现象进行了严厉批评。他指出："人民群众反对特殊化，下面干部反对特殊化，首先是对着我们这些高级干部的。但是，不只是对着高级干部，还有中下层干部。人民群众对干部特殊化是很不满意的。"[②]"干部搞特殊化必然脱离群众。……现在有极少数人拿着这个权力侵占群众利益，搞生活特殊化，甚至横行霸道，为非作歹，还好像是理所当然。"[③]这种在干部中存在的特殊化现象同社会公平格格不入，使得机会公平大打折扣，极易引发人民群众的强烈不满。邓小平反对特权化思想，警示党员干部要始终牢记全心全意为人民服务的宗旨，明确人民公仆的角色定位，要心为民所系，利为民所谋，而不能把自己看成是凌驾于人民群众之上的特权阶层，把自己当成是人民的主人，大搞特权和特殊化。

邓小平还特别重视代际公正问题，鼓励年轻的杰出人才、年轻的有能力的干部脱颖而出。他指出："论资排辈是一种习惯势力，是一种落后的习惯势力。"[④]这种论资排辈的观念与做法必然会造成年轻的优秀人才难以脱颖而出，无法实现人尽其才、才尽其用，于事业发展无益。所以，他主张要解放思想，打破老框框，大力培养、发现和破格使用优秀

① 《邓小平文选》第2卷，北京：人民出版社1994年版，第332页。

② 《邓小平文选》第2卷，北京：人民出版社1994年版，第216页。

③ 《邓小平文选》第2卷，北京：人民出版社1994年版，第218页。

④ 《邓小平文选》第2卷，北京：人民出版社1994年版，第224页。

人才。在谈及使用年轻干部时，他指出："要从上到下有意识地选一些比较年轻的人、真正坚持我们现在政治路线的人、正派的人、党性强的人。现在有人才，被盖住了，没有发现。人才要放到领导位置上，不然锻炼不出来。现在思想要解放，把庙腾出来，选年轻的。"[①]这种代际公正观坚持事业为上，以更宽的视野、更高的境界、更大的气魄，不拘一格选贤任能，摒弃了唯资历、唯年龄的用人观念和思维方式，树立了正确的用人导向，使各方面的优秀人才充分涌流，各展所长、各得其所，从而更好更快地推动事业发展。

（四）公平正义实现的根本保障

制度公正是邓小平理论对公平正义认识的一个重要内容。邓小平提出维护社会公平正义，首先就要做到加强制度建设，以公正的制度保证社会公平。只有以公正的社会制度代替不公正的社会制度，才能真正实现社会公正。社会公正首先是社会制度的公正。邓小平多次强调社会主义制度的正义性，指出："我们为社会主义奋斗，不但是因为社会主义有条件比资本主义更快地发展生产力，而且因为只有社会主义才能消除资本主义和其他剥削制度所必然产生的种种贪婪、腐败和不公正现象。"[②]也就是说，在他看来资本主义社会宣扬的"正义""平等"不是真正的、实质的正义和平等，而是形式上的正义和平等，是虚伪的、抽象的正义和平等。只要资本主义私有制存在，就不可能从根本上排除少数人依靠占有生产资料而无偿占有其他劳动者剩余劳动的权利，就不可能进行合理公平的分配，也就不可能避免社会的两极分化。虽然

---

① 《邓小平思想年谱(1975—1977)》，北京：中央文献出版社 1998 年版，第 125～126 页。

② 《邓小平文选》第 3 卷，北京：人民出版社 1993 年版，第 143 页。

发展生产力是公平正义实现的物质前提，但“共同富裕”的结果并不是由发展生产力直接产生。这里存在一个制度选择问题。公有制能够消灭剥削、消灭压迫，实现人人平等和共同富裕。邓小平曾多次强调，社会主义制度的公平正义就在于坚持公有制的主体地位。他指出，“社会主义的经济是以公有制为基础的，生产是为了最大限度地满足人民的物质、文化需要，而不是为了剥削。由于社会主义制度的这些特点，我国人民能有共同的政治经济社会理想，共同的道德标准。以上这些，资本主义社会永远不可能有。资本主义无论如何不能摆脱百万富翁的超级利润，不能摆脱剥削和掠夺，不能摆脱经济危机，不能形成共同的理想和道德，不能避免各种极端严重的犯罪、堕落、绝望”。[①] 我国坚持社会主义制度，形成了多项有中国特色的基本制度，如以公有制经济为主体、多种所有制经济共同发展的基本经济制度，以按劳分配为主体、多种分配方式并存的分配制度，共产党领导的多党合作与政治协商制度以及民族区域自治制度等。这些基本制度保障着人民群众的经济地位、政治地位和社会地位的平等，使人与人之间真正建立起平等互助关系，为公平正义的实现提供了基础和前提条件。所以，邓小平反复强调必须坚持公有制的主体地位，并把它作为社会主义的根本原则。同时，他也认为只有社会主义制度才能从根本上解决贫困问题，才能避免两极分化，才能逐步实现共同富裕。没有社会主义制度作保证，发展生产力的成果在分配上就实现不了公平。因此，他旗帜鲜明地指出，“我们建立的社会主义制度是个好制度，必须坚持”。[②]

社会主义制度的正义属性为公平正义的实现提供了根本保证，但公平正义的实现也需要具体制度保障。在改革开放初期，邓小平就明

---

① 《邓小平文选》第2卷，北京：人民出版社1994年版，第167页。

② 《邓小平文选》第3卷，北京：人民出版社1993年版，第116页。

确指出,我们要认真地建立社会主义法制,“我们过去发生的各种错误,固然与某些领导人的思想、作风有关,但是组织制度、工作制度方面的问题更重要”。[①] 必须使“这种制度和法律不因领导人的改变而改变。不因领导人的看法和注意力的改变而改变。现在的问题是法律很不完备,很多法律还没有制定出来。往往把领导人说的话当做‘法’,不赞成领导人说的话就叫做‘违法’,领导人的话改变了,‘法’也就跟着改变”。[②] 这段话清楚地表明法律制度要有稳定性、连续性和权威性,法的意志高于一切,不允许有任何人凌驾于法律之上,游离于法律之外。换言之,就是要树立法律权威,做到“有法可依,有法必依,执法必严,违法必究”。[③] 总之,公正的实现必须落实到制度层面,即在保证制度公正的同时,还要实现公正的制度化,唯有如此,才能真正避免公正的实现流于空想。

(五)公平正义实现的目标要求

共同富裕是邓小平理论的重要组成部分,也是公平正义实现的目标要求。邓小平把“消灭剥削,消除两极分化,最终达到共同富裕”作为社会主义的奋斗目标,把公平正义的实现视为社会主义的本质要求,将能否做到公平正义看作是关系中国特色社会主义现代化建设事业顺利进行的大问题。邓小平认为,共同富裕是社会主义的原则之一,也是社会主义的最大优越性。在他看来,共同富裕充分体现了社会主义制度不同于资本主义制度的公正价值所在。社会主义把人民群众的根本利益作为出发点和归宿,把人民群众的根本利益提升到关系国家兴旺发

① 《邓小平文选》第2卷,北京:人民出版社1994年版,第333页。

② 《邓小平文选》第2卷,北京:人民出版社1994年版,第146页。

③ 《邓小平文选》第2卷,北京:人民出版社1994年版,第146页。

达、社会主义事业兴衰成败的高度，视人民群众为社会物质财富和精神财富的创造者、经济社会发展的主体，同时也是享受社会发展成果的主体。邓小平说："社会主义发展生产力，成果是属于人民的"[①]，"社会主义不是少数人富起来、大多数人穷，不是那个样子。社会主义最大的优越性就是共同富裕，这是体现社会主义本质的一个东西"。[②] 可见，在邓小平看来，资本主义和社会主义虽然都要创造发达的生产力，但二者有着本质区别，社会主义将公平正义的价值追求内含于社会主义本质之中，要实现的是共同富裕。这种富裕不是只包括物质生活方面的富裕，也包括精神和文化生活方面的富裕。只有物质生活的富裕而没有丰富的精神文化生活，这种富裕不是现代文明条件下的真正的富裕。高度的物质文明和高度的精神文明，既是我国社会主义现代化建设的重要内容，也是我国追求共同富裕的主要内容。这种共同富裕，也不是同步富裕、同等富裕，而是一个时间上有先后、速度上有快慢、程度上有高低的逐步实现的过程，是一个由局部性质改变到整体性质改变、由相对不平衡到相对平衡的横向扩展的过程。既然在走向共同富裕的过程中，不能齐步走、同步富裕，就要让一部分人、一部分地区先富起来，然后由他们帮助和带动其他人和其他地区走向富裕，最后实现共同富裕。为了实现全体人民的共同富裕，邓小平为我们设计了从"一个大政策"入手，通过实施"两个大局"，最后达到"共同富裕"的方略。"一个大政策"就是先富带后富的大政策。他明确指出："在经济政策上，我认为要允许一部分地区、一部分企业、一部分工人农民，由于辛勤努力成绩大而收入先多一些，生活先好起来。一部分人生活先好起来，就必然产生极大的示范力量，影响左邻右舍，带动其他地区、其他单位的人们向他

① 《邓小平文选》第3卷，北京：人民出版社1993年版，第255页。

② 《邓小平文选》第3卷，北京：人民出版社1993年版，第364页。

们学习。这样，就会使整个国民经济不断地波浪式地向前发展，使全国各族人民都能比较快地富裕起来。”[①]他还说，“我们提倡一部分地区先富裕起来，是为了激励和带动其他地区也富裕起来，并且使先富裕起来的地区帮助落后的地区更好地发展”。这就改变了过去人们通常理解的共同富裕是以同等的速度实现的平均富裕。共同富裕在我国不等于，也不可能是完全平均地富裕起来，决不等于，也不可能是所有人以同等速度富裕起来。先富带后富只是实现共同富裕的起点，是共同富裕的必经阶段，最终目标是实现共同富裕。“两个大局”，用邓小平的话说，“沿海地区要加快对外开放，使这个拥有两亿人口的广大地带较快地先发展起来，从而带动内地更好地发展，这是一个事关大局的问题”。[②] 这个大局是希望用尽可能短的时间使有条件的地区先发展起来，提高我国的综合国力，尽快缩短与发达国家的差距，为我国在国际竞争中赢得一席之地，这充分体现了效率原则。另一个大局是“发展到一定的时候，又要求沿海拿出更多力量来帮助内地发展”。[③] 这个大局体现了公平原则。我国东、中、西部地区资源与要素分布各异，区域经济存在较大的关联度，经济结构具有较强的互补性。沿海地区发展起来后帮助中西部地区发展，才能促进国民经济整体发展。况且，如果只有东部沿海地区的发展，而中西部地区长期落后，这也不是社会主义所要实现的共同富裕。

综上可见，邓小平理论中蕴涵的公平正义思想，是在继承马克思主义公平正义思想特别是毛泽东公平正义思想的基础上产生的，是伴随着我国改革开放和社会主义现代化建设伟大进程逐步形成的。它对处

① 《邓小平文选》第2卷，北京：人民出版社1994年版，第152页。

② 《邓小平文选》第3卷，北京：人民出版社1993年版，第277页。

③ 《邓小平文选》第3卷，北京：人民出版社1993年版，第278页。

于社会主义初级阶段的中国推进社会公平正义产生了积极影响，也为中国共产党公平正义思想的深化和发展提供了丰富的理论积累和思想资源。

二 “三个代表”重要思想对公平正义的丰富发展

以江泽民同志为核心的党的第三代领导集体，高举毛泽东思想、邓小平理论伟大旗帜，着眼于社会主义市场经济建设的新实践和新要求，围绕在新的历史条件下“建设一个什么样的党、怎样建设党”的重大历史课题，提出了“三个代表”重要思想。这一思想虽未直接系统论证公平正义问题，但也蕴涵了丰富而深刻的公平正义思想，是进一步推进公平正义探索和实践的指导思想。其中坚持“始终代表中国先进生产力的发展要求”，为公平正义的实现奠定了坚实的物质基础；坚持“始终代表中国先进文化的前进方向”为公平正义的实现构筑了强大的精神支撑；“始终代表中国最广大人民的根本利益”既是社会主义公平正义题中应有之义，也是社会主义公平正义实现的集中表现和重要标志。“三个代表”重要思想中的公平正义观是中国共产党公平正义思想的重要组成部分，是对毛泽东、邓小平公平正义思想的继承和发展，对于丰富和发展中国共产党公平正义思想的理论宝库作出了新的贡献。

（一）公平正义实现的价值目标

社会公平正义最根本最集中的体现，是如何对利益进行分配。区分不同性质公平正义观的重要标准就是看其维护和发展哪一部分社会成员的利益，是维护社会中占统治地位的少数人的利益，还是维护社会中占大多数的广大人民群众的利益。社会主义产生之前，实现的所谓社会公平，几乎都是以大多数人牺牲其平等权利为代价的。社会主义产生之后广大人民群众获得了对社会物质财富的所有权，从而为社会中大多数人谋求平等提供了现实可能性。毛泽东和邓小平始终坚持一切从人民利益出发，一切为了人民的价值定位。以江泽民为代表的党的第三代领导集体从新的历史高度充分认识人民群众的地位、作用和力量，在观念理性上体现为处处为人民利益着想，在实践理性上体现为始终将广大人民利益置于公平正义的中心位置，从而使公平正义的价值关怀获得了提升。“三个代表”重要思想指出，中国共产党“要始终代表中国最广大人民的根本利益”。最广大人民的根本利益是我们党一切工作的出发点和落脚点，是社会主义公平正义观的出发点和落脚点。“最广大人民的根本利益”不仅反映了中国共产党的根本宗旨是全心全意为人民服务，而且反映了中国共产党在处理社会发展中各种利益冲突时谋求最大限度的公平的基本准则，实现了对其他社会制度狭隘的社会公平目标的超越。江泽民反复强调我们党始终坚持人民的利益高于一切，党的一切工作“归根到底都是为了最广大人民的利益”，“都是为了不断实现好、维护好、发展好最广大人民的利益”[①]，“在任何时候任何情况下，都必须坚持党的群众路线，坚持全心全意为人民服务的宗旨，把实现人民群众的利益作为一切工作的出发点和归宿”[②]。社会公平的实现程度以及人民群众能否感受到并认可现实的公平状态，主要取决于党的实际工作情况。江泽民强调，党代表最广大人民的根本利益更重要的是付诸实践，而不能只是停留于理论论证，“全心全意为人民谋利益，不能挂在嘴上，不能搞‘虚功’，而是要实实在在为群众办事，要从群众最关心、最迫切需要解决的实际问题入手开展工作，把我们党

① 《江泽民文选》第3卷，北京：人民出版社2006年版，第279页。

② 《十六大报告辅导读本》，北京：人民出版社2002年版，第15页。

的根本宗旨切实落实到各项工作中,落实到广大人民群众身上”。[①]

诚然,维护好和发展好最广大人民的根本利益是一个理论问题,也是一个实践问题。要使人民群众享受到最大的社会公平正义,需要维护好、发展好最广大人民群众的整体利益的同时,也要协调和平衡好人民群众不同阶层、不同部分之间的利益关系。“不论是体力劳动还是脑力劳动,不论是简单劳动还是复杂劳动,一切为我国社会主义现代化作出贡献的劳动者”,都应当得到承认和尊重。一切“海内外各类投资者在我国建设中的创业活动都应该受到鼓励。一切合法的劳动收入和合法的非劳动收入,都应该得到保护”,从而“让一切劳动、知识、技术、管理和资本的活力竞相迸发,让一切创造社会财富的源泉充分涌流,以造福于民”。[②] 这里既包括城镇人口利益、通过诚实劳动先富起来的人们的利益、弱势群体的利益,也包括海内外各类投资者的利益。同时还要处理好个人利益与集体利益、局部利益与整体利益、长远利益与眼前利益的关系。“改革越深化,越要正确认识和处理各种利益关系,把个人利益与集体利益、局部利益与整体利益、当前利益与长远利益正确地统一和结合起来,把最广大人民群众的切身利益实现好、维护好、发展好,把他们的积极性引导好、保护好、发挥好。”[③]在改革开放和社会主义现代化建设进程中,要努力使广大人民群众共同享受到改革开放发展的成果。此外,要实现好、维护好、发展好最广大人民群众的根本利益,还要反对“官本位”思想的浸染,反对特权,“绝不允许形成既得利益集团”。江泽民特别强调人民利益的重要性,并将其作为党的一切工作的

① 《江泽民文选》第2卷,北京:人民出版社2006年版,第365～366页。

② 《十六大报告辅导读本》,北京:人民出版社2002年版,第14页。

③ 中共中央文献研究室编:《江泽民论有中国特色社会主义(专题摘编)》,北京:中央文献出版社2002年版,第111页。

最高准则。他说,“党除了最广大人民的利益,没有自己特殊的利益”。[①] 中国共产党是人民的公仆,要始终坚持人民的利益高于一切,要始终牢记国家的一切权力来源于人民,为人民谋利益是党和国家全部工作的出发点和归宿。共产党没有特权,不能把权力变成牟取个人或少数人私利的工具,要“权为民所用”。党的所有政策措施和各项工作的开展都必须从最广大人民群众的利益和意愿出发,正确处理各种利益关系,实现社会各阶层的共赢共荣,让人民群众最大限度地享受社会公平正义,进而推进社会公正建设。

(二)公平正义实现的衡量标准

任何社会的公平都是具体的、相对的,超越历史和超越阶级的“永恒公平”是不存在的。江泽民指出:“从理论上讲,以平等权利为基础的社会公平要受到社会经济文化发展的制约。在不同发展阶段,社会公平的内涵也会不同。”[②]所以,受生产力发展水平决定的生产关系和经济基础决定的上层建筑的制约,不同历史时期、不同国家、不同民族、不同阶级对公平的理解和衡量标准也不同,即使是同一时期、同一国家、同一民族在不同的社会环境条件下,对公平的理解和衡量标准也会存在差别。江泽民在把握时代发展的阶段性特征,充分分析我国基本国情的基础上,科学地揭示了社会主义初级阶段社会公平的评价标准。他指出“衡量社会公平的标准必须看是否有利于社会生产力发展和社会进步”。[③] 可见,把衡量社会公平的标准同促进生产力发展和社会进步联系起来,充分体现了一切从实际出发、理论联系实际的马克思主义

① 《江泽民文选》第3卷,北京:人民出版社2006年版,第280页。

② 《江泽民文选》第1卷,北京:人民出版社2006年版,第48页。

③ 《江泽民文选》第1卷,北京:人民出版社2006年版,第48页。

观点。

马克思主义认为，生产力是最活跃、最革命的因素，是社会发展的最终决定力量。有什么样的生产力，就有什么样的生产关系与之相适应，也就建立什么样的社会形态。生产力的发展能够消灭私有制和阶级压迫的基础，带动整个社会的发展，同时生产力的发展也为个人在社会领域获得何种程度自由发展的可能性提供物质前提，也能成为社会公平正义的衡量标准。因为一个公平的社会一定是能够最大限度地调动劳动者的积极性，促进人的全面发展的社会；一个公平的社会一定是能够不断促进生产工具的革新、科学技术的发展、劳动生产率提高的社会；一个公平的社会一定是能够合理利用各种资源，保护自然生态平衡，同时又能不断扩大劳动对象范围，促进各种新能源和新材料问世，为社会提供尽可能多的劳动产品的社会。劳动者、劳动资料和劳动对象都属于生产力的三大要素。可见，任何社会的发展与否、公正与否是与生产力发展密切相关的。一切有利于促进生产力发展的就有可能是公正的。真正意义上的社会公平只有在具备较雄厚的经济实力时，才可能得以实现。为此，江泽民十分重视发展问题，提出发展是党执政兴国的第一要务，强调“坚持贯彻党的富民政策，在发展经济的基础上，努力增加城乡居民的收入，不断改善人们的吃、穿、住、行、用的条件”[①]。江泽民坚持以经济建设为中心，坚持邓小平现代化建设的“两个大局”战略思想，在沿海发达地区先发展起来的情况下，致力于推动经济落后地区改变贫困落后面貌的工作，指出“帮助贫困地区发展经济文化，帮助贫困地区群众与全国人民一起逐步走上共同富裕的道路，是贯穿社会主义初级阶段全过程的历史任务，全党全国上下必须锲而不舍地长

① 《江泽民文选》第3卷，北京：人民出版社2006年版，第294页。

期奋斗”。[①] 为此，国家作出了实施西部大开发、加快中西部地区发展的战略决策，并进行了相应的战略部署，提出到21世纪中叶“建成一个经济繁荣、社会进步、生活安定、民族团结、山川秀美、人民富裕的新西部”的战略目标。总之，发展社会生产力是社会公平正义的前提条件，也是社会公平正义的衡量标准。

但是，特定时期的生产力发展并不必然带来社会公正，江泽民提出衡量社会公正还有另一个标准就是“社会进步”。社会进步不仅仅包括物质文明的发展和进步，也包括精神文明、政治文明、制度文明等等的发展和进步，更重要的是还包括人的全面发展和进步。社会主义社会作为人类历史上崭新的社会形态，必须是全面发展、全面进步的社会。因此，社会公正与否除了社会生产力发展这一判断标准外，还要从社会进步方面去全面考量，不能仅见物不见人。而要“见人”，就是要看到人的全面发展和社会进步。这样的社会需要先进的文化。按照马克思主义观点，文化是由一定的社会经济、政治所决定的，但同时又对社会的经济和政治具有巨大的反作用。先进的文化可以促进社会发展、推动社会进步，落后的文化则会阻碍社会发展、阻碍社会进步。江泽民提出中国共产党要始终代表中国先进文化的前进方向。先进文化可以剔除个人活动和社会进步的体制障碍，发挥人的自由创造力，从而推动社会生产力发展和社会进步，为社会提供广阔的发展空间。先进文化也成为“三个代表”重要思想中公平正义的精神载体。因为先进文化的科学知识可以扩大劳动对象的范围，提升劳动者的智能素质，物化为直接的劳动生产力。先进文化的思想道德建设可以提高人们的道德修养，为社会发展提供智力支持。先进文化可以实现对社会制度的优化，进而实现物质文明、精神文明、政治文明的协调发展，推进社会全面进步。

---

① 《江泽民文选》第3卷，北京：人民出版社2006年版，第249～250页。

综上可见，“三个代表”重要思想中公平正义的衡量标准是在新的历史条件下，实现了对马克思主义公平正义评价标准的丰富和发展。

（三）公平正义实现的基本要求

收入分配制度历来是公平正义关注的重点内容。人民群众能否获得更多的利益，既体现在社会整体发展水平上，也直接表现在个人的收入分配上。江泽民高度重视收入分配问题，因为社会经济领域的收入分配制度直接关系到人民群众的切身利益，关系到经济发展和社会稳定，是事关全局的大问题。江泽民主张在社会主义初级阶段要实行以按劳分配为主体、多种分配方式并存的分配制度，在邓小平提出的“以按劳分配为主体，其他分配方式为补充”的基础上前进了一步，将“其他分配方式”提高到与按劳分配“并存”的高度，指出了“其他分配方式”在社会主义市场经济资源配给方面的重要作用。多种分配方式并存是由我国公有制为主体、多种所有制经济共同发展的基本经济制度所决定的。到了党的十五大，江泽民又明确提出：“坚持按劳分配为主体、多种分配方式并存的制度，把按劳分配和按生产要素分配结合起来，……依法保护合法收入，允许和鼓励一部分人通过诚实劳动和合法经营先富起来，允许和鼓励资本、技术等生产要素参与收益分配”。[①] 这一论述中提到把按劳分配和按生产要素分配结合起来，是对马克思主义按劳分配理论的突破，是对社会主义分配制度的拓展和深化，在社会主义分配制度发展史上是一个创新之举。按生产要素分配的确立也把分配方式多样化落到实处。江泽民在论述分配公平时，也指出了分配领域最大的不公是平均主义和收入差距过分悬殊。平均主义不是以劳动作为分配的尺度，否认劳动者在劳动熟练程度、复杂程度、强度和技能等方

① 《江泽民文选》第2卷，北京：人民出版社2006年版，第22页。

面的差别，严重挫伤劳动者生产的积极性，影响劳动生产率和经济效益的提高，不利于社会的发展进步。而两极分化也会“破坏社会公平，涣散人心，特别是在新旧体制并存的情况下，往往会助长不是比贡献而是比收入的消极攀比和平均主义倾向，造成在更高收入水平上的大锅饭”。[①] 因此，在江泽民看来，平均主义是不公正的，两极分化也是不公正的，在社会主义初级阶段真正的公正要承认适度合理的差距，社会公平和共同富裕的实现必然要经历先富再到共富的过程，这其间需要通过国家政策和法律的协调。此外，鉴于当时中国社会存在收入差距过大的现象，而这一现象的产生与少数人靠非法手段捞取不义之财有关，也与“不同职业、不同单位、不同行业、不同地区之间缺乏平等的竞争规则和竞争环境，劳动者在竞争中缺乏同等的机遇”[②]有关。所以，江泽民也特别重视机会公平和规则公平，保障公民基本权利平等，健全公平竞争机制，破除以权谋私，消除由不平等竞争导致的收入悬殊现象。

江泽民还明确提出“在促进效率提高的前提下体现社会公平”，这充分体现了对“效率优先，兼顾公平”原则的坚持。虽然“效率优先，兼顾公平”在 20 世纪 80 年代初逐渐被社会所认可，但党的历史文献中第一次明确提出是在党的十四届三中全会通过的《中共中央关于建立社会主义市场经济体制若干问题的决定》中。在党的十五大上，江泽民又进一步强调，“坚持效率优先、兼顾公平，有利于优化资源配置，促进经济发展，保持社会稳定”。[③] 在党的十六大报告中，江泽民再一次指出，“坚持效率优先、兼顾公平，既要提倡奉献精神，又要落实分配政策，既要反对平均主义，又要防止收入悬殊。初次分配注重效率，发挥市场的

① 《江泽民文选》第 1 卷，北京：人民出版社 2006 年版，第 55 页。

② 《江泽民文选》第 1 卷，北京：人民出版社 2006 年版，第 49 页。

③ 《江泽民文选》第 2 卷，北京：人民出版社 2006 年版，第 22 页。

作用，鼓励一部分人通过诚实劳动、合法经营先富起来。再分配注重公平，加强政府对收入分配的调节职能，调节差距过大的收入”。[①] 从这段论述中可以看到，江泽民不仅指出了分配原则是“效率优先，兼顾公平”，而且还指出了效率和公平各自的侧重点。效率侧重于初次分配，也就是初次分配时要贯彻正确的分配政策，注重发挥市场的作用，鼓励和保证企业和个人充分发挥积极性、主动性和创造性，从而不断提高整个社会经济活动的效率。公平则侧重于再分配，即在劳动者按照不同分配原则进行分配后，政府运用各种政策、多种手段进行必要的社会调节，使劳动者之间的收入保持在合理范围内。针对当时收入分配的不同情况，江泽民还明确指出了解决问题的办法，如国有企业、机关事业单位等这种国家基本能够直接控制收入分配的，重点是防范其出现平均主义，实施在宏观控制下的分层管理。而对于国家难以直接控制收入分配的，如其他经济成分和经济活动的收入分配等，则要强化政府的权威和功能，通过法律、行政、经济等多种手段进行管理和调节，以打击、制止非法牟取暴利。“效率优先，兼顾公平”这一分配原则是适应当时国情的，具有历史合理性。在生产力发展水平还不够高、群众个人收入普遍较低的条件下，这一原则的实施有利于调动社会广大人民群众创造物质财富和精神财富的热情，有利于推动中国特色社会主义事业的建设和发展。

（四）公平正义实现的重要保障

依法治国是党领导人民治理国家的基本方略，是社会主义社会公平正义观的体现，也是公平正义实现的重要保障。江泽民在实践社会主义民主法治建设过程中，以新的理论视角和实践经验丰富并发展了

① 《江泽民文选》第3卷，北京：人民出版社2006年版，第550页。

邓小平同志的民主法治思想，形成了自己独特的法治观，明确提出“依法治国，建设社会主义法治国家”的治国方略，为进一步推进我国民主法治建设、推进社会公平正义提供了坚实的理论基础和重要的实践保障。江泽民指出：“依法治国，就是广大人民群众在党的领导下，依照宪法和法律规定，通过各种途径和形式管理国家事务，管理经济文化事业，管理社会事务，保证国家各项工作都依法进行，逐步实现社会主义民主的制度化、法律化，使这种制度和法律不因领导人的改变而改变，不因领导人看法和注意力的改变而改变。依法治国，是党领导人民治理国家的基本方略，是发展社会主义市场经济的客观需要，是社会主义文明进步的重要标志，是国家长治久安的重要保障。”[①]这段论述明确了依法治国的主体是广大人民群众，客体是国家事务、经济文化事业和社会事务，基本依据是宪法和法律，依法治国的关键则是实现党与法的有机统一。“依法治国”的提出为社会公平正义的实现提供了重要保障。

首先，依法治国，加强立法，不仅是社会主义法治国家的逻辑起点，也有利于维护社会公平正义。现代社会要实现稳定有序的发展，离不开全面而周密的法律制度。因为法律制度能够约束社会成员的行为，并使其符合社会发展所需要的“应该”和“必须”。在建设法治国家的进程中首先要保证人们有法可依，这就需要坚持与时俱进的原则完善中国特色社会主义法律体系。用江泽民的话说，就是要“适应社会主义市场经济发展、社会全面进步和加入世贸组织的新形势，加强立法工作提高立法质量，到2010年形成有中国特色的法律体系”。[②] 他还特别强

① 中共中央文献教研室编：《江泽民论有中国特色社会主义（专题摘编）》，北京：中央文献出版社2002年版，第326～327页。

② 《江泽民文选》第3卷，北京：人民出版社2006年版，第555页。

调各地区各部门的法规规章不能与宪法和法律相抵触。“任何地方任何部门都没有超越宪法和法律的特权。任何人都不得借口维护本地区本部门的利益而推卸应承担的义务和责任，规避应受的约束和监督。各级干部特别是领导干部都要从自身做起，带头维护国家的政令和法制的统一，自觉反对和防止地方保护主义、部门保护主义。”[①]这表明了中国共产党坚决维护宪法和法律的尊严、维护国家法制的统一。这就为公平正义的实现提供了前提条件和重要保障。

其次，依法行政是依法治国的重要途径，也是实现公平正义的有力保障。社会公平正义的实现，在很大程度上取决于法律制度是否能够真正地、统一地贯彻执行，如果做不到这一点，公平正义就很难实现。江泽民从政治高度强调，“全党同志都应该明确，维护宪法尊严和保证宪法实施，维护国家政令和法制统一，是一个重大政治原则问题。国家法律，是党的主张和人民意志相统一的体现，一经制定并付诸实施，各地区各部门必须一律遵照执行”[②]，“一切政府机关都必须依法行政，切实保障公民权利，实行执法责任制和评议考核制”。[③] 江泽民在强调依法行政的同时，也坚定不移地反对腐败。腐败现象是社会不公正的重要体现。少数领导干部将权力与自己利益挂钩，不能秉公用权，甚至存在以权代法、以权压法等现象，严重影响了社会公正。对此，江泽民有着深刻认识，明确要严格执纪执法、重点查处违法违纪案件，对于触犯党纪国法的腐败分子，不论是谁，不论职务高低，该受什么处分就受什么处分，决不手软。表明了中国共产党维护社会公正的决心。

再次，注重深化改革，完善监督机制，为公平正义的实现提供坚实

① 《江泽民文选》第1卷，北京：人民出版社2006年版，第644～645页。

② 《江泽民文选》第1卷，北京：人民出版社2006年版，第644页。

③ 《江泽民文选》第1卷，北京：人民出版社2006年版，第30～31页。

保障。江泽民在党的十六大报告中指出:要加强对权力的制约和监督。实行社会主义法治,不仅要完善法律制度,加强立法、执法、守法等各环节的工作,同时还必须建立有效的法律监督体系,实行严格的法律监督。只有重视和加强法律监督,才能真正树立宪法和法律的权威,严格维护法制的统一和尊严,切实保证公民享有合法权利和履行法定义务,促进社会公平正义的实现。江泽民提出可以通过党内监督、法律监督和群众监督等方法建立健全依法行使权力的监督和制约机制。这有利于防止以权谋私,维护社会公正。

此外,江泽民还指出,坚持依法治国,除了加强法制建设,还要加强法制宣传教育,不断提高广大干部群众的法律意识和法治观念,特别是各级领导干部必须加强法律知识的学习,努力掌握和提高运用法律手段管理经济和社会事务的本领。只有法制建设和思想道德文化建设两手同时抓、同时硬,才能消除社会的歪风邪气和消极现象,推动社会稳定健康发展,推进社会公平正义的实现。

(五)公平正义实现的主要途径

社会政策是政府为了解决社会问题而采取的政治行为。政策是理论通向实践的桥梁,具有时空周期和时空效力,要随着社会实践的变化而变化。在改革开放初期,我国比较重视用经济政策促进社会发展,忽视了社会政策对社会发展的重要作用。当然,这也是当时的国情决定的。在江泽民执政期间,社会政策与社会需求之间的不平衡逐渐表现出来,他深刻认识到社会政策对社会安全稳定运行、对社会公平正义的促进作用,非常重视运用社会政策调节社会问题,并推行了一系列政策调节措施和方法。

社会保障是维护和实现公平正义的重要手段。社会保障制度自建立之初就有互助共济、保障公平的属性,而且从长远看,要解决社会公平正义,也必须建立和完善养老、医疗等一系列社会保障制度。江泽民非常重视建立健全同经济发展水平相适应的社会保障体系,他强调:“要加快建立多层次的社会保障体系,特别是抓紧建立和完善养老、事业、医疗保险制度”①,这有利于缓和各种社会矛盾,直接关系着社会稳定和国家长治久安。同时他也十分重视保护社会弱势群体。对社会弱势群体给予帮助是社会文明进步的重要标志,也是社会公平正义的重要体现。江泽民说:“我们的社会主义国家是要以实现全体人民的富裕幸福为建设的根本目的,更应尊重残疾人的公民权利和人格尊严,保护其不受侵害。”②这就使他们在参与社会生活和国家建设,共享社会物质文化成果方面获得了机会均等。此外,还出台了一系列具体政策,如建立“三条保障线”制度,使绝大多数国有企业下岗职工和离退休职工的基本生活有了保障;加强了社会保障资金的落实和养老金的发放,实现了资金到账,保障到人。在江泽民同志的领导下,我国的社会保障事业得到快速发展,机关事业单位养老保险制度改革不断深化,企业职工基本养老保险制度日益完善,医疗保险制度改革顺利推进,失业保险制度逐步纳入法治化轨道,社会保障作为实现社会公平正义的“稳定器”和“安全阀”的作用日益彰显。

江泽民还注重运用政策调节区域发展不平衡问题,缩小地区间的差距,促进区域之间的公正。改革开放促进我国经济快速发展,综合国力显著提升,但区域之间发展不平衡问题也开始显现,并呈扩大趋势。为此,2000 年中央正式提出实施西部大开发战略,2002 年又提出要鼓励东部地区率先发展,促进中部地区崛起,振兴东北老工业基地,支持

① 中共中央文献教研室编:《江泽民论有中国特色社会主义(专题摘编)》,北京:中央文献出版社 2002 年版,第 86 页。

② 《江泽民文选》第 3 卷,北京:人民出版社 2006 年版,第 646 页。

革命老区和少数民族地区加快发展。东、中、西部地区各有特色，优势互补，加强其经济交流和合作，可以有效缩小地区差距，促进区域公正。此外，江泽民还注重运用社会政策调节城乡差距。他认为要缩小城乡差距，使农村稳定，就需要解决三农问题，制定并落实惠农政策。1999年，在中央经济工作会议上江泽民强调：千方百计增加农民收入是当前农业和农村工作的一项重要任务。而就如何减轻农民负担、增加农民收入的问题，他提出通过推进农业和农村结构的战略性调整，加快农村税费改革等措施来实现。同时，他还强调要广泛动员全社会力量参与扶贫，帮助贫困地区群众解决温饱问题，制定并实施了扶贫开发政策。如“国家八七扶贫攻坚计划”是国家在全国范围内开展的有组织、有计划、大规模的扶贫工作，实现了从救济式扶贫向开发式扶贫的转变。

贫富差距过大问题也是社会不公的重要表现。一般来说，合理而适度的收入差距有利于促进竞争、提高效率，而收入差距过大则会使人滋生对社会的不满情绪，引发社会矛盾，甚至威胁社会的和谐稳定。对此，江泽民继承并发展邓小平的思想，强调反对平均主义，反对贫富差距过大，指出要在促进经济社会发展的基础上实现共同富裕，最终达到社会公平。他主张国家在实现按劳分配为主体多种分配方式并存的分配方式基础上，也要建立有效的收入调节体系，以解决收入差距过大问题。如对过高收入运用税收杠杆进行调节，对非法收入坚决依法惩处、予以取缔，对凭借行业垄断和某些特殊条件获得的不合理收入进行纠正整顿，依法保护合法收入。江泽民还非常重视就业问题，将其视为关系人民生活水平提高，关系改革发展稳定大局，关系国家长治久安的重大政治问题，强调党和政府要采取积极措施，依靠社会各方面力量，努力拓宽就业门路，搞好职业培训，推进再就业工程。在制度方面，逐步建立富有弹性的就业制度，积极开展再就业援助。如对最困难的群众，政府要集中资金和政策帮助他们实现再就业，为其提供公益性的就业岗位。

总之,“三个代表”重要思想蕴涵着丰富的公平正义思想,对推动中国特色社会主义事业健康发展发挥了重要指导作用,为中国共产党公平正义思想提供了充分的思想资源和理论储备,对分析和探讨当前的社会公平正义问题提供了有益启示。

三　科学发展观对公平正义的科学发展

党的十六大以来,以胡锦涛同志为总书记的党中央,在领导全国人民建设中国特色社会主义伟大事业的进程中,立足社会主义初级阶段基本国情,总结中国发展实践,形成了科学发展观这一马克思主义中国化的理论成果。科学发展观蕴含着丰富的公平正义思想。这一公平正义思想是在适应我国经济社会深刻变化,尊重我国经济社会发展规律,为解决我国社会面临的问题和任务的情况下提出来的,是马克思主义公平正义观与我国经济社会发展实际紧密结合的产物,丰富和发展了中国共产党公平正义思想。

(一)公平正义实现的地位新论

理论源于实践。实践有了新的发展,理论也随之有新的变化。面对新情况新问题,胡锦涛提出社会公平正义是我国社会主义制度的本质要求,是发展中国特色社会主义的重大任务,是社会主义和谐社会的基本特征,从理论高度重新论述了实现社会公平正义的地位。

首先,实现社会公平正义是我国社会主义制度的本质要求。胡锦涛指出:“维护和实现社会公平和正义,涉及最广大人民的根本利益,是我们党坚持立党为公、执政为民的必然要求,也是我国社会主义制度的本质要求。”[①]这是我们党第一次把维护和实现公平正义作为我国社会主义制度的本质要求明确提出来。社会公平正义是有阶级性的。作为社会主义的公平正义就要体现社会主义的本质要求，而社会主义制度的公正性就在于社会主义事业是人民自己的事业，社会主义制度所做的一切都是为了人民的利益。维护和实现人民的利益，是社会主义公平正义观的出发点和重要内容。实现人民的利益，就是要使人民在分享社会经济发展成果、参与政治活动中维护人的尊严、保障人的平等地位和平等权利。如果不能实现人民的根本利益要求，我国社会主义公平正义也就不可能实现，人民对于社会主义制度的信念就会动摇。所以维护和实现社会公平正义，涉及最广大人民的根本利益，是我们党坚持立党为公、执政为民的必然要求，也是我国社会主义制度的本质要求。

其次，实现社会公平正义是发展中国特色社会主义的重大任务。邓小平曾指出：“社会主义的本质，是解放生产力，发展生产力，消灭剥削，消除两极分化，最终达到共同富裕。”[②]生产力的发展是实现公平正义的物质前提，但生产力的发展最终是要体现为人民群众共享经济社会发展成果，体现在社会公平正义的实现过程。温家宝总理曾指出：“巩固和发展社会主义，必须认识和把握好两大任务：一是解放和发展生产力，极大地增加全社会的物质财富；一是逐步实现社会公平与正义，极大地激发全社会的创造活力和促进社会和谐。上述两大任务相互联系、相互促进，是统一的整体，并且贯穿于整个社会主义历史时期一系列不同发展阶段的长久进程中。没有生产力的持久大发展，就不

① 胡锦涛：《在省部级主要领导干部提高构建社会主义和谐社会的能力专题研讨班上的讲话》，《人民日报》，2005 年 6 月 27 日。

② 《邓小平文选》第 3 卷，北京：人民出版社 1993 年版，第 373 页。

可能最终实现社会主义本质所要求的社会公平与正义；不随着生产力的发展而相应地逐步推进社会公平与正义，就不可能愈益充分地调动全社会的积极性和创造活力，因而也就不可能持久地实现生产力的大发展。”[①]这里把维护和实现社会公平正义与解放和发展生产力并列作为巩固和发展社会主义必须把握好的两大任务。党的十七大报告更是明确提出：实现社会公平正义是发展中国特色社会主义的重大任务。在党的十八大报告中，胡锦涛又特别强调“公平正义是中国特色社会主义的内在要求”。这些重要论述从社会主义本质和原则的高度，阐明了实现社会公平正义对于中国特色社会主义事业科学发展的重大意义。公平正义已经成为推动科学发展、促进社会和谐过程中进行制度安排和制度创新的重要依据，成为协调社会各阶层关系的基本原则，成为增强社会凝聚力、向心力和感召力的重要旗帜。

再次，实现社会公平正义是社会和谐的重要特征。十六大以来，以胡锦涛为总书记的党中央，充分认识到公平正义在中国特色社会主义现代化建设和构建社会主义和谐社会中的重要地位。胡锦涛在2005年省部级主要领导干部提高构建社会主义和谐社会能力专题研讨班上的讲话中，把“公平正义”作为社会主义和谐社会的重要特征和本质要求。在党的十六届六中全会通过的《中共中央关于构建社会主义和谐社会若干重大问题的决定》指出：“社会公平正义是社会和谐的基本条件。”在十七大报告中更是明确提出：“要按照民主法治、公平正义、诚信友爱、充满活力、安定有序、人与自然和谐相处的总要求和共同建设、共同享有的原则，着力解决人民最关心、最直接、最现实的利益问题，努力形成全体人民各尽其能、各得其所而又和谐相处的局面，为发展提供良

① 温家宝：《关于社会主义初级阶段的历史任务和我国对外政策的几个问题》，《人民日报》，2007年2月26日。

好社会环境。”可见，在社会主义条件下，我们要构建的和谐社会应当是整体的和谐、全面的和谐，是人与人之间的和谐、人与自然之间的和谐、人与社会之间的和谐。在这样的和谐社会里，“公平正义”是前提。因为和谐首先要做到公平正义，包括经济、政治、文化、社会等方面的公平正义，才能真正建立起安定有序的社会主义和谐社会。

最后，提出社会主义核心价值体系，将公平正义上升为社会主义国家制度的首要价值。党的十六大以来，党中央对社会主义核心价值观问题非常重视。任何一个社会都有其核心价值观，这是社会最重要的价值目标，能够寻求人们广泛的价值认同，在思想差异与利益矛盾上达成价值共识，从而汇聚力量。在一系列理论探索和实践基础上，党中央对社会主义核心价值体系的基本内容达成了共识。在《中共中央关于构建社会主义和谐社会若干重大问题的决定》中指出：“马克思主义指导思想，中国特色社会主义共同理想，以爱国主义为核心的民族精神和以改革创新为核心的时代精神，社会主义荣辱观，构成社会主义核心价值体系的基本内容。”[①]社会主义核心价值体系的提出，是以胡锦涛为总书记的党中央对马克思主义公平正义理论丰富与发展的生动体现。在2008年两会记者招待会上温家宝总理将公平正义比作“政府的良心”，指出“正义是社会主义国家制度的首要价值”。[②] 在2010年的两会记者招待会上，他又将公平正义与太阳作比较，认为公平正义“比太阳还要有光辉”。[③] 在党的十八大报中，胡锦涛首次将“自由、平等、公正、法治”纳入社会主义核心价值观的基本要素范畴之列。总之，以胡

① 《中共中央关于构建社会主义和谐社会若干重大问题的决定》，《人民日报》，2006年10月19日。

② 《温家宝总理回答中外记者提问》，人民网，2008年3月19日。

③ 《温家宝：公平正义比太阳还要有光辉》，人民网，2010年3月14日。

锦涛为总书记的党中央对社会主义核心价值体系基本内容的共识和将公平正义提升为社会主义国家制度的首要价值，是对马克思主义公平正义理论的丰富和发展。

（二）公平正义实现的目标构想

消灭一切不公正的社会现象，实现全人类的彻底解放，是马克思主义的首要价值和基本目标。社会主义制度的本质要求就是维护和实现社会公平正义。而这种公平正义最终要落实到人，这个“人”不是抽象的人，不是少数的人，而是具体的人，是广大人民群众。人民群众是社会物质财富和精神财富的创造者，也是社会发展的主体。胡锦涛始终坚持人民的利益高于一切，他指出：“坚持以人为本，就是要以实现人的全面发展为目标，从人民群众的根本利益出发谋发展、促发展，不断满足人民群众日益增长的物质文化需要，切实保障人民群众的经济、政治和文化权益，让发展的成果惠及全体人民”。[①] 让全体人民共享发展成果，本身就是对人民群众根本利益的尊重，就是在维护社会公平正义。这既契合“以人为本”的价值理念，也契合马克思主义关于人的全面发展思想，同时也体现了建设中国特色社会主义的最终目的。人民所推崇和向往的公平正义社会，也是希望能够人人共享社会发展成果。那么，要使广大人民群众共享社会发展成果，需要正确处理人民内部矛盾和其他社会矛盾，需要妥善协调社会各方面利益关系。当然，其前提条件是科学发展。只有通过不断的发展，把社会财富这个蛋糕做大，才能使绝大多数人受益，然后再通过合理的收入分配制度等形式把蛋糕分好，让广大人民群众更好地共享社会发展成果，才能不断推进人民群众

① 胡锦涛：《在中央人口资源环境座谈会上的讲话》，《人民日报》，2004 年 4 月 5 日。

共同走向富裕，这样才能让人民群众实实在在感受到社会的公平正义。胡锦涛曾多次强调必须把发展作为工作的第一要务，“必须在经济发展的基础上，……促进社会公平正义”，“要通过发展增加社会物质财富、不断改善人民生活，又要通过发展保障社会公正、不断促进社会和谐”。[①] 所以，没有全体人民共享发展成果就没有真正的社会公正。全体人民共享发展成果，增强人民群众的幸福感和满意度，是胡锦涛公平正义思想的内在要求和目标追求。

此外，要实现公平正义人人建设、公平正义人人共享的生动局面，还需要按照共同建设、共同享有的原则，着力解决人民群众最关心、最直接、最现实的利益问题。社会是由人组成的。每个人都是缔结社会的一员，都需要以合作的形式在社会中生产和贡献。一个人是不可能创造社会财富，也不可能生存的。所以，社会财富、资源应该为人人共享，这也是人类社会一直追求的目标。社会公平正义的实质就是社会各种利益能够在社会成员之间合理而公平地分配，保证每一个社会成员都能够公正地享有社会基本权利和利益。社会成员共享社会发展成果，既是现代社会文明的标志，也是现代化进程中的客观需要。一个社会如果只是少数人受益、多数人受损，这个社会显然是不公正的。共享为社会发展指明了前进的方向，克服了少数人独享社会发展成果的弊端。而共享离不开共建。共建是共享的前提和手段，共建水平越高，人民群众共享成果就越多、越丰富。没有共建，社会的经济、政治、文化等就不会持续发展，社会公平正义也不可能实现。共享又是共建的结果和目的，越能公平公正地共享发展成果，人民群众共建的积极性就越

① 胡锦涛：《高举中国特色社会主义伟大旗帜 为夺取全面建设小康社会新胜利而奋斗——在中国共产党第十七次全国代表大会上的报告》，北京：人民出版社 2007 年版，第 17 页。

高，动力就越大，形成的合力就越强。如果没有人民群众共享发展成果，就不可能实现社会的公平正义。所以，共建和共享是相辅相成，辩证统一于构建社会公平正义实践中的。总之，社会主义公平正义必然是全体人民共同享有发展成果，而且是在共建中共享，在共享中共建的。这充分体现了中国共产党始终把人民利益放在第一位，同时也体现了社会主义制度的优越性，为实现人的自由全面发展打下良好基础。

（三）公平正义实现的原则体系

社会公平正义的核心就是要求每个人都应被公正平等地对待，最基本的要求就是构建一个维护公平的原则体系。胡锦涛在 2005 年首次提出要建立“以权利公平、机会公平、规则公平、分配公平”为主要内容的社会公正原则体系，保障人民群众在从事各项活动的起点、机会、过程和结果中充分体现公平正义。

权利公平是社会公平正义的第一要义，是机会公平、规则公平和分配公平的逻辑起点和实践起点。权利公平体现的是社会对每位社会成员，无论其所属种族、阶级、阶层、社会地位、家庭背景、性别等因素如何，都给予他们在经济、政治、文化、环境等社会生活各个方面的平等权利，任何人的权利都不能受到不公正地剥夺或限制。权利公平不只是理念上的，要落到实处。这就要求国家负有依法保障的义务。而就如何保障权利公平，胡锦涛指出：“全面推进依法治国。……任何组织或者个人都不得有超越宪法和法律的特权”。[①] 可见，他运用宪法和法律保障人民权利的公平正义，把人民的各项权利上升到法定权利的高度。而且，他看到了国家权力与权利的公平正义的关系，提出要规范国家公

① 《十八大以来重要文献选编》(上)，北京：中央文献出版社 2014 年版，第 21～22 页。

权力的运行，建立健全各项制度，进而保障人民的权利。他指出："坚持用制度管权管事管人，保障人民知情权、参与权、表达权、监督权，是权力正确运行的重要保证。"[①]同时，他强调："在推动经济社会又好又快发展的基础上，依法保证全体社会成员平等参与、平等发展的权利。"[②]他看到了权利公平和社会发展水平的契合问题，也就是说在促进权利公平时，不能脱离我国实际发展水平。我国是一个人口多、底子薄的发展中国家，不能盲目规定各种空洞的过高的标准，需要在适合我国国情的基础上，不断扩大人民公平正义的权利范围。胡锦涛指出，"切实把保障人民的生存权、发展权放在保障人权的首要位置"。[③] 机会公平是社会公平正义实现的基本条件，也是社会公平正义的重要体现。机会公平体现的是社会对每位社会成员在把握"机遇"这种稀缺的社会资源面前，都能提供均等的机会。胡锦涛特别强调机会公平的重要性，并指出："应该坚持社会公平正义，着力促进人人平等获得发展机会"。[④] 为了实现和维护机会公平，他提出可以通过"扩大转移支付，强化税收调节，打破经营垄断，创造机会公平"。[⑤] 换言之，就是注重国家的财政政策和货币政策要向发展民生方面倾斜，注重分类利用税收杠杆，破除各

① 《十八大以来重要文献选编》(上)，北京：中央文献出版社2014年版，第22页。

② 胡锦涛：《一如既往坚持以人为本，切实推动人权事业发展》，《人民日报》，2008年12月12日。

③ 胡锦涛：《一如既往坚持以人为本，切实推动人权事业发展》，《人民日报》，2008年12月12日。

④ 郑晓亮：《胡锦涛的科学公平观有力诠释执政理念》，2010年9月27日，http://cn.chinagate.cn/society/2010-09/27/content_21018375.htm

⑤ 《十七大以来重要文献选编》(上卷)，北京：中央文献出版社2009年版，第30页。

种垄断行为，为人民群众获得公平正义的发展机会创造积极条件。同时，胡锦涛还指出："着力促进人人平等获得发展机会，……注重解决教育、劳动就业、医疗卫生、养老、住房等民生问题"[①]。可见，胡锦涛以促进社会成员获取发展机会为主旨，实现每个人在机会争取上的公平正义。规则公平是实现公平正义的重要保障。规则公平就是要求社会成员在参与社会活动时，都要遵守规则，任何人不得以任何理由破坏规则、践踏规则，体现的是过程公平，是实现公平正义的重要环节。胡锦涛指出："要从法律上、制度上、政策上努力营造公平的社会环境。"[②]可见，他主张通过建立健全各项规章制度来促进社会公平正义的实现。具体而言，在法律领域，要加强法律自身的"平等"性建设，体现"立法平等"，要保证公平正义的司法裁判，要推行公平正义的执法活动和法律监督，要坚持法律面前人人平等，任何人不得凌驾于法律之上。在制度领域，要不断完善公平正义的经济制度，推进公平正义的政治制度改革。在政策领域，强调把公平正义作为体现政策先进性和科学性的重要表征。分配公平是人们评判社会公平与否及公平程度的主要依据，是社会公平正义的理想目标。分配公平体现的是每个社会成员应当获得正当利益和社会保障的权利，也体现的是社会财富分配的合理性。社会财富的分配主要包括初次分配和再分配。初次分配以按劳分配为主体，其他分配方式并存，多劳多得，少劳少得，体现效率的同时，也要体现公平。再分配以防止两极分化为目的，更加注重公平。在强调分配公平的同时，也指出要以社会发展为前提，发展是第一要务，"要通过发展增加社会物质财富、不断改善人民生活，又要通过发展保障社会公

① 胡锦涛：《深化交流合作，实现包容性增长》，《人民日报》，2010年9月17日。

② 《十六大以来重要文献选编》（中卷），北京：人民出版社2006年版，第712页。

平正义”。[①]

胡锦涛提出的“四个公平”是一个有机统一的整体,创造性地将公平的条件、过程和结果有机统一起来,将公平的形式与内容有机统一起来,切实有力地推进了社会公平正义。换言之,公平不是抽象的,而是与人的利益实现实实在在联系在一起的,只有真正做到权利公平、机会公平、规则公平和分配公平,才能妥善协调社会各方面的利益关系,处理好人民内部矛盾和其他社会矛盾,才能切实维护和实现社会公平正义。

(四)公平正义实现的制度保证

制度是贯穿于人类社会发展过程的重要现象,对人类各种社会生活产生了深远影响。制度之所以为人们所重视,人们对制度的需要之所以永不枯竭,一个重要原因在于制度对实现人与社会的协调发展、维护社会稳定,进而促进人的全面发展具有极其重要的意义。公正是人类社会永恒追求的价值目标,人类追求公正的过程也就成为人生活的目的和价值本身。公正在实质上是人理想性存在的真正标准和最高原则,其终极关怀是人的全面发展和人的完善,转化为现实就是社会的发展和进步。而任何社会的发展都需要一定的制度,如果一个社会引导和规范人们交往行为的制度是不公正的,那么这个社会就失去了公正的前提和基础。社会公正必须诉诸制度公正,只有将公正落实到制度层面,才有普遍性和必然性,离开制度的公正,公正也就成为一纸空文。制度与公正是辩证互动关系。所以,要实现社会公平正义离不开公正制度的保证。邓小平曾指出,制度带有根本性、全局性、稳定性和长期

① 《十七大以来重要文献选编》(上卷),北京:中央文献出版社2009年版,第13页。

性。社会主义制度的确立，为公平正义的真正实现创造了根本条件，但是并不意味着有了社会主义制度，社会公平正义就自然实现，它还需要随着实践的发展来完善各种具体制度来保障。可见，社会公平正义的实现，不能仅仅停留在理论的论证或道德的呼吁上，它的实现需要用科学合理的制度来保障，并不断巩固和扩充社会公平正义的实践成果，才能不断积累和提升公平正义的实现程度。

胡锦涛非常重视制度建设，强调要紧紧抓住"制度建设"这个关键环节，切切实实维护和促进公平正义。他明确指出："制度是社会公平正义的根本保证。必须加紧建设对保障社会公平正义具有重大作用的制度，保障人民在政治、经济、文化、社会等方面的权利和利益，引导公民依法行使权利、履行义务。"①以胡锦涛为代表的中国共产党人深刻认识到，在我国社会主义初级阶段，要实现社会公平正义，不仅要坚持公有制为主体、多种所有制经济共同发展的基本经济制度，坚持人民代表大会制度这一根本政治制度，坚持中国共产党领导的多党合作和政治协商制度、民族区域自治制度以及基层群众自治制度等基本政治制度，而且还要积极推进社会体制改革，建立一套与我国社会主义初级阶段基本国情相适应的具体制度和体制。社会公平正义的最终实现需要落实到具体的制度建设中来，要由科学合理的具体制度来维护和巩固。如果没有具体制度的支撑，公平正义就只能是一种苍白无力、空洞的道德义愤，不可能落到实处。为了充分发挥制度在维护和实现公平正义中的重要作用，胡锦涛进一步明确了具体保障社会公平正义的六项制度建设任务，即"民主权利保障制度""法律制度""司法体制机制""公共财政制度""收入分配制度""社会保障制度"。通过完善产权法律制度、收入分配制度等为公平正义的实现努力营造一个公正的社会环境，切

① 《十六大以来重要文献选编》(下卷)，北京：中央文献出版社2008年版，第657页。

实保证社会成员平等地参与市场经济活动；通过发展基层民主、加快行政管理体制改革、完善制约和监督机制等，保证社会成员享有更多更切实的民主权利，从而平等参与政治活动；通过完善教育、就业、社会保障、医疗卫生等方面的具体制度，加快推进民生问题的改善程度，为社会公平正义的实现奠定广泛的群众基础。可见，只有从制度上保障公平正义，才能使人民群众积极地认同社会主义、认同中国共产党，才能实现真正的公平正义，才能实现社会平稳运行和健康发展，并最终达到社会和谐。当然，制度建设不是一蹴而就的，要随着实践的发展不断推进其向更广领域、更深层次拓展，但以完善制度促进社会公平正义的思路在社会主义初级阶段已经明确，这就为中国特色社会主义公平正义的实现指明了方向。

（五）公平正义实现的有力举措

民生是人民幸福之基，社会和谐之本。民生涉及人民群众衣、食、住、行、教育、就业、医疗、社会保障等许多方面，直接影响我国经济社会的健康发展和党执政根基的坚实稳固，是最大的政治问题。民生问题的解决程度决定了社会公平正义的实现程度。要推进社会公平正义就必须把保障和改善民生作为最根本的举措。胡锦涛指出，"必须在经济发展的基础上，更加注重社会建设，着力保障和改善民生，推进社会体制改革，扩大公共服务，完善社会管理，促进社会公平正义，努力使全体人民学有所教、劳有所得、病有所医、老有所养、住有所居，推动建设和谐社会"。[①]

---

① 胡锦涛：《高举中国特色社会主义伟大旗帜　为夺取全面建设小康社会新胜利而奋斗——在中国共产党第十七次全国代表大会上的报告》，北京：人民出版社 2007 年版，第 37 页。

收入分配问题直接决定着社会成员享受经济权利的公平程度，是公平正义的核心问题。关注民生，就必须重视收入分配问题，理顺收入分配关系，建立一个公平公正的收入分配制度。胡锦涛非常重视收入分配公平问题，他指出“要高度重视收入分配问题，更好地处理按劳分配为主体和实行多种分配方式的关系，既坚持鼓励一部分地区、一部分人通过诚实劳动和合法经营先富起来，并推动先富带未富，先富帮未富，同时也要在经济发展的基础上，通过改革税收制度、增加公共支出，加大转移支付等措施，合理调整国民收入分配格局，逐步解决地区之间和部分社会成员收入差距过大的问题”。[①] 2006 年胡锦涛在主持召开中央政治局会议时，还专门研究收入分配制度和规范收入分配秩序问题。党的十七大报告指出：“合理的收入分配制度是社会公平的重要体现。要坚持和完善按劳分配为主体、多种分配方式并存的分配制度，健全劳动、资本、技术、管理等生产要素按贡献参与分配的制度，初次分配和再分配都要处理好效率和公平的关系，再分配更加注重公平。”[②]党的十八大报告进一步强调：“必须深化收入分配制度改革，努力实现居民收入增长和经济发展同步、劳动报酬增长和劳动生产率提高同步，提高居民收入在国民收入分配中的比重，提高劳动报酬在初次分配中的比重。初次分配和再分配都要兼顾效率和公平，再分配更加注重公平”。[③] 可见，胡锦涛认为处理好公平和效率的关系是保障社会和谐的

---

① 胡锦涛：《在省部级主要领导干部提高构建社会主义和谐社会能力专题研讨班上的讲话》，《人民日报》，2005 年 6 月 27 日。

② 胡锦涛：《高举中国特色社会主义伟大旗帜 为夺取全面建设小康社会新胜利而奋斗——在中国共产党第十七次全国代表大会上的报告》，北京：人民出版社 2007 年版，第 38～39 页。

③ 《十八大以来重要文献选编》(上)，北京：中央文献出版社 2014 年版，第 28 页。

关键,并进一步强调了再分配要更加注重公平。而要深化收入分配制度改革,就需要“多渠道增加居民财产性收入。规范收入分配秩序,保护合法收入,增加低收入者收入,调节过高收入,取缔非法收入”。①

教育是民族振兴和社会进步的基石。如果教育出现不公,会放大整个社会不公,会使公平正义落空。教育公平是社会公平实现的基础,具有决定性作用。胡锦涛高度重视教育公平,指出:“教育公平是社会公平的重要基础”,“要坚持教育优先发展,全面贯彻党的教育方针,坚持教育为社会主义现代化建设服务、为人民服务,把立德树人作为教育的根本任务,培养德智体美全面发展的社会主义建设者和接班人”。②党和政府把实现教育公平放在基础性位置,把促进教育公平作为制定各项教育政策的出发点,努力使教育体现出最大的社会公平。为了解决区域之间、城乡之间的教育发展不平衡问题,均衡教育和公益教育成为我国教育发展的基本目标。胡锦涛指出:“优化教育结构,促进义务教育均衡发展,加快普及高中阶段教育,大力发展职业教育,提高高等教育质量。坚持教育公益性质,加大财政对教育投入,规范教育收费,扶持贫困地区、民族地区教育,健全学生资助制度,保障经济困难家庭,进城务工人员子女平等接受义务教育。”③为了推进教育公平,党和政府始终坚持教育的公益性和普惠性,在城乡之间均衡分配公共教育资源,促进义务教育均衡发展。特别值得一提的是,我国全面免除了农村义务教育学杂费,建立了农村义务教育经费保障新机制,在经费投入和

---

① 《十八大以来重要文献选编》(上),北京:中央文献出版社2014年版,第28页。

② 《十八大以来重要文献选编》(上),北京:中央文献出版社2014年版,第27页。

③ 胡锦涛:《高举中国特色社会主义伟大旗帜 为夺取全面建设小康社会新胜利而奋斗——在中国共产党第十七次全国代表大会上的报告》,北京:人民出版社2007年版,第38页。

师资调配上也向农村倾斜，向薄弱学校倾斜，努力提高落后地区的教育水平，缩小学校之间的差距。十八大报告又进一步指出，要“大力促进教育公平，合理配置教育资源，重点向农村、边远、贫困、民族地区倾斜，支持特殊教育，提高家庭经济困难学生资助水平，积极推动农民工子女平等接受教育，让每个孩子都能成为有用之才”。[①] 我们党和政府为促进教育公平出台的重要举措，为缩小区域、城乡教育差距，促进城乡协调发展、落实国家区域发展总体战略作出了积极贡献。

就业是民生之本。它不仅关系着个人和家庭的生活，更关系着社会稳定和国家的长治久安。我们党和政府也非常重视就业公平问题。为了实现就业的机会公平，逐步建立了城乡统一、平等竞争的劳动力市场，实现公平竞争的就业制度。除此之外，还关注农民工利益问题，消除对农民进城务工的歧视性规定和体制性障碍，建立了保障农民工合法权益的政策体系和执法监督机制，使他们享有与城市职工同等的权利和义务。对于高校毕业生则安排和鼓励他们参加科研项目和到基层、中西部地区和中小企业工作，促进自主创业、自谋职业。对于零就业家庭、就业困难人群和受灾区劳动力就业加大就业援助，做好就业帮扶工作。在党的十八大报告中更是明确提出要“做好以高校毕业生为重点的青年就业工作和农村转移劳动力、城镇困难人员、退役军人就业工作。……健全人力资源市场，完善就业服务体系，增强失业保险对促进就业的作用。健全劳动标准体系和劳动关系协调机制，加强劳动保障监察和争议调解仲裁，构建和谐劳动关系”。[②]

社会保障是民生的安全网，是维护和实现社会公平正义的重要途

① 《十八大以来重要文献选编》(上)，北京：中央文献出版社 2014 年版，第 27～28 页。

② 《十八大以来重要文献选编》(上)，北京：中央文献出版社 2014 年版，第 28 页。

径。胡锦涛强调“要进一步完善社会保障体系，逐步扩大社会保障的覆盖面，切实保障各方面困难群众的基本生活，让他们感受到社会主义大家庭的温暖”。[①] 当时我国社会保障工作存在的最大问题就是社会保障体系不健全，直接影响着公平正义的实现。为此，党的十七大报告首次将最低社会保障制度与基本养老、基本医疗并列为社会保障体系的重点，并提出要“促进企业、机关、事业单位基本养老保障制度改革，探索建立农村养老保险制度。全面推进城镇职工基本医疗保险、城镇居民基本医疗保险、新型农村合作医疗制度建设。完善失业、工伤、生育保险制度”。[②] 党的十八大报告也强调，要“全面建成覆盖城乡居民的社会保障体系。……完善社会救助体系，健全社会福利制度，支持发展慈善事业……健全残疾人社会保障和服务体系，确实保障残疾人权益。健全社会保障经办管理体制，建立更加便民快捷的服务体系”。[③] 在党和政府的努力下，我国城乡基本养老保险制度全面建立，新型社会救助体系基本形成，全民医保基本实现，城乡基本医疗卫生制度初步建立。完善社会保障体系的努力为维护和发展社会公平正义作出了贡献。

总之，以胡锦涛为主要代表的中国共产党人对公平正义问题的探索，赋予了马克思主义公平正义思想以新的时代内涵，丰富和发展了马克思主义公平正义思想，也成为中国特色社会主义公平正义思想的重要组成部分，对于推动中国特色社会主义现代化建设具有重要的理论

---

① 胡锦涛：《在省部级主要领导干部提高构建社会主义和谐社会能力专题研讨班上的讲话》，《人民日报》，2005 年 6 月 27 日。

② 胡锦涛：《高举中国特色社会主义伟大旗帜　为夺取全面建设小康社会新胜利而奋斗——在中国共产党第十七次全国代表大会上的报告》，北京：人民出版社 2007 年版，第 39 页。

③ 《十八大以来重要文献选编》（上），北京：中央文献出版社 2014 年版，第 29 页。

价值和实践指导意义。

四　习近平新时代中国特色社会主义思想对公平正义的创新发展

公平正义是全世界人民共同追求的价值，也是中国特色社会主义的内在要求。新时代党的公平正义思想是习近平新时代中国特色社会主义思想的重要组成部分，也是我们推进和维护社会公平正义的行动指南。党的十八大以来，以习近平同志为核心的党中央立足于新的历史起点和发展阶段，在深刻把握我国经济社会发展的阶段性特征、人民对美好生活新向往的基础上，对公平正义问题进行了深入探索，提出了一系列新观点、新思想、新论断和新要求，将党的公平正义理论提升到了新的水平和高度。正确认识和把握习近平新时代中国特色社会主义思想中的公平正义思想，对于推进全面深化改革、实现中华民族的伟大复兴，具有十分重要的理论价值和实践价值。

（一）公平正义的现实指向

习近平新时代中国特色社会主义思想中的公平正义理论具有强烈的现实关切，是以解决现实问题为导向的，对现实国情的分析是其逻辑起点。正如习近平总书记所说："我们中国共产党人干革命、搞建设、抓改革，从来都是为了解决中国的现实问题。"[①]新中国成立尤其是改革开放以来，我国经济社会发展迅速，改善民生效果明显，但是随着中国

① 《十八大以来重要文献选编》（上），北京：中央文献出版社 2014 年版，第 497 页。

特色社会主义进入新时代，我国发展过程中也出现了新情况、新问题。

我国社会主要矛盾已经转化为人民日益增长的美好生活需要和不平衡不充分的发展之间的矛盾。这一主要矛盾的变化反映的是由较低层级供需矛盾向中高层级供需矛盾的转变，也就意味着人民群众不仅对物质文化生活提出了更高要求，而且对民主、法治、安全、环境等方面的要求也日益增长，其中对社会公平正义的需求也随之发生变化。人民群众期待更高层次、更实质的公平。这种公平要能够充分反映中国特色社会主义制度优势和超越西方制度文明的公平。从实际情况来看，我国仍然存在明显的区域差异、城乡差异，各地经济社会发展水平差距较大；从收入分配来看，城乡之间、地区之间、不同行业之间和不同阶层之间收入差距也比较大，还有劳资收入差距、企业高管和普通员工之间的收入差距等；对于人民群众所期待的幼有所育、学有所教、劳有所得、病有所医、老有所养、住有所居、弱有所扶等多方面的民生需求还存在短板。正如习近平所指出："我国经济发展的'蛋糕'不断做大，但分配不公问题比较突出，收入差距、城乡区域公共服务水平差距较大。在共享改革发展成果上，无论是实际情况还是制度设计，都还有不完善的地方。"这些问题和短板影响了人民群众对公平正义的感受，也影响了人民群众的获得感和幸福感。另一方面，随着文化素养的提高，人们的公民意识、公平意识、权利意识、民主意识也日益增强，对社会不公的认知和感受也更强了。习近平就曾指出："在我国现有发展水平上，社会上还存在大量有违公平正义的现象。特别是随着我国经济社会发展水平和人民生活水平不断提高，人民群众的公平意识、民主意识、权利意识不断增强，对社会不公问题反映越来越强烈。"只有把公平正义问题解决好，才能有效维护社会稳定，增强人们对中国特色社会主义的信心，从而进一步夯实党的执政基础。

社会主义文化发展给社会公平正义的实现带来新挑战。党的十八大以来，我国社会主义文化建设取得了重大进展，但同时也面临一些新情况、新问题。随着时代的发展、社会的进步、技术的更新，人们的生存环境以及由此带来的知识结构、思维方式和行为方式都发生了很大变化，对社会公平正义的理解、预期、表达方式等也随之发生深刻变化。同时，随着我国对外开放的加深和拓展，西方各种思潮传入我国，并借助其理论话语权进行意识形态渗透，比如当代中国自由主义、新左派、新文化保守主义等思潮，对我党的社会公平正义思想造成冲击，也影响人民群众对公正与否的价值判断。习近平就曾深刻指出："改革开放以来，我国经济发展很快，人民生活水平提高也很快。同时，我国社会正处在思想大活跃、观念大碰撞、文化大交融的时代，出现了不少问题。其中比较突出的一个问题就是一些人价值观缺失，观念没有善恶，行为没有底线，什么违反党纪国法的事情都敢干，什么缺德的勾当都敢做，没有国家观念、集体观念、家庭观念，不讲对错，不问是非，不知美丑，不辨香臭，浑浑噩噩，穷奢极欲。现在社会上出现的种种问题病根都在这里。"①

此外，随着网络技术的迅猛发展，网络化生存成为网络时代人们一种新的生存方式。网络为各种异质公正观的传播提供便利条件，从而使得不同社会公正思潮之间的碰撞、交锋更趋激烈，对人们思想的影响更为复杂化，但同时也为社会主义公平正义理论的传播和社会公平正义的实现提供新的动力。总之，随着中国特色社会主义进入新时代，人民群众在政治、经济、文化、社会、生态等各个领域都出现了新期待，我们只有坚定秉持以人民为中心的发展思想，才能让人民群众更有获得感、幸福感、安全感，才能更好地实现社会公平正义。习近平新时代中

① 中共中央文献研究室编：《习近平关于社会主义文化建设论述摘编》，北京：中央文献出版社 2017 年版，第 8 页。

国特色社会主义思想中蕴涵的公平正义理论正是回应了新时代的新问题。

（二）公平正义的内涵意蕴

党的十八大报告将“必须坚持维护社会公平正义”作为在新的历史条件下夺取中国特色社会主义新胜利必须牢牢把握的基本要求，提出“逐步建立以权利公平、机会公平、规则公平为主要内容的社会公平保障体系，努力营造公平的社会环境，保证人民平等参与、平等发展权利”。[①] 习近平总书记也多次对实现社会公平正义进行深刻阐释，强调“国家建设是全体人民共同的事业，国家发展过程也是全体人民共享成果的过程。我们一定要适应改革开放和发展社会主义市场经济的新形势，从政治、经济、社会、文化、法律、行政等各方面采取有力措施，促进社会公平正义，实现好、维护好、发展好最广大人民根本利益，特别是要实现好、维护好、发展好广大普通劳动者根本利益”。[②] 党的十八大及历次全会和党的十九大始终坚持以人民为中心，对实现社会公平正义作出重要部署，体现出一个在理论和实践上不断丰富、发展和完善的过程。习近平新时代中国特色社会主义思想关于公平正义重要论述的基本内涵可以概括为：坚持以人民为中心的发展思想，以增进人民福祉、促进人的全面发展、推动社会全面进步为出发点和落脚点，确保权利公平、机会公平、规则公平，让全体人民共享发展成果、实现共同富裕。习近平新时代中国特色社会主义思想关于公平正义的重要论述，创造性地将形式公正与内容公正、程序公正与实体公正有机统一起来，其内涵

---

① 《十八大以来重要文献选编》（上），北京：中央文献出版社 2014 年版，第 12 页。

② 习近平：《在庆祝“五一”国际劳动节暨表彰全国劳动模范和先进工作者大会上的讲话》，北京：人民出版社 2015 年版，第 7 页。

丰富，博大精深。根据以习近平同志为核心的党中央关于实现社会公平正义的重大决策部署，理解和把握新时代的公平正义思想的基本内涵需要把握三个方面。

首先，权利公平。权利公平是实行社会公平正义的前提。权利公平要求全体公民不分性别、年龄、身份、职业、地域、财产、种族等方面的差别，都应该依法享有和行使宪法法律赋予的权利，在社会发展的各个方面享有平等的生存和发展权利。比如，在社会政治和法律方面的权利公平就是"在法律面前人人平等"，反对特殊化，反对特权；在经济方面的权利公平诉求就是财富和收入的公平分配。要"处理好政府、企业、居民三者分配关系"[①]，"使发展成果更多更公平惠及全体人民，在经济社会不断发展的基础上，朝着共同富裕方向稳步前进"[②]，要"鼓励勤劳守法致富，扩大中等收入群体，增加低收入者收入，调节过高收入，取缔非法收入"[③]。习近平总书记指出，我们要依法保障全体公民享有广泛的权利，保障公民的人身权、财产权、基本政治权利等各项权利不受侵犯，保证公民的经济、文化、社会等各方面权利得到落实。要在全体人民共同奋斗、经济社会不断发展的基础上，通过制度安排，保证人民平等参与、平等发展的权利，让全体人民依法平等享有权利和履行义务。党的十九大报告提出要"保护人民人身权、财产权、人格权"，这些都是对实现权利公平提出的明确要求。国家只有尊重和保障人民的权利，维护好、实现好、发展好最广大人民的根本利益，解决好人民群众最

① 习近平：《习近平谈治国理政》第2卷，北京：外文出版社2017年版，第369页。

② 习近平：《习近平谈治国理政》，北京：外文出版社2014年版，第41页。

③ 习近平：《决胜全面建成小康社会 夺取新时代中国特色社会主义伟大胜利——在中国共产党第十九次全国代表大会上的报告》，北京：人民出版社2017年版，第46页。

直接最关心最现实的利益问题，人民才能安居乐业，国家才能安定有序。

其次，机会公平。机会公平是起点的公平，是实现社会公平正义的关键。机会公平要求每个社会成员都拥有平等自由选择、平等享有机遇、平等参与竞争的机会。换言之，就是国家要尽可能为人民管理国家事务、管理经济和文化事业、管理社会事务以及获取各种资源，提供同一条起跑线。只有实现机会公平，才能极大地调动人民群众的积极性、主动性和创造性，才能极大地推动社会生产力的发展，进而推进社会发展进步。如果不能实现机会公平，势必导致权力寻租、资源垄断、社会贫富差距拉大等现象出现。习近平就曾一针见血地指出："如果升学、考公务员、办企业、上项目、晋级、买房子、找工作、演出、出国等各种机会都要靠关系、搞门道，有背景的就能得到更多照顾，没有背景的再有本事也没有机会，就会严重影响社会公平正义。"[①]使每个社会成员享有平等的机会，是民众的期望，也是政府的责任。习近平指出，我们的方向就是让每个人获得发展自我和奉献社会的机会，"共同享有人生出彩的机会，共同享有梦想成真的机会，共同享有同祖国和时代一起成长与进步的机会"[②]，保证人民平等参与、平等发展权利，让公平正义的阳光普照每一个公民，让人民感受到实实在在的公平正义。

最后，规则公平。规则公平也是过程公平、程序公平，是实行社会公平正义的保障。它要求确定一套公正的、透明的规则，任何个人或组织都应受公平的规则约束，规则面前一律平等。换言之，规则公平要求

① 《十八大以来重要文献选编》(上)，北京：中央文献出版社 2014 年版，第 137～138 页。

② 《十八大以来重要文献选编》(上)，北京：中央文献出版社 2014 年版，第 235 页。

以同样的标准对待所有社会成员，不允许有任何个人或组织凌驾于规则之上或游离于规则之外，不允许任何组织和个人拥有特权。以习近平同志为核心的党中央十分重视规则公平问题。党的十八届三中全会针对我国存在的各种妨碍公平竞争的法律法规、体制机制，提出要“清理和废除妨碍全国统一市场和公平竞争的各种规定和做法，严禁和惩处各类违法实行优惠政策行为，反对地方保护，反对垄断和不正当竞争”，明确强调要“废除对非公有制经济各种形式的不合理规定，消除各种隐性壁垒”[①]，还提出要“加快形成企业自主经营、公平竞争，消费者自由选择、自主消费，商品和要素自由流动、平等交换的现代市场体系”[②]。习近平总书记还特别强调要通过创新制度安排，来努力克服人为因素造成的有违公平正义的现象。总之，这些思想和举措对于促进规则公平具有重要的指导意义。

（三）公平正义的价值定位

公平正义一直是中国共产党领导中国人民共同追求的理想，也是发展中国特色社会主义的重大任务。中国共产党对公平正义的认识也有一个不断深化的过程。中国共产党在十六届四中全会上提出“以民主法治，公平正义，健康有序，充满活力，诚信友爱，人和自然和谐发展为基本特征，构建社会主义和谐社会”的目标。在改革开放以来党的文献中首次明确“公平正义”理念，党的十七大、党的十八大分别提出“实现社会公平正义是中国共产党人的一贯主张，是发展中国特色社会主

① 《十八大以来重要文献选编》（上），北京：中央文献出版社 2014 年版，第 516～517 页。

② 《十八大以来重要文献选编》（上），北京：中央文献出版社 2014 年版，第 517 页。

义的重大任务”,以及“公平正义是中国特色社会主义的内在要求”。党的十八大以来,以习近平同志为核心的党中央坚持与时俱进的理论品质,进一步明晰了公平正义在党和国家事业发展中的重要地位和作用。

首先,公平正义是中国特色社会主义的内在要求①。这一价值定位表明,公平正义不是附加于中国特色社会主义的外在规定,而是反映其本质要求的内在价值理念和价值标准,是中国特色社会主义优越性的体现。在马克思主义经典作家看来,尽管资产阶级宣称资本主义社会形态以公平正义为价值取向,但资本主义社会的本质是不正义的。因为资本主义社会生产资料归私人占有,资本主义社会经济、政治、文化大权被少数人操纵,资本享有绝对的话语权,而人民大众不占有生产资料,也不可能真正当家作主。如资本家雇佣工人、支付工人的工资,表面看来是公平的,但其实工人创造的价值远远大于资本家支付的工资,而这部分远大于工资的剩余价值,被资本家无偿占有。这就意味着,在资本主义体系下,工人永远无法摆脱被剥削的命运。要消除资本主义社会存在的剥削和不正义,就需要实行生产资料公有制,彻底变革资本主义生产方式。在这个意义上,社会主义是对资本主义的超越,使人类向公平正义理想迈进了一大步。毋庸置疑,公平正义是社会主义的本质要求,是引导社会主义现代化建设的核心价值追求,贯穿于中国特色社会主义实践过程中。我们党和人民正是高举正义旗帜取得了新民主主义革命和社会主义建设的伟大成就。在新的历史条件下,以习近平同志为核心的党中央将公平正义上升到中国特色社会主义内在要求的高度,不仅说明了中国共产党人对公平正义有了更加明晰的价值定位和现实需求,也表明了中国共产党人在健全和完善中国特色社会主义制度过程中坚守公平正义的坚定信心。

---

① 习近平:《习近平谈治国理政》,北京:外文出版社2014年版,第13页。

其次，公平正义是社会主义核心价值观的重要内容。习近平同志在中央政法工作会议上的讲话中指出，要“把促进社会公平正义作为核心价值追求”。[①] 社会主义核心价值观是社会主义核心价值体系的内核凝练和集中表达，体现了社会主义意识形态的本质要求，凝结着社会主义先进文化的精髓，是实现中华民族伟大复兴的中国梦的价值引领。社会主义核心价值观把涉及国家、社会、公民三个层面的价值要求融为一体。而公正是从社会层面对社会主义核心价值观基本理念的凝练之一。把公正提高到社会主义核心价值观的高度，不仅反映了人民群众对美好社会的向往，也反映了中国特色社会主义的基本属性。公平正义是国家和社会应然的根本价值理念，将其提高到全社会首要价值取向的高度，有利于提升民族和人民的精神境界，推动国家治理体系和治理能力现代化。党中央大力倡导社会主义核心价值观，积极要求把包括公平正义在内的社会主义核心价值观融入社会生活的方方面面，使社会主义核心价值观成为全体人民的共同价值追求，成为人民自觉遵循的行为准则，从而实现中华民族的伟大复兴。

再次，公平正义是新发展理念的价值依归。在新的历史方位，发展仍然是党执政兴国的第一要务，是解决一切问题的基础和关键。理念引导行动。发展的理念对发展的实践具有重要引领作用。发展理念正确与否，直接决定着发展成效乃至成败。党的十八届五中全会提出的创新、协调、绿色、开放、共享的五大新发展理念，立足于当前我国新发展环境、新发展条件，是符合我国国情、顺应时代潮流、厚植发展优势的重大抉择，具有战略性、纲领性和引领性。其中共享是中国特色社会主义的本质要求，要解决的就是社会公平正义问题。这一发展理念的提出，意味着习近平总书记将公平正义作为推动新时代发展的核心理念

① 习近平：《习近平谈治国理政》，北京：外文出版社2014年版，第147页。

和价值导向。共享发展的内涵可以从四个方面来把握。其一,从主体来说,共享不是少数人共享、一部分人共享,而是全民共享,人人享有、各得其所。其二,从范围来说,共享是全面共享,共享国家经济、政治、文化、社会、生态各个方面的建设成果。其三,从前提来说,共建共享,共建的过程就是共享的过程,只有共建才能共享。其四,从过程来说,共享发展有一个从低级到高级、从不均衡到均衡的过程,是渐进共享。坚持共享发展,就是在把"蛋糕"做大的同时,把"蛋糕"分好,让人民群众有更多的获得感。

最后,公平正义是治国理政的价值理念。习近平指出,"改革,要往维护社会公平正义方向前进"[①],这不仅确认了公平正义是中国特色社会主义建设的基本导向,而且要使其在党治国理政中发挥管根本、管全局、管长远的统领作用。换言之,公平正义是党治国理政的顶层设计的核心要旨。社会主义国家治国理政要建立在公平正义是国家的普遍规定性基础之上,这也是社会主义制度优越性的充分体现。所以,社会公平正义既是我国国家治理现代化所要致力实现的价值,也要体现我国国家治理现代化的社会主义性质。这就要求我们党把社会公平正义作为国家治理的合法性来源,并以此进行治理结构的设计和治理行为的实践,以更加有效地实现和维护公平正义。另一方面,随着人们对社会公平正义的要求越来越强烈,我们也需要从公平正义的价值导向和原则出发,让人民真正当家作主,以直接或间接的方式参与国家治理的全过程,并拥有监督和问责的制度保障,最终确保分配机制的正常运转,以推动社会成果让全体人民共享。

---

① 《改革既要往增添发展新动力方向前进,也要往维护社会公平正义方向前进》,《人民日报》,2016 年 4 月 19 日。

（四）公平正义的实践要求

党的十八大以来，以习近平同志为核心的党中央不断深化对公平正义认识的同时，从党和国家事业发展全局出发，为促进社会公平正义的实现提出了实践要求。

首先，要在全面深化改革中促进社会公平正义。改革是一个国家、一个民族的生存发展之道。没有改革开放就没有中国社会的发展进步，没有改革开放就没有人民生活水平的提高。党的十八届三中全会坚持马克思主义的立场、观点和方法，从中国特色社会主义发展的现实需要出发，开启了全面深化改革的新征程。习近平明确提出，"我们推进改革的根本目的，是要让国家变得更加富强、让社会变得更加公平正义、让人民生活得更加美好"。[①] 经过 40 多年的改革开放，我国的经济和社会发展取得了巨大成就，为促进社会公平正义提供了坚实的物质基础和有利条件。但不可否认的是，"在我国现有发展水平上，社会上还存在大量有违公平正义的现象"[②]。对于这些在改革过程中发现的问题，也需要通过改革来解决。但改革不是一蹴而就的，也不可能是一劳永逸的。当前，要破解发展中的难题，解决不公平的现象和问题，必须依靠全面深化改革。而全面深化改革又必须以"促进社会公平正义、增进人民福祉为出发点和落脚点。全面深化改革必须着眼创造更加公平正义的社会环境……使改革发展成果更多更公平惠及全体人民"。[③] 坚持公平正义并将其作为协调社会各阶层关系的准则，可以凝聚改革新

① 《国家主席习近平发表二〇一四年新年贺词》，新华网，http://news.xinhuanet.com/politics/2013-12/31/c_125941581.htm

② 习近平：《习近平谈治国理政》，北京：外文出版社 2014 年版，第 95 页。

③ 习近平：《切实把思想统一到党的十八届三中全会精神上来》，《求是》，2014 年第 1 期，第 5 页。

共识，增强改革的持久动力；坚持公平正义并将其融入改革的顶层设计，才能使改革坚持正确方向，沿着正确的道路前进；坚持公平正义并将其寓于全面深化改革的举措中，才能保证改革目标的顺利实现。

其次，要在全面依法治国中促进社会公平正义。全面依法治国是关系我们党执政兴国、关系人民幸福安康、关系党和国家长治久安的重大战略问题。党的十五大明确把依法治国确立为治理国家的基本方略。1999 年 3 月，九届全国人大二次会议通过的《中华人民共和国宪法修正案》将“依法治国”正式写入宪法。党的十八大明确提出“加快建设社会主义法治国家”，把“全面依法治国”作为政治改革和政治法治的重要目标和重要任务。习近平执政以来也是高度重视法治中国建设，提出全面推进依法治国，并强调：“坚定不移走中国特色社会主义法治道路，坚决维护宪法法律权威，依法维护人民权益、维护社会公平正义、维护国家安全稳定。”①公平正义是法治追求的最高价值，也是法治的生命线。法治是公平正义的可靠保障。以实际行动维护社会公平正义，在实践中大力推行法治中国建设是维护社会公平正义的重要途径。习近平指出，要“努力让人民群众在每一个司法案件中都能感受到公平正义，决不能让不公正的审判伤害人民群众感情，损害人民群众权益”。这段论述明确肯定了司法对守护社会公平正义的重要意义。司法公正能够引领社会公平正义，司法不公则不仅损害人民的合法权益，损害法律的权威和尊严，丧失司法公信力，也会严重破坏社会公平正义。习近平特别强调司法公正，将其视为维护社会公平正义的最后一道防线，并指出“决不允许对群众的报警求助置之不理，决不允许让普通群众打不起官司，决不允许滥用权力侵犯群众合法权益，决不允许执法犯法造成

① 《中国共产党第十八届中央委员会第四次全体会议公报》，《人民日报》，2014 年 10 月 24 日。

冤假错案"[①]。一旦法律成了摆设，就无法遏制社会不公，人民将完全丧失对实现社会公平正义的信心。因此，要促进社会公平正义，就必须积极推进法治中国建设，坚守司法这道"最后的防线"，努力让司法更公正、更高效、更权威，着力营造公平正义的法律环境，让那些践踏法律，危害社会公平正义的行为丧失生存空间。

再次，要在全面从严治党中促进社会公平正义。办好中国的事情，关键在党。加强执政党建设是维护和实现社会公平正义的关键。进入新时代，我们党面临复杂的执政环境，影响党的先进性、弱化党的纯洁性，这就要求我们必须坚持问题导向，保持战略定力，加强党的建设，把全面从严治党引向深入。尤其是针对人民群众深恶痛绝、反映强烈的腐败问题，以习近平同志为核心的党中央以对人民负责、对民族负责、对历史负责的责任担当，高举制度反腐的大旗，明确提出"把权力关进制度的笼子里，形成不敢腐的惩戒机制、不能腐的防范机制、不易腐的保障机制"。[②] 习近平总书记在党的十九大报告中又向全党发出了"夺取反腐败斗争压倒性胜利"的号召，提出要"强化不敢腐的震慑，扎牢不能腐的笼子，增强不想腐的自觉，通过不懈努力换来海晏河清、朗朗乾坤"，句句斩钉截铁、掷地有声，铿锵有力、直抵人心，让全党和全国人民树立起了将反腐败斗争进行到底的必胜信心。我们党始终以顽强的意志品质和前所未有的力度，正风肃纪、反腐惩恶，坚持无禁区、全覆盖、零容忍，坚定不移"打虎""拍蝇""猎狐"，以消除党和国家内部存在的严重隐患，从源头上确保社会公平正义的实现。这些年来，我们党大力加强反腐败体制机制建设，不断赋予巡视制度新的活力，深化国家监察体

① 习近平：《习近平谈治国理政》，北京：外文出版社 2014 年版，第 148 页。

② 《十八大以来重要文献选编》(上)，北京：中央文献出版社 2014 年版，第 136 页。

制改革，从制度建党、制度管党着手，出台和修订多部党内法规。所有这些，目的都在于用制度更好地体现社会公平正义，更好地实现好、维护好、发展好最广大人民根本利益。

最后，要在民生建设中促进社会公平正义。关注民生、改善民生是中国共产党一贯的优良传统。习近平总书记高度重视民生建设，提出要“紧紧围绕更好保障和改善民生、促进社会公平正义深化社会体制改革”[①]。在如何改善民生问题上，习近平在党的十九大报告中对民生工作安排的优先性次序作了明确要求。首先，优先发展教育事业，推进教育公平。教育公平是社会公平的基础，对改善民生具有重要作用。习近平强调，“必须把教育事业放在优先位置”，大力促进教育公平，推动城乡义务教育一体化发展，让每个孩子都能享有公平而有质量的教育，同时完善职业教育和培训体系，加快一流大学和一流学科建设，健全学生资助制度，办好继续教育，加快建设学习型社会，大力提高国民素质。其次，提高就业质量和人民收入水平。习近平明确提出，“就业是最大的民生。要坚持就业优先战略和积极就业政策，实现更高质量和更充分就业。……注重解决结构性就业矛盾，……提供全方位公共就业服务”。[②] 收入分配是改善民生的最直接方式，也是社会公平正义的重要体现。在收入分配方面，习近平强调，要“坚持按劳分配原则，完善按要素分配的体制机制，促进收入分配更合理、更有序”，政策导向是“鼓励勤劳守法致富，扩大中等收入群体，增加低收入者收入，调节过高收入，

① 《十八大以来重要文献选编》(上)，北京：中央文献出版社 2014 年版，第 513 页。

② 习近平：《决胜全面建成小康社会　夺取新时代中国特色社会主义伟大胜利——在中国共产党第十九次全国代表大会上的报告》，北京：人民出版社 2017 年版，第 46 页。

取缔非法收入”。[①] 第三，加强社会保障体系建设。社会保障体系是改善民生的必经之路，是维护社会公平正义的有效途径。要“按照兜底线、织密网、建机制的要求全面建成覆盖全民、城乡统筹、权责清晰、保障适度、可持续的多层次社会保障体系”，进一步“完善城镇职工基本养老保险和城乡居民基本养老保险制度”，“城乡居民基本医疗保险制度和大病保险制度”[②]。此外，还要完善弱势群体的各种社会保障制度。第四，坚决打赢脱贫攻坚战。贫困是社会主义公平正义的短板。消除贫困是改善民生的重中之重，也是实现社会公平正义的底线。“让贫困人口和贫困地区同全国一道进入全面小康社会是我们党的庄严承诺。要动员全党全国全社会力量，坚持精准扶贫、精准脱贫”[③]，只有全面合力扶贫脱贫，把共同富裕和公平正义实化、细化，才能凸显中国特色社会主义发展的人民性和公正性。

（五）公平正义的国际视野

以习近平同志为核心的党中央不仅全力维护和实现国内社会公平正义，而且具有全球视野、国际情怀，积极维护和推动国际公平正义。习近平指出，公平正义是全人类的共同价值。所谓共同价值是多元化

① 习近平：《决胜全面建成小康社会 夺取新时代中国特色社会主义伟大胜利——在中国共产党第十九次全国代表大会上的报告》，北京：人民出版社2017年版，第46页。

② 习近平：《决胜全面建成小康社会 夺取新时代中国特色社会主义伟大胜利——在中国共产党第十九次全国代表大会上的报告》，北京：人民出版社2017年版，第46页。

③ 习近平：《决胜全面建成小康社会 夺取新时代中国特色社会主义伟大胜利——在中国共产党第十九次全国代表大会上的报告》，北京：人民出版社2017年版，第47～48页。

价值的共同实现，是多种公正诉求在相互尊重中得到互相认同。共同性标志着平等无霸权的价值共建。当前，随着世界的发展变化，国际力量对比也发生了深刻变化，新兴市场国家和一大批发展中国家快速发展、迅速崛起，国际影响力不断增强，加上民主化思想和平等观念越来越深入人心，而现行大部分国际制度和国际规范都是二战后发达资本主义国家根据自身利益需求建立起来的，发展中国家的利益很难得到保障。所以，要求改变国际秩序中不公平不合理内容的呼声越来越强烈。随着中国综合实力的逐渐增强，中国越来越走近世界舞台的中央，对世界的影响力也日益增强。中国作为代表广大发展中国家利益的国家，为发展中国家在国际政治舞台上争取权益发挥着越来越重要的作用，而且中国始终将互相尊重、合作共赢作为与他国交往的基础，注重平等协商，反对冷战思维和强权政治，积极倡导共建人类命运共同体，为推动建立国际公平正义提供了中国方案，贡献了中国智慧。

习近平总书记曾深刻指出，经济全球化深入发展，把世界各国利益和命运更加紧密地联系在一起，形成了休戚相关的利益共同体。任何一个国家在经济全球化的今天都不可能独善其身。马克思恩格斯在170多年前就提出了世界历史和全球化思想。他们指出由于资本主义的全球扩张，各民族、各地方的相互往来、相互依赖将取代自给自足和闭关自守的状态。这种全球化趋势有助于实现人的自由全面发展和普遍交往。冷战结束后，各国之间的交往越来越紧密，全球化的不断深化使各国间已然形成“你中有我，我中有你”不可分割的依存关系，任何国家都不可能是一个“孤立的存在”。在这种趋势之下，构建人类命运共同体是顺势而为，是有道之举。然而，在这个以发展和合作为主流，以全球化为趋势的时代，一些国家却从狭隘的国家利益出发，搞对抗冲突，搞贸易保护主义，这些做法都是与当今时代背道而驰的。习近平总书记提出的共建人类命运共同体理念，就是顺应全球化时代人类整体发展的时代要求，体现世界发展之“势”、大国外交之“趋”的典范。人类命运共同体的提出彰显了中国共产党不仅有对国家、民族和人民的担当，还有对世界前途命运的担当。同时，人类命运共同体的提出也意味着所倡导的国际新秩序超越了种族、文化、国家与意识形态的界限。人类命运共同体为思考人类未来提供了全新视角，为推动世界和平发展提出了中国方案。人类命运共同体意味着各国在追求本国利益时要兼顾他国利益，在谋求本国发展过程中促进他国与本国共同发展，积极倡导共建、共赢、共享、共荣理念，推动各类国家间关系向着和谐、和睦、协作的方向发展。

习近平积极倡导的构建人类命运共同体的国际新秩序，就是要实现世界的和平发展、合作共赢，让世界分享中国改革发展的成果，让世界搭上中国高速发展的列车，共享中国发展机遇，以实际行动为构建人类命运共同体贡献中国智慧，注入中国力量。为了共建人类命运共同体，推动国际公平正义，以习近平同志为核心的党中央领导中国全方位探索新模式、新道路，大力推行“一带一路”倡议。“一带一路”倡议秉承的理念是共商、共建、共享、开放和包容，这也是公正合理全球治理体制的核心精神。“一带一路”倡议不仅着眼于中国自身经济发展，也想让更多国家搭上中国发展的快车，帮助他们实现发展目标。在“一带一路”倡议中，中国充分尊重各国的差异性，努力寻求共同利益，共同打造政治互信、经济融合、文化包容的利益共同体、命运共同体和责任共同体。

总之，习近平新时代中国特色社会主义思想对社会公平正义问题的探索和创新，是党和人民实践经验和集体智慧的结晶，是中国共产党社会公平正义思想的重要组成部分，从理论和实践上丰富和发展了马克思主义公平正义观的科学内涵和时代意蕴。深入研究、努力践行这一公平正义思想，对于坚持和发展中国特色社会主义，促进社会公平正义实现具有重要的理论意义和实践意义。

第四章　改革开放以来中国共产党公平正义思想的实践经验

中国共产党在建设中国特色社会主义伟大事业过程中，立足我国基本国情和社会发展实践，准确把握时代新特点和社会主义建设规律，以高度的政治责任感和历史使命感积极倡导公正，并把实现社会公平正义作为社会主义的主导价值特征，作为中国特色社会主义建设的重要任务，以求真务实、勇于开拓的精神大力推进公平正义，从而逐步形成了科学的、系统的公平正义思想。中国共产党公平正义思想对于推进中国特色社会主义公正实践和世界范围公正进步具有重要的理论意义和实践指导意义。但同时我们也必须看到，我国正处于并将长期处于社会主义初级阶段，我国仍是世界上最大的发展中国家，这一基本国情决定了我们在追求社会公平正义的实现过程中，还有一条漫长的路要走。

一　中国共产党推进公平正义的实践成就

改革开放是中国共产党在新的时代条件下带领全国人民进行的新的伟大革命，是决定当代中国命运的关键一招。改革开放以来的 40 多年，伴随着社会主义现代化建设和市场经济进程的推进，我国经济社会发生了巨大变化。人们对公平正义内容的要求也越来越广泛，对公平正义程度的要求也越来越高。我们党高度重视并采取有效措施，积极推进社会主义公平正义，取得了一系列成就。

（一）基本权利公正保障有力

一个公正的社会首先要确保基本权利公正，使每个社会成员都平等地享有基本权利。没有基本权利的公正，就难以保证公正的实现或者严重影响公正的实现程度。自新中国成立以来，中国共产党不仅主张公民应该享有广泛的基本权利，而且特别注重公民基本权利享有的公正性，并以生产资料所有权的变革来实现基本经济权利的公正，从而为其他基本权利的公正奠定坚实的物质基础，进而保证基本权利公正的真实性。当然，基本权利公正的实现同一个社会的经济结构以及由经济结构制约的社会的文化发展是密不可分的。在改革开放以前，我国通过计划经济体制、公有制经济等多种方式，通过国家分配社会资源，在基本权利方面取得了重大进展，但由于受我国人口多、底子薄等因素的影响也难免带有一定的局限性。改革开放以后，随着社会主义市场经济体制的逐渐形成，我国在基本权利，尤其是生存权、发展权、自由权等方面取得了重要进展，创造了人类文明发展史上人权保障的新经验、新奇迹。

第一，温饱问题在改革中得到切实解决。人民生活总体上实现了从贫困到温饱、从温饱到小康的历史性飞跃。1949 年之前，灾难深重的中国大地上到处是饥饿、疾病和贫困。新中国成立之后我党将解决温饱视为党和人民同心协力开展和平建设的重要一环。但是，由于受多种因素的影响，人民的生活水平普遍较低。直到 1978 年，全国近三分之一的农村人口仍处在贫困境地，解决近 10 亿人口温饱问题是中国面临的头等大事。中国开始实行改革开放，不断推进农村土地制度改革，极大地激发了农民的生产积极性、主动性，农业综合生产能力实现了质的飞跃。2019 年中国粮食总产量达 66384 万吨，比 1978 年翻一番多。[①] 近年来，中国谷物、肉类、花生、茶叶产量稳居世界第一位，油菜籽产量稳居世界第二位，甘蔗产量稳居世界第三位。中国以不足世界 10%的耕地，养活了接近世界 20%的人口，[②]从根本上消除了饥饿，大幅度提高了人民的生活水平，实现了人民的基本生存权。

第二，减贫取得历史性成就。消除贫困是中国人权保障的重中之重，也是中国共产党的重要使命。为了消除贫困，我们党和政府确立了精准扶贫精准脱贫的基本方略，建立中国特色脱贫攻坚制度体系，动员全党全国全社会力量，全面推进精准扶贫重点工作，并庄严承诺确保到 2020 年中国现行标准下农村贫困人口实现脱贫，让贫困人口和贫困地区同全国一道进入全面小康社会。过去 40 年中国共减少贫困人口 8.5 亿多人，对全球减贫贡献率超过 70%。[③] 据北京师范大学中国扶贫研究院院长张琦介绍，“2012 年到 2018 年，我国贫困人口从 9800 多万减少到 1600 多万，连续六年年均完成 1300 万的减贫人数，从 10.3%减少到 1.7%，153 个贫困县摘帽”。按照国际经验，贫困发生率很难下降到 3%以下，我国贫困率则在 2018 年底下降到 1.7%。2020 年 3 月 12 日，国务院扶贫开发领导小组办公室主任刘永富在国新办新闻发布会上表示，经过 7 年多的精准扶贫，特别是经过 4 年多的

---

① 中华人民共和国 2019 年国民经济和社会发展统计公报，http://www.stats.gov.cn/tjsj/zxfb/202002/t20200228_1728913.html

② 《改革开放 40 年中国人权事业的发展进步》白皮书，https://baijiahao.baidu.com/s? id=1619621521581290856&wfr=spider&for=pc

③ 《改革开放 40 年中国人权事业的发展进步》白皮书，https://baijiahao.baidu.com/s? id=1619621521581290856&wfr=spider&for=pc

脱贫攻坚战，现行标准下的农村贫困人口从 9899 万人减少到去年底的 551 万人，贫困县从 832 个减少到 52 个。中国是世界上减贫人口最多的国家，也是率先完成联合国千年发展目标减贫目标的发展中国家。我国在扶贫减贫方面取得的举世瞩目的成就，不仅为全球减贫事业贡献了中国方案，也是我们党和人民在争取和维护人权方面取得的重要历史成就。

第三，我国人民的寿命和健康水平得到很大提高。作为衡量经济社会发展水平和医疗卫生服务水平的综合指标，中国人均寿命在 70 多年间实现巨大跨越，人口总量平稳增长，人口素质显著提升，特别是改革开放以来，不断扩大的流动人口规模，持续提高的人口城镇化水平，为经济社会持续健康发展注入了强大活力。据有关数据显示，中国总人口由 1949 年的 5.4 亿人发展到 2019 年年末的 14 亿人；1949 年人口平均预期寿命仅为 35 岁，1957 年人口平均预期寿命提高到 57.9 岁，1978 年人均预期寿命为 68 岁。2019 年 8 月，国家统计局发布报告显示，我国人均预期寿命已达到 77 岁。孕产妇死亡率从 1989 年的十万分之 94.7 下降到 2017 年的十万分之 19.6，婴儿死亡率从 1991 年的 50.2‰下降到 2017 年的 6.8‰，提前达到联合国千年发展目标所确定的指标要求。覆盖城乡的基层医疗卫生服务体系基本建成。2017 年全国共有医疗卫生机构 98.7 万个，比 1978 年增长 4.8 倍；卫生技术人员 898 万人，比 1978 年增长 2.6 倍。[①] 根据国家统计局发布的《中华人民共和国 2019 年国民经济和社会发展统计公报》显示，2019 年年末全国参加城镇职工基本养老保险 43482 万人，参加城乡居民基本养老

① 《改革开放 40 年中国人权事业的发展进步》白皮书，https://baijiahao.baidu.com/s? id=1619621521581290856&wfr=spider&for=pc

保险 53266 万人。[①] 这些数据充分显示了改革开放以来，我国的居民寿命和健康指标都得到了很大的提高。

第四，社会救助力度不断加大。我国的社会救助经过多年发展，已经形成了以最低生活保障、特困人员救助供养、灾害救助、医疗救助、住房救助、教育救助、就业救助以及临时救助为主体，以社会力量参与为补充的制度体系。在全国范围内建立了最低生活保障制度。截止到 2019 年年末全国共有 861 万人享受城市最低生活保障，3456 万人享受农村最低生活保障，439 万人享受农村特困人员救助供养，全年临时救助 918 万人次。全年资助 7782 万人参加基本医疗保险，实施门诊和住院救助 6180 万人次。全年国家抚恤、补助退役军人和其他优抚对象 861 万人。全国共有各类提供住宿的社会服务机构 3.7 万个，其中养老机构 3.4 万个，儿童服务机构 663 个。社会服务床位 790.1 万张，其中养老服务床位 761.4 万张，儿童服务床位 9.7 万张。[②]

第五，自由权得到充分发展。20 世纪 50 年代后期，由于受“左”倾错误思想影响，曾一度“以阶级斗争为纲”，严重桎梏了人们的思想。1978 年召开的党的十一届三中全会重新确立了解放思想、实事求是的思想路线，把党和国家工作重点转移到社会主义现代化建设上来，并作出实行改革开放的战略决策。而伴随着改革开放的发展，人们的思想观念也发生了深刻变化，人们的独立意识、理性意识、宽容意识普遍增强，思想自由有了很大的发展空间，网络言论自由也得到了大幅度发展。根据中国互联网协会发布的《中国互联网发展报告(2019)》显示，

---

① 中华人民共和国 2019 年国民经济和社会发展统计公报，http://www.stats.gov.cn/tjsj/zxfb/202002/t20200228_1728913.html

② 中华人民共和国 2019 年国民经济和社会发展统计公报，http://www.stats.gov.cn/tjsj/zxfb/202002/t20200228_1728913.html

截止到 2018 年年底，我国网民规模达到 8.29 亿，其中手机网民规模达 8.17 亿，互联网普及率达 59.6%。还有许多便捷高效的网络表达平台，为民意诉求表达拓宽了通道，提供了便利。此外，在创造财富方面中国人民获得了空前的自由。改革开放以后我国政府提出了“允许一部分人先富”，“先富带动后富”的主张，激发了社会活力，实现了创造财富源泉的充分涌流。首先，合法的私有财产得到了宪法和法律的保护。其次，人们原有的种种身份束缚逐渐消失。在市场经济的今天，社会成员城乡之间、区域之间的流动程度大幅提高，虽然户籍制度依然存在，但不可否认，其实际意义已经削弱，特别是对社会成员在就业、择业方面的限制作用已经明显降低。最后，非公有制经济是社会主义市场经济的重要组成部分，我们党一直重视鼓励、支持、引导、保护其发展，使其成为推动经济社会发展的重要力量，在稳定增长、促进创新、增加就业、改善民生等方面发挥了重要作用。

总之，中国在由传统社会向现代社会、由计划经济体制向市场经济体制转型过程中，基本权利公正得到了进一步发展。当然，我们也不否认，基本权利公正仍然存在一些不足，需要随着生产力水平的提高、政府治理社会能力的提升进一步完善。

（二）机会公正愈加拓展

罗尔斯曾指出，一个社会所应该具有的伦理选择必须要考虑社会中最不幸的人的社会机会，机会应对所有人平等开放，只有机会平等的社会才是公平的社会。世界银行公布的《2006 年世界发展报告》中指出，公平性应成为所有发展中国家成功减贫战略不可或缺的组成部分，并将公平性定义为人人机会平等。所以，我们有足够的理由认为，机会平等是最大的社会公正。机会平等是现代意义上社会公平正义的一项重要理念和准则，同平均主义的机会绝对均等不同。平均主义的机会绝对均等实质是不公正的，其错误就像哈耶克所说的，“他们的目标在于实现一种机械式的平等，而这种平等无疑会剥夺那些只能由某些人享有而不能提供给所有的人的利益”。[①]

1949 年中华人民共和国成立的时候，我国还是一个农业社会，农民占总人口的 89.4%。从 1953 年第一个五年计划开始，党和政府领导全国人民进行大规模的工业化建设，动员和投入了大量人力、物力和财力，取得了很大的成绩，为我国现代工业发展奠定了基础，开拓了道路。不过，社会结构没有得到相应的调整，总体上仍然是农业社会。我国社会结构真正发生历史性的变化是在 1978 年改革开放以后，经济体制和社会体制改革大大加快了由农业社会向工业社会、传统社会向现代社会的转型。不同社会形态有不同的社会结构。农业社会不同于工业社会。在传统农业社会，社会结构具有封闭性特点，在自给自足的小农经济中，资源的配置方式除国家之外，主要是自发因素在发挥作用。而在机会的获取方面，由于传统农业社会的封闭性特征，社会流动性不强，机会的获取基本依靠先赋因素。我国在计划经济体制下，相较于传统的农业社会而言，资源和机会本身以及资源配置方式、机会获取方式等都有了一定的进步变化，但是相对于市场经济条件下的工业社会，仍然显得有些僵化。在计划经济体制下，资源配置方式比较单一，基本上是通过国家行政指令方式进行的；在机会获取方面，先赋性特征比较明显，后天努力受到各种制度或机制的制约。比如当时因为城镇居民和农村居民分属于不同的户籍管理系统，农村居民若想进城生活与工作，只能通过参军或者是考学等有限的途径才能实现。1978 年我国开始实行改革开放，推动着我国从农业社会向工业社会、从封闭性社会向开

---

① [英]哈耶克：《自由秩序原理》（下），邓正来译，北京：三联出版社 1997 年版，第 169～170 页。

放性社会、从计划经济体制向市场经济体制转变，在这个过程中，社会结构发生了深刻变化，资源配置主体、资源配置方式以及机会获取方式也都有了显著变化。

尤其是随着市场经济体制的逐步确立，公平竞争的法则对社会的影响越来越大。人们也逐渐摒弃平均主义，越来越认同只有依靠个人的后天努力，依靠能力、业绩才能获得较为满意的社会地位，并期望社会能够为每个人提供平等的机会，以便能够在有序竞争规则的条件下，获得自身的充分发展。而那种先赋性的成分对人们的影响则越来越小。人们逐渐摆脱了那种身份隶属化、工作固定化、居住不变化的局面，开始进入了水平流动、垂直流动、自由流动和结构性流动的立体格局中，人们具有了更多的选择余地。比如，“民工潮”的形成恰恰说明了我国在机会平等实现方面迈出了坚实的、重要的一步。原来我国城乡两大板块之间相互隔绝，而现在随着市场经济的发展和改革开放进程的推进，农村大量剩余劳动力涌入城市，打破了原来的隔绝状态，实现了大规模的对流。虽然农民工进城后会带来一些新的社会问题，但不能因此忽视社会的整体进步。正是由于大量农民工的产生，才使得机会平等在我国社会不仅仅只是一个理念问题，而且已成为一个涉及面广泛的现实问题。社会提供给个人的发展机会不仅是一种资源，也代表着这个社会的进步程度。

十八大以后为了进一步促进机会公正，改变城市和农村隔离造成的城乡差异，打破城乡二元化的社会结构，让广大农民平等参与现代化进程、共同分享现代化成果，进行了一系列改革。2014 年我国建立了城乡统一的户口登记制度，取消农业户口与非农业户口的区分，统一登记为居民户口，建立与统一城乡户口登记制度相适应的教育、卫生、计生、就业、社保、住房、土地及人口统计制度。同时建立居住证制度，并以居住证为载体，建立健全与居住年限等条件相挂钩的基本公共服务提供机制。居住证持有人享有与当地户籍人口同等的劳动就业、基本公共教育、基本医疗卫生服务、计划生育服务、公共文化服务、证照办理服务等权利；以连续居住年限和参加社会保险年限等为条件，逐步享有与当地户籍人口同等的中等职业教育资助、就业扶持、住房保障、养老服务、社会福利、社会救助等权利，同时结合随迁子女在当地连续就学年限等情况，逐步享有随迁子女在当地参加中考和高考的资格。[①] 党的十八届三中全会提出要加快完善现代市场体系，着力清除市场壁垒，提高资源配置效率和公平性，改革市场监管体系，实现统一的市场监管，清理和废除妨碍全国统一市场和公平竞争的各种规定和做法，反对地方保护、垄断和不正当竞争。这有助于更好地促进机会平等，让社会中每个主体都有平等参与竞争的机会。2014 年 6 月国务院发布了《国务院关于促进市场公平竞争维护市场正常秩序的若干意见》。该意见明确了总体目标，要建设统一开放、竞争有序、诚信守法、监管有力的现代市场体系，加快形成权责明确、公平公正、透明高效、法治保障的市场监管格局，到 2020 年建成体制比较成熟、制度更加定型的市场监管体系。[②] 同时提出完善市场监管体系是一项系统工程，需要从放宽市场准入、强化市场行为监管、夯实监管信用基础、改进市场监管执法、改革监管执法体制、健全社会监督机制、完善监管执法保障、加强组织领导八个方面推进，以维护市场正常秩序，促进市场公平竞争。党的十八届五中全会旗帜鲜明地提出了创新、协调、绿色、开放、共享的新发展理念。其中“共享”可以说是五大发展理念最核心、最关键的内容。“共

① 国务院法制办公室编：《中华人民共和国法规汇编 2014 第 29 卷》，北京：中国法制出版社 2016 年版，第 70 页。

② 国务院法制办公室编：《中华人民共和国法规汇编 2014 年 1 月—12 月》，北京：中国法制出版社 2015 年版，第 695 页。

享”是马克思主义公平正义理论的中国实践，是中国特色社会主义公平正义的原则体现和基本要求，是社会互利合作、诚信友善的力量之源，是中国特色社会主义新时代的表达。这种共享就是要落实人民利益共享、财富共享、机会共享、发展成果共享，要让全体人民从内心深处感受到当家作主的主体地位，激发人民的创新精神和创造活力，进而让一切创造社会财富的源泉充分涌流，形成一个共享发展与公平正义互促互补的良性循环，真正实现社会公平正义。正如习近平总书记所指出："生活在我们伟大祖国和伟大时代的中国人民，共同享有人生出彩的机会，共同享有梦想成真的机会，共同享有同祖国和时代一起成长与进步的机会。"

当然，随着中国特色社会主义进入新时代，我国经济已由高速增长阶段转向高质量发展阶段，要求我们以更大的力度、更实的措施全面深化改革，加快完善社会主义市场经济体制，这势必进一步促进和保障机会平等，从而激发社会的活力，提升社会进步的质量。

（三）程序公正不断完善

所谓程序，正如戴维·米勒所述："指的是一个机构——一个人或一种制度——向若干其他人分配利益（或负担）的规则或途径。这里的焦点是人们由此具有对各种利益（或负担）的规则或途径。"[①]比如，如何按照按劳分配规则分配社会资源，也就是说，由谁分配？分配的过程分几个环节？如何监督？这就是程序公正的例子。程序公正注重的是公正的过程，实体公正注重的是公正的结果，二者是公正的一体两面，没有程序公正的实体公正和没有实体公正的程序公正都是不可设想

① [英]戴维·米勒：《社会正义原则》，应奇译，南京：江苏人民出版社 2001 年版，第 115 页。

的。所以,要实现公正除了公正的规则,还要以公正的程序为依托。若没有公正的程序,再公正的规则也可能因程序的漏洞而陷入难以实现的窘境,甚至走向公正规则的对立面。

改革开放以前,在实体公正和程序公正之间的选择上,我们党更为关注实体公正,对程序公正重视不够。因为"程序公正"当时被视为是资产阶级虚伪性的表现,且程序公正本身也存在一些缺陷。罗尔斯在其著作中就深刻地分析了程序公正存在的弊端。他把程序公正分为完善的程序公正、不完善的程序公正和纯粹程序公正。完善的程序公正有两个特征:"首先,对什么是公平的分配有一个独立的标准,一个脱离随后要进行的程序来确定并先于它的标准。其次,设计一种保证达到预期结果的程序是有可能的……关键的是有一个决定什么结果是正义的独立标准,和一种保证达到这一结果的程序。"[①]但是这种程序公正在重大实践利害关系的实践中,"如果不是不可能,也是很罕见的"[②]。不完善的程序公正的基本标志就是"当有一种判断正确结果的标准时,却没有可以保证达到它的程序"。[③] 罗尔斯提出了纯粹程序正义的特征是:"决定正当结果的程序必须实际地被执行,因为在这些情形中没有任何独立的、参照它可知道一个确定的结果是否正义的标准。"[④]可

① [美]约翰·罗尔斯:《正义论》,何怀宏等译,北京:中国社会科学出版社 1988 年版,第 81 页。

② [美]约翰·罗尔斯:《正义论》,何怀宏等译,北京:中国社会科学出版社 1988 年版,第 81 页。

③ [美]约翰·罗尔斯:《正义论》,何怀宏等译,北京:中国社会科学出版社 1988 年版,第 82 页。

④ [美]约翰·罗尔斯:《正义论》,何怀宏等译,北京:中国社会科学出版社 1988 年版,第 82 页。

见，在罗尔斯看来，只有程序公正是不够的，还需要实体公正。而西方资产阶级政党非常重视程序公正，认为只要程序公正，无论结果如何都可以接受，程序公正优先于实体公正。然而，我们知道实体公正虽然离不开程序公正，但是程序公正不能掩盖事实上或者结果上的不公正。此外，我国传统文化中对个人思想道德的重视在一定程度上也导致我国对程序公正的重视不足。

改革开放以来，随着市场经济的发展，人们越来越重视程序的规范化、法制化，并已形成程序公正的精神。在市场经济条件下，无论是个人、企业组织机构还是政府，在从事经济活动时，不仅仅只看主观动机、愿望的好坏，也不仅仅只看结果是否皆大欢喜，而是非常看重经济活动展开的过程本身，看市场过程本身是否公正。程序公正精神是市场获得良序、经济活动朝着互利共赢方向发展的规范精神。这种程序公正精神转化为规则、制度，就要求制度是公正的，程序是公正的。换言之，就是要求程序的规范化、法制化。邓小平在总结“文化大革命”的教训时就曾指出：“斯大林严重破坏社会主义法制，毛泽东同志就说过，这样的事件在英、法、美这样的西方国家不可能发生。他虽然认识到这一点，但是由于没有在实际上解决领导制度问题以及其他一些原因，仍然导致了‘文化大革命’的十年浩劫。”[①]邓小平在这里强调的是程序公正的重要性、法治的重要性。在党的十八大报告中，胡锦涛对程序公正及其对实体公正的重大影响的认识更加深刻、具体，他指出：“坚持用制度管权管事管人，保障人民知情权、参与权、表达权、监督权，是权力正确运行的重要保证”，“推进权力运行公开化、规范化”，“让人民监督权力，

① 《邓小平文选》第2卷，北京：人民出版社1994年版，第333页。

让权力在阳光下运行”。[1] 习近平也特别重视程序公正，并指出：“促进社会公平正义是政法工作的核心价值追求”，“政法机关要完成党和人民赋予的光荣使命，必须严格执法、公正司法”，“要坚持以公开促公正、以透明保廉洁，增强主动公开、主动接受监督的意识，让暗箱操作没有空间，让司法腐败无法藏身”。[2] 可见，改革开放之后，我们党和政府对于程序公正越来越重视。十八大以来，我国不断加强民主法治，推进司法公正保障过程的公平正义。2013 年最高人民法院出台了《关于切实践行司法为民　大力加强公正司法　不断提高司法公信力的若干意见》，为实现司法公正规划了路线图。十八届三中全会通过的《决定》又就推进法治中国建设，深化司法体制改革做出了具体部署，提出要维护宪法法律权威、深化行政执法体制改革、确保依法独立公正行使审判权检察权、健全司法权力运行机制，以建设公正高效权威的社会主义司法制度。其中关于健全司法权力运行机制的论述，明确提出要优化司法职权配置，健全司法权力分工负责、互相配合、互相制约机制，加强和规范对司法活动的法律监督和社会监督。这就是要加强对权力运行的监督，让权力在阳光下运行，以保证司法程序公开透明，从而实现司法公正。党的十八届四中全会通过的《决定》提出通过完善确保依法独立公正行使审判权和检察权的制度、优化司法职权配置、推进严格司法、保障人民群众参与司法、加强人权司法保障、加强对司法活动的监督六方面保证公正司法，提高司法公信力。党的十八届三中、四中全会对深化司法体制改革作出重大战略部署，力度之大、范围之广前所未有，可以

① 《中国共产党第十八次全国代表大会文件汇编》，北京：人民出版社 2012 年版，第 26 页。

② 《习近平的法治观：依法改革依法反腐促进社会公平正义》，http://theory.people.com.cn/n/2014/1020/c40555-25865453.html

说是政法机关一场深刻的自我革命。人民法院认真贯彻中央关于深化司法公开的各项部署，不断拓展司法公开的广度和深度。建成审判流程、庭审活动、裁判文书、执行信息四大公开平台。截至 2018 年 5 月，通过中国庭审公开网直播庭审 92 万件，观看量 64 亿人次。中国裁判文书网公开文书 4580 万份，累计访问量超过 157 亿人次，用户覆盖 210 多个国家和地区，已成为全球最大的裁判文书资源库。目前，开放、动态、透明、便民的阳光司法机制基本形成，在满足当事人知情权、参与权的同时，自觉接受监督，倒逼法官提升司法能力，让人民群众以看得见的方式感受公平正义，让全社会共享审判信息资源。为了实现和维护司法公正，促进社会公平正义，保障人民安居乐业的职责使命，我党紧紧围绕新时代党的建设总要求，大力推进队伍正规化专业化职业化建设，不断努力建设一支德才兼备的高素质法治队伍。总的来说，随着改革开放的深入发展，我们党不断加强程序公正建设，努力实现程序公正和实体公正的统一。当然，由于一些人受传统观念影响，还存在重权力轻权利、重实体轻程序、重结果轻过程、重实质轻形式的观念，要实现程序公正和实体公正的统一还有一段路要走。

（四）结果公正越发显著

新中国成立以后，有很长一段时间由于我们对基本国情认识不清，对什么是社会主义、如何建设社会主义等基本问题缺乏清醒的认识，将马克思主义按劳分配理论教条化，过于强调平均主义分配，给社会主义建设事业造成了较大的损失。

实际上，从新中国成立到 20 世纪 50 年代中期，我国的所有制结构包括全民所有制、集体所有制、劳动者个体所有制和民族资本所有制多种所有制经济成分，实行多种分配方式。在此之后，政府制定并实施了过渡时期的总路线，即“三化一改”，到 1956 年基本完成了对生产资料所有制的社会主义改造,我国的生产资料所有制形式几乎全部为公有制。正如马克思所说的分配方式是由生产方式,主要是由生产资料所有制形式决定的,所以当时的收入分配制度是以“按劳分配”为唯一分配方式。不过,这种按劳分配方式要么在企事业单位和城镇集体企业实行“工资制”,要么在农村集体经济中实行“工分制”。而无论“工资制”还是“工分制”,其表现出来的平均主义倾向较为严重,未能真正实现按劳分配。所以,在改革开放前,我国社会普遍实行的分配方式实质是倾向于平均主义的分配方式。平均分配忽视了人们体力、智力的差别,忽视了劳动贡献的大小,主张劳动报酬平均分配,其结果必然造成多劳不多得、少劳多得、不劳也得的局面。这种平均主义分配方式挫伤了劳动者的积极性、主动性和创造性,阻碍了社会生产力的发展。

十一届三中全会以后,党和国家意识到平均主义的危害并明确提出反对平均主义的分配方式,尤其是 1984 年党的十二届三中全会作出的《中共中央关于经济体制改革的决定》中说明“平均主义思想是贯彻执行按劳分配原则的一个严重障碍,平均主义的泛滥必然破坏社会生产力”[①],并提出了加快以城市为重点的全面经济体制改革。随着市场经济的发展,按劳分配逐渐成为我国社会的主要分配方式。按劳分配就是把劳动作为分配的尺度,按照每个劳动者向社会提供的劳动数量和质量来分配个人消费品,等量劳动取得等量报酬。这种分配方式才是公正的、合理的。判断一种分配方式是否公正,就是看其付出与获得、权利与贡献是否具有一种恰如其分的对应关系。每个人在经济上所享有的权利与其在经济上所作出的贡献或义务,说到底,实际就是劳动产品。贡献就是个人提供给社会和他人的劳动产品,而权利则是社

① 《十一届三中全会以来重要文献选读》(下),北京:人民出版社 1987 年版,第 786 页。

会和他人给予个人的劳动产品。所以,社会对于每个人经济权利的分配过程,实际上就是每个人所创获的劳动产品的相互交换过程。由此可见,应该按照每个人所生产的劳动产品的交换价值来分配给他同量交换价值的经济权利,也就是应等价交换。马克思也曾论及这一原则,他说:“这里通行的是商品等价物的交换中通行的同一原则,即一种形式的一定量劳动同另一种形式的同量劳动相交换。”[①]于是,“每一个生产者……他以一种形式给予社会的劳动量,又以另一种形式领回来”。[②] 改革开放前后社会财富的初次分配方式由平均主义转向按照劳动进行分配,是符合人们对公正的追求,符合社会发展的必然趋势的,也是不断被事实证明正确的选择。

改革开放以来,我国收入分配制度改革逐步推进,基本建立了与基本国情、发展阶段相适应的收入分配制度。尤其是党的十八以来,我党特别注重深化收入分配制度改革,注重在提高居民收入的同时,将公平放在更加突出的位置,着力让人民共享发展成果。党的十八大明确指出深化收入分配制度改革的最终目标是“实现发展成果由人民共享”,提出了“努力实现居民收入增长和经济发展同步、劳动报酬增长和劳动生产率提高同步”的“两个同步”思想和“提高居民收入在国民收入分配中的比重,提高劳动报酬在初次分配中的比重”的“两个提高”思想,在收入分配原则上强调“初次分配和再分配都要兼顾效率和公平,再分配更加注重公平”,并且进一步提出“完善劳动、资本、技术、管理等要素按贡献参与分配的初次分配机制,加快健全以税收、社会保障、转移支付为主要手段的再分配调节机制”。党的十八届三中全会明确提出“健全资本、知识、技术、管理等由要素市场决定的报酬机制”,并进一步要

① 《马克思恩格斯选集》第3卷,北京:人民出版社2012年版,第363页。

② 《马克思恩格斯选集》第3卷,北京:人民出版社2012年版,第363页。

求“清理规范隐性收入，取缔非法收入，增加低收入者收入，扩大中等收入者比重，努力缩小城乡、区域、行业收入分配差距，逐步形成橄榄型分配格局”。这标志着在党的文件中第一次提出将橄榄型分配格局作为收入分配制度的改革目标。党的十八届五中全会通过的《中共中央关于制定国民经济和社会发展第十三个五年规划的建议》提出了共享发展的理念，并要求“坚持共享发展，着力增进人民福祉”，专门就“缩小收入差距”作出了战略部署。党的十九大又明确提出坚持按劳分配原则，完善按要素分配的体制机制，促进收入分配更合理、更有序，并要求履行好政府再分配调节职能，加快推进基本公共服务均等化，缩小收入分配差距。这些都为收入分配领域的改革指明了方向。

十八大以来，党和政府从分配制度建设、就业、社会保障制度、打击非法收入等影响收入的多个方面入手，积极实行一系列增加收入以及缩小收入差距的政策举措，取得显著成效。一是加强收入分配相关制度建设。2013 年 2 月，国务院批转了国家发展改革委、财政部、人力资源社会保障部制定的《关于深化收入分配制度改革的若干意见》，对今后收入分配改革的总体目标、路径和政策举措等作出了要求与部署。同时，为了促进居民收入的增加，国务院制定了《关于激发重点群体活力带动城乡居民增收的实施意见》。二是在调节过高收入方面，国家出台的一系列限制国有企业高管的高薪和超高薪的举措得到切实推进，并在打击灰色收入、腐败收入等违法高收入上取得明显成效。同时，我国进一步完善了对垄断行业工资总额与工资水平的双重调控政策，并通过税收制度改革、推进慈善事业等举措来加强对高收入者的调节力度。在增加低收入者收入水平方面，中央大力推进农村扶贫工作与城镇人员就业工作。在城乡差距方面，中央采取一系列举措缩小城乡差距，如今，农村居民人均纯收入实际增速已连续 9 年高于城镇居民人均可支配收入实际增速。三是在再分配制度改革方面，重点在于通过税收杠杆和财政倾斜支出来缩小城乡之间、地区之间、行业之间以及行业内部之间的收入差距。我国的税收制度改革始终坚持公平优先的理念，致力于构建一个有助于调节过高收入、扩大中等收入者比重的税收体系。我国还不断健全再分配调节机制，使得城乡居民养老保险实现制度全覆盖，社会保险体系日趋完善，住房保障制度不断完善，城乡低保补助标准显著提高，基本形成了多层次的社会保障格局。可见，改革开放以来，在初次分配方面，已经改变了以往的平均主义，而追求差别的公正。在再分配方面也十分注重公平，特别是十八大以来，在共享理念与"改善民生就是发展"的价值导向的引领下，我国收入分配制度改革有效地提高了劳动者的积极性和创造性，有力推动了国民经济的快速增长，同时也大幅提升了人民群众的收入水平，缩小了收入差距，充分彰显了社会主义制度的优越性。

此外，随着生产力的快速发展和科学技术的日益创新，人类交流交往的范围不断扩大，国与国之间的联系日益紧密，尤其是全球化浪潮席卷整个世界以来，越来越多的国家意识到本国的发展和安全稳定与国际整体格局密切相关，国际公平正义问题也日益受到关注。中国共产党一直致力于维护世界和平和促进共同发展，推进国际秩序公正。邓小平在继承毛泽东、周恩来国际公正思想的基础上，立足中国，放眼世界，准确把握时代特征、科学认识中国面临的机遇和挑战，确定了中国的国际战略和外交路线，明确提出建立公正、合理的国际秩序。党的十八大明确提出"倡导人类命运共同体意识，在追求本国利益时兼顾他国合理关切，在谋求本国发展中促进各国共同发展，建立更加平等均衡的新型全球发展伙伴关系，同舟共济，权责共担，增进人类共同利益"。十八大以来，中国共产党高举"和平、发展、合作、共赢"的旗帜，在国际关系中继续弘扬平等互信、包容互鉴、合作共赢的精神，共同推进和维护国际公平正义。主权平等是国际公平正义的基本原则，是国与国关系的根本准则。我国曾深受主权被侵犯之害，永不会把自身曾经经历过的悲惨遭遇强加给其他民族。在对外关系、参与国际事务过程中，始终保持自己的独立性，既不“输入”外国模式，也不“输出”中国模式，而是充分尊重其他国家自主选择适合本国国情的社会制度和发展模式的基本权利。我国不认同“国强必霸”的陈旧逻辑，强烈反对霸权主义和强权政治，坚持走和平发展道路，但决不放弃我们的正当权益，决不牺牲国家核心利益。在处理与日本、菲律宾、越南、印度等国的领土和领海争端时，采取了划设东海防空识别区、海空常态化巡视钓鱼岛、对菲坐滩废舰实施隔离限制、进行南海岛礁工程建设等措施，维护疆域主权。在处理国际关系方面，积极推进民主化进程，构建新型国际关系。中国共产党重视各大国的地位和作用，致力于同各大国发展全方位合作关系，通过出访俄罗斯、美国、欧盟逐步推进大国协调和合作。我国与俄罗斯建立了新时代中俄全面战略协作伙伴关系，与法国决定共同开创紧密持久的全面战略伙伴关系新时代，中德共同宣布建立全方位战略伙伴关系，中比宣布建立全方位友好合作伙伴关系。2014 年中国和欧盟首次发表联合声明，宣示共同打造和平、增长、改革、文明四大伙伴关系。这表明，中欧双方都在用新的战略眼光看待彼此，相互信任更深、伙伴意愿更强、合作领域更广，对中欧关系未来更有信心。2019 年第二十一次中国-欧盟领导人会晤联合声明重申中欧全面战略伙伴关系的活力，愿为实现和平、繁荣和可持续发展共同努力，承诺支持多边主义，尊重以联合国为核心的国际法和国际关系基本准则。我国还重视同所有非洲国家发展友好关系，无论大小、强弱、贫富，提出中非是休戚与共的命运共同体，中非合作是全方位合作，强调“中非关系发展没有完成时，只有进行时”，中国将永远做非洲“和平稳定的坚定维护者”“繁荣发展的坚定促进者”“联合自强的坚定支持者”“平等参与国际事务的坚定推动者”，同非洲国家共同推进中非关系向更高层次、更广领域发展。我党还按照亲诚惠容理念和与邻为善、与邻为伴的周边外交方针不断深化同周边国家关系，提出对周边国家和发展中国家，除了利益对等原则外，还需给予一定的单方面优惠和照顾，尤其是对那些长期对华友好而自身发展任务艰巨的周边国家和发展中国家，要更多考虑对方利益，不要损人利己、以邻为壑，绝不能唯利是图、斤斤计较。此外，近年来我国通过建立亚洲基础设施投资银行、设立丝路基金，积极推动"金砖＋"合作模式，倡导并实践"一带一路"，建立"南南人权论坛"，召开中国共产党与世界政党高层对话会，积极参与制定核安全、外空、海洋、极地、网络、气候变化等新兴领域治理规则等，凝聚世界各国的智慧和力量，吸引了更多新兴市场国家和发展中国家参与到共商共建、共同合作、互利共赢的事业中来，推动改革全球治理体系中不公正不合理的安排，为构建更公正合理的国家关系和国际秩序，实现和维护国际公平正义贡献了中国力量。

二　中国共产党推进公平正义的经验总结

在改革开放以来中国共产党公平正义思想的指导下，我国在推进社会主义公平正义实践中取得了辉煌的成就，积累了丰富而宝贵的经验。梳理总结这些宝贵经验对于建设中国特色社会主义，进一步维护和实现社会公平正义具有重要意义。

（一）坚持实践生成模式

许多研讨公平正义问题的思想家和理论家，包括马克思之前的和现当代的，他们总是从理想性的、抽象的理论预设出发来寻找解决问题的答案。如罗尔斯、诺齐克等西方学者在抽象人性设定的基础上寻找普适性的具有永恒意义的公正原则。罗尔斯提出自由平等原则和差别原则，力求通过原初状态的设定论证他的两个正义原则的合理性。无知之幕的客观条件和相互冷淡的主观条件假设是罗尔斯立论的关键。可见，他并没有把公平正义当作实践问题，而仅仅当作理论问题。马克思曾说："凡是把理论引向神秘主义的神秘东西，都能在人的实践中以及对这种实践的理解中得到合理的解决。"[①]虽然公正是人们对应得与所得相平衡或相称的合理关系的一种期盼，是权利与义务在社会成员之间的适当安排和合理配置，但是它"决不能超出社会的经济结构以及由经济结构制约的社会的文化发展"。[②] 所以，从实践的角度看，在现实的社会生活中不同的公正诉求，其实是不同利益主体对利益诉求的不同表现，不同公正诉求之间的分歧和对立不是表面上所看到的不同观点的分歧和对立，而是他们站在不同的立场上对现实的社会制度或利益进行评价，从而形成不同的态度。

实践的观点是马克思主义哲学首要的、基本的观点。实践是人类生存和发展的最基本的活动，是人类社会生活的本质，是人的认识产生和发展的基础。实践性是马克思主义理论区别于其他理论的显著特征，是保持马克思主义生命力的根本途径。马克思、恩格斯以前的中外哲学也使用过实践的概念，并作过很多论述。在中国古代哲学中，实践主要是指道德伦理行为，被称为"践行"或"实行"，与"知"相对应。在西方哲学中，亚里士多德探讨了实践活动，并赋予其伦理和政治行为的内涵。康德是正式将实践概念纳入哲学的第一人，他把实践看成是理性自主的道德活动。黑格尔把实践理解为主观改造客观对象的创造性的精神活动。费尔巴哈虽然坚持了唯物主义基本方向，把实践与物质性的活动联系起来，但却把实践等同于生物适应环境的活动。总之，他们

① 《马克思恩格斯文集》第1卷，北京：人民出版社2009年版，第501页。

② 《马克思恩格斯文集》第3卷，北京：人民出版社2009年版，第435页。

都没有科学地理解人类实践的真正本质，没有看到实践在人类认识和改造整个社会生活中的决定意义，都是轻视实践的，脱离实践的。马克思和恩格斯把实践提升到人特有的存在方式的高度，科学阐明了人类实践的本质及其重要作用，并自称为“实践的唯物主义者”，多次指出，他们的理论不是教条，而是行动的指南，对他们理论中一般原理的运用，随时随地要以当时的历史条件为转移。这就明确告诉我们，他们的学说始终严格地以客观事实为根据。马克思主义这种实践性特点，表明它不是远离社会生活和脱离社会实践的书斋理论，而是深深植根于实践、服务于实践，又在实践中不断发展的现实的理论，是与社会现实生活、与广大人民群众的社会实践以及与具体的时代条件紧密联系的理论，是为了改变人民历史命运而创立的，为人们认识世界和改造世界提供了强大精神力量。同时，马克思主义发展史告诉我们，马克思主义的生命力也在于实践性，马克思主义只有置身于新的社会实践，才具有永不枯竭的源泉。中国特色社会主义理论体系也是源自中国改革开放的伟大实践，源自对不同历史时期重大时代课题的回应，源自对最鲜活的实践经验作出的高度理论概括和升华。中国改革开放，是前无古人的伟大实践，是中国特色社会主义理论体系的物质基础，是中国特色社会主义理论体系形成的时代语境。毫无例外，改革开放的伟大实践也是中国共产党的公平正义思想形成的物质基础和时代语境。中国共产党正是通过对不同历史时期急需回应的公平正义问题，创造性地丰富和发展了马克思主义公平正义思想。当然，改革开放以来中国共产党公平正义思想来源于改革开放的伟大实践，不是自发形成的，而是一种理论自觉。中国共产党公平正义思想是中国共产党自觉运用马克思主义的基本立场、观点、方法研究和解决中国改革和社会主义建设过程中的实际问题而形成的科学的理论体系，既有理论依据、历史依据，也有现实依据。理论依据就是马克思恩格斯经典作家的社会公正思想和毛泽东社会公正思想,为我国推进社会公平正义的实践经验总结和理论创新指明了方向。历史依据就是我国在革命和社会主义建设初期的历史经验和苏联解体的历史教训,为我们突破僵化的思维模式,推进社会公正,提供重要参考。现实依据是我国改革开放和社会主义现代化建设的崭新实践。总之,理论的升华是实践探索的结果,是对探索实践不断进行科学总结的结果。

在社会公平正义方面,我们党也承袭了历史唯物主义的科学分析方法,从社会实践出发,突破了预先构设模型的抽象的路径,形成了具有中国特色、中国精神的社会主义公平正义观。这一公平正义观是以解放思想、实事求是的姿态,在归纳总结社会发展中事关社会公正问题解决的新鲜经验基础上,在建设中国特色社会主义伟大实践中产生和发展起来的。众所周知,追求效率能够创造出更多更好的社会物质条件,以满足社会成员的各种需要,为社会公平正义的实现提供坚实的物质基础,而追求社会公平则有助于调动社会全体劳动者的生产积极性,激发社会活力,带动社会整体生产力水平和生产效率的提高,从而促进资源的有效使用和分配。只有追求效率与公平的最佳结合,实现效率与公平的良性互动,才能创造一个和谐稳定、安定团结的社会环境,进而促进国民经济持续稳定协调健康发展。我们党对公平与效率关系的认识是一个随着社会实践的发展而不断调整深化的过程。改革开放初期,为了克服不利于刺激社会生产力发展的平均主义分配原则,打破低效率的局面,党中央采取了非均衡化的发展政策,提出要优先强调效率。党的十三大明确提出"在促进效率提高的前提下体现社会公平"。十四届三中全会提出"建立以按劳分配为主体,效率优先、兼顾公平的收入分配制度,鼓励一部分地区一部分人先富起来,走共同富裕的道路","效率优先,兼顾公平"在党内正式使用。十五大提出"坚持效率优先,兼顾公平"。十六大进一步明确"初次分配注重效率,再分配注重公平”。十六届四中全会有一些变化，提出“注重社会公平”，效率优先没有出现。十六届五中全会提出要“更加注重社会公平”。到了 2006 年 10 月的十六届六中全会上，提出“在经济发展的基础上，更加注重社会公平，着力提高低收入者收入水平，逐步扩大中等收入者比重……”[①]，并从六个方面的制度入手加强权利公平、法律公平、司法公平、教育公平、分配公平。十七大对社会公平给予高度重视，指出“实现社会公平正义是中国共产党的一贯主张，是发展中国特色社会主义的重大任务”，并提出“初次分配和再分配都要处理好效率和公平的关系，再分配更加注重公平”。十八大强调“努力实现居民收入增长和经济发展同步、劳动报酬增长和劳动生产率提高同步，提高居民收入在国民收入分配中的比重，提高劳动报酬在初次分配中的比重。初次分配和再分配都要兼顾效率和公平，再分配更加注重公平”。十九大则提出了“坚持人人尽责、人人享有”，“让改革发展成果更多更公平惠及全体人民”的共享发展理念。当前，我国社会的主要矛盾已经转化为人民日益增长的美好生活需要和不平衡不充分的发展之间的矛盾。唯物史观告诉我们，主要矛盾决定一个时期的历史任务和中心工作，抓住了主要矛盾，也就抓住了社会发展的关键。随着新时代的到来，以短缺经济为代表的物质需要基本得到满足，“美好生活需要”替代“物质文化需要”成为必然。“美好生活需要”内容更加广泛，已不仅仅限于“物质文化”，而是全方位的精神和物质文化生活的提升，特别是对解决贫困问题、实现共同富裕、社会公平正义等方面有了更高的要求。加之我们提出了实现中华民族伟大复兴的历史目标和任务，经济发展由高速度增长向高质量发展转变，我们的社会发展理念也由量的扩张走向质的提升。这里

---

① 《中共中央关于构建社会主义和谐社会若干重大问题的决定》，北京：人民出版社 2006 年版，第 318 页。

的质必然包含社会的公平正义。我们不再单纯强调GDP的增长，在新的历史时期，有效率的前提条件是符合五大发展理念和解决中国经济社会发展不平衡不充分的问题。

纵观改革开放以来党中央历次重要大会对公平和效率问题的论述，我们可以看到，随着改革开放的深入，公平和效率的关系不仅不断深化发展，而且公平和效率这对范畴在内涵和外延上也不断得到丰富和发展。改革开放初期更多地关注经济领域的公平，尤其是分配公平问题，其后公平逐渐扩展到政治、文化、社会、生态领域，且从国内拓展到国际，不仅关注起点公平、结果公平，也关注机会公平、过程公平、规则公平。对于效率从比较关注经济效率到经济效率与技术效率并重，强调转变经济发展方式，追求自主创新；从比较关注微观效率到微观效率与宏观效率并重，既要调动各个市场主体的积极性，又要保障经济的稳定协调发展。可见，中国共产党对公平和效率关系的认识，没有预设的乌托邦式的价值模型，而是在建设中国特色社会主义现代化进程中，顺应时代潮流，致力于解决社会发展过程中出现的各种新问题、新矛盾，不断根据社会实践发展要求作出的新概括。换言之，中国共产党对社会公平正义的认识是一个历史生成的过程，即在社会实践中产生和发展起来的，坚持了实践生成模式。

（二）价值定位准确

公平正义不是抽象的而是具体的，不是人们随心所欲的产物，而是依赖于一定历史条件的历史的产物，具有价值主体性。社会主义有社会主义的公平正义，资本主义有资本主义的公平正义。社会主义公平正义是建立在对资本主义公平正义的认识、批判和超越基础之上的。资本主义作为一种生产方式以及社会形态，之所以能够在较短历史时间内获得很大程度的扩展播散，其深层根据和关键之处在于它极大地提高了社会生产力，创造了丰富的社会物质财富，使人们的物质生活条件有了很大改善，为人类解决有史以来就存在的“匮乏”问题提供了希望，使人类文明进入了一个崭新的历史时期。然而，资本主义并没有实现人类长期孜孜以求的美好理想，并没有使人们从根本上真正获得彻底解放，相反，由于资本逻辑的无限扩张，资本规则对社会生活的全面、无限垄断，出现了严重的社会不平等和社会不公正。这也成为它最引起集中批判也最受诟病之处。马克思以实践思维方式对由资本逻辑无限扩张所导致的“异化”“物化”等问题的不公正性进行了深刻揭示和批判。比如马克思在《1844 年经济学哲学手稿》中对“劳动异化”的分析就是从实证角度出发，最终又回到了经验的世界。他在分析劳动产品与劳动者相异化时描述了这样一种经济事实，就是“工人生产的财富越多，他的产品的力量和数量越大，他就越贫穷。工人创造的商品越多，他就越变成廉价的商品。物的世界的增值同人的世界的贬值成正比”。[①] 马克思对“异化劳动”分析的出发点突出的是人的现实的苦难，即以物对人的统治这类经验的现象开始，其结果是强调劳动异化对社会产生的重大影响，也就是人与人之间的对立。这个过程是从物的异化向人的异化逐渐过渡的动态过程。马克思充分揭露了资本主义的非正义性，科学分析了历史发展规律和资本主义生产方式，提出了未来美好社会的构想。社会主义公平正义正是建立在对资本主义公平正义的历史超越基础上的。当然，社会主义初级阶段的公平正义和资本主义的公平正义在人的主体性领域存在着共同的时代背景，即“以物的依赖性为基础的人的独立性”。因为社会主义初级阶段社会生产力尚未达到高度发达的水平，还必须对资本主义生产力文明加以历史地继承和

① 马克思：《1844 年经济学哲学手稿》，刘丕坤译，北京：人民出版社 1985 年版，第 47～48 页。

超越，才能谈及“建立在个人全面发展和他们共同的社会生产能力成为他们的社会财富这一基础上的自由个性”[①]的未来社会。

当然，社会主义公平正义与资本主义公平正义存在着本质区别。它们的价值主体定位不同。在价值活动中，价值生成源于主体的需要，价值关系的实质是客体对主体的效用关系。这就要求对价值活动的理解重要的是应立足主体方面。所谓价值主体就是指具有一定需要，与一定客体发生价值关系的人，是价值关系的承担者之一。资本主义公平正义的价值主体是占有生产资料的少数人，其实质就是一种以“物”为价值主体的公正。这种“物”不是静态地占有社会财富的多少，而是指向对社会权力的占有和掌握。正如恩格斯所说：“资产阶级实行这一切改良，只是为了用金钱的特权代替已往的一切个人特权和世袭特权。这样，他们通过选举权和被选举权的财产资格的限制，使选举原则成为本阶级独有的财产。”[②]也就是说，在资本主义社会中，具有独立性的是资本而非个人，个人是没有独立性和个性的。而社会主义公平正义则实现了对资本主义社会“物”的公平正义的超越，把“人”作为价值主体。这个“人”不是抽象的人，而是具体的人、现实的人，是广大人民群众。也就是说，社会主义公平正义把人民群众作为价值主体，把人的自由全面发展作为终极目标和价值归宿。但需要注意的是，任何公平正义都要受社会生产力发展水平的制约，社会主义公平正义也不例外，其本身也需要经历一个逐步完善和发展的历史过程。苏联作为社会主义运动史上第一次尝试把社会主义体制化、现实化的国家，早期按照马克思恩格斯对未来社会制度的设想，忽视了本国的实际国情，实行了高度集中的计划经济体制，取得了巨大成就。但是，这种模式否定了价值规律和

---

① 《马克思恩格斯全集》第 46 卷上，北京：人民出版社 1979 年版，第 104 页。

② 《马克思恩格斯全集》第 2 卷，北京：人民出版社 1957 年版，第 648 页。

市场机制的作用，忽视了社会个体的存在和发展，甚至在计划性的安排下极大地束缚了劳动者的积极性，阻碍了社会生产力的发展，与马克思关于未来社会人的自由全面发展价值定位发生了直接的、根本的冲突。后期戈尔巴乔夫又陷入了西方式的价值理想主义。苏联无视本国国情，对社会主义教条化和理想化的理解，在社会公平正义领域产生出了非马克思主义的现实后果，造成了一种非公平正义的社会主义。这种忽视现实生产力状况，忽视人的价值主体地位，给苏联带来的是人民群众的普遍贫困和社会发展的畸形。马克思恩格斯曾指出："过去的一切运动都是少数人的，或者为少数人谋利益的运动。无产阶级的运动是绝大多数人的，为绝大多数人谋利益的独立的运动。"①无产阶级政党的责任和使命就是要消除一切不公正的社会现象，使广大人民群众共享革命的政治成果和物质成果。同时，马克思和恩格斯注重从人民利益出发寻找历史发展动力，将人民群众视为价值的创造者，也视为价值的享受者。中国共产党也自觉地将这一思想渗透于马克思主义中国化的全过程。我国改革开放以来，关于"什么是社会主义，怎样建设社会主义"的理论和实践探索，从社会公平正义的角度来看，意味着中国共产党自觉地将马克思主义的人民立场和观点转化为执政理念和价值追求，在制度公正设计方面坚持了以现实的人为价值主体的定位，即在尊重社会生产力发展水平的基础上，将社会主义生产力发展成果立足于满足人民需要，让人民共享。

唯物史观认为，人民群众是历史的创造者，是实践的主体。邓小平理论充分重视人民群众的实践主体地位。邓小平指出："中国的事情能不能办好，社会主义和改革开放能不能坚持，经济能不能快一点发展起

① 《马克思恩格斯选集》第1卷，北京：人民出版社2012年版，第411页。

来，国家能不能长治久安，从一定意义上说，关键在人。”[①]又说：“群众是我们的力量源泉，群众路线和群众观点是我们的传家宝”[②]。如果脱离了群众，我们就会失败，就会被人民抛弃。江泽民也曾指出，“在任何时候任何情况下，都必须坚持党的群众路线，坚持全心全意为人民服务的宗旨，把实现人民群众的利益作为一切工作的出发点和归宿”。[③] 胡锦涛在党的十七大报告中强调，“要坚持把改善人民生活作为正确处理改革发展稳定关系的结合点，使改革始终得到人民的拥护和支持”。[④] 习近平也曾强调，“党性和人民性从来都是一致的、统一的……坚持人民性，就是要把实现好、维护好、发展好最广大人民根本利益作为出发点和落脚点，坚持以民为本、以人为本。要树立以人民为中心的工作导向”[⑤]。他还在党的群众路线教育实践活动会议上强调，“我们党来自人民、植根人民、服务人民，党的根基在人民、血脉在人民、力量在人民。失去了人民拥护和支持，党的事业和工作就无从谈起”。[⑥] 这些重要论述深刻揭示了坚持以人民群众为本，归根结底就是要坚持人民群众是历史的创造者，是实行和维护社会公平正义的主体和力量。

中国共产党是以人民群众为核心，是以人民群众的尺度审视公平正义问题，是站在人民群众立场上思考和把握公平正义问题的。中国共产党将人民群众作为实现公平正义的价值主体。这里的人民群众是

---

① 《邓小平文选》第 3 卷，北京：人民出版社 1993 年版，第 380 页。

② 《邓小平文选》第 2 卷，北京：人民出版社 1994 年版，第 368 页。

③ 《江泽民文选》第 3 卷，北京：人民出版社 2006 年版，第 572 页。

④ 中共中央文献研究室编：《中国共产党第十七次全国代表大会文件汇编》，北京：人民出版社 2007 年版，第 17 页。

⑤ 习近平：《习近平谈治国理政》，北京：外文出版社 2014 年版，第 154 页。

⑥ 习近平：《习近平谈治国理政》，北京：外文出版社 2014 年版，第 367 页。

最广大人民群众，而不是人民群众中的一部分人或者个别人。人民群众是一个历史范畴，具有质和量的规定性。从质上看，人民群众是指对社会历史发展起推动作用的人；从量上看，人民群众是指社会人口中的绝大多数。在不同的历史时期，人民群众是包含着不同内容的。中国共产党非常重视人民群众的广泛性。邓小平提出社会主义建设各项事业的完成要依靠全体人民群众的共同努力，指出要坚定地依靠工人阶级，充分调动农民的积极性，充分发挥知识分子的特殊重要作用。“三个代表”重要思想结合我国社会阶层发生的重大变化，进一步提出了“最广大人民”的概念。在党的十六大报告中指出，“对为祖国富强贡献力量的社会各阶层人们都要团结，对他们的创业精神都要鼓励，对他们的合法权益都要保护，对他们中的优秀分子都要表彰，努力形成全体人民各尽其能、各得其所而又和谐相处的局面”。[①] 科学发展观继承并发展了“最广大人民”的内涵，党的十八大提出要把实现好、维护好最广大人民根本利益作为党和国家一切工作的出发点和落脚点，尊重人民首创精神，不断在实现发展成果由人民共享、促进人的全面发展上取得新成效。以习近平同志为核心的党中央进一步提出，要使发展成果更多更公平惠及全体人民，引导全体人民朝着共同富裕的方向稳步前进。这表明，我们党把一切中国特色社会主义的建设者和拥护者都视为实现和维护社会公平正义的依靠对象。

中国共产党将人民群众视为价值创造者的同时，也将其视为价值的分享者。中国特色社会主义公平正义与资本主义依靠财产权实现对社会关系占有的价值定位不同，社会主义生产力发展的现实成果是立足于满足人民群众的需要。无论是发展经济还是深化改革，其目的都是促进社会公平正义，增进人民福祉。正如习近平所指出，“人民对美好生活的

① 《江泽民文选》第3卷，北京：人民出版社2006年版，第540页。

向往,就是我们的奋斗目标”。[①] 我们要建成的全面小康社会,是“五位一体”全面进步的小康,是惠及全体人民的小康,是城乡区域共同发展的小康。这样的小康社会是具有更高标准、更丰富内涵的社会。对于这样的小康社会,公平正义不仅仅是其重要特征,而且是其质的规定,其最终还是为了人民。全面深化改革也是要维护社会公平正义,更好地保障和改善民生。促进社会公平正义和增进人民福祉是全面深化改革的出发点和落脚点。全面深化改革,是要通过创新制度安排,创造更加公平正义的社会环境,让改革发展成果更多更公平惠及全体人民,保证人民平等参与、平等发展权利,给人民群众带来更多的获得感。全面依法治国是要通过完善司法管理体制和司法权力运行机制,规范司法行为,加强对司法活动的监督,实现司法的公平正义,让人民群众在每一个司法案件中都能感受到公平正义,进而实现整个社会的公平正义。全面从严治党,加强执政党的建设,目的在于更好地体现社会公平正义,更好地实现好、维护好、发展好最广大人民群众的根本利益。

中国共产党公平正义思想不仅把人民群众作为价值主体,而且还把人的自由全面发展作为终极目标和价值归宿。马克思主义认为,人不仅仅是社会发展的主体和推动力量,更是社会发展的最终目的和归宿,离开人的发展就谈不上社会的发展,未来理想社会的本质规定,就是实现人的自由全面发展。而实现人的自由全面发展也是维护和实现社会公平正义的最高表现。中国共产党时刻关注和重视人的全面发展。江泽民指出,“我们建设有中国特色社会主义的各项事业,我们进行的一切工作,既要着眼于人民现实的物质文化生活需要,同时又要着眼于促进人民素质的提高,也就是要努力促进人的全面发展”。[②] 党的

① 习近平:《习近平谈治国理政》,北京:外文出版社2014年版,第4页。

② 《江泽民文选》第3卷,北京:人民出版社2006年版,第294页。

十七大报告也指出，“以人为本……不断提高人民物质文化生活水平，促进人的全面发展”。习近平总书记也把“促进人的全面发展”作为经济发展的出发点和落脚点。中国共产党强调以人为本，目标是在实现和维护社会公平正义的同时，也实现人的全面发展。总之，实现人的自由全面发展，是中国共产党追求社会公平正义的核心主题和价值归宿。

（三）评价标准多元化

不同的阶级、不同的阶层、不同的人，由于其社会地位和利益诉求不同，对同一种社会公正与否的判断必然不同。中国共产党社会公平正义的评价标准不是单一的或者唯一的标准，而是一个标准体系。它是由多层次的判断标准构成的判断标准体系。概括而言，判断标准有三方面：即生产力标准、人的自由全面发展标准、历史性标准和普遍性标准。其中，生产力标准是判断社会是否公平正义的事实标准或客观标准，也是根本标准。因为离开社会生产力的发展，任何社会公正的实现都会因为缺乏必要的物质基础而崩塌；人的自由全面发展是判断社会公正与否的终极价值标准，因为关注人、思考人、研究人，满足人的普遍需要，实现人的根本利益，进而实现人的全面发展是社会公正的终极价值目标；历史性和普遍性标准是判断社会公正与否的时空依据，因为任何社会都不能脱离时空而存在，都是在特定的历史条件和特定的空间范围内设计和安排的，都是特定时代的产物。

首先，生产力标准。马克思主义认为，生产力是社会发展和进步的最终决定力量。社会的制度、意识形态、人们的价值观念等等都是人类社会物质生活的产物。马克思指出：“人们为了能够‘创造历史’，必须能够生活。但是为了生活，首先就需要吃喝住穿以及其他一些东西。因此第一个历史活动就是生产满足这些需要的资料，即生产物质生活本身”[①]。这个客观事实构成“一切人类生存的第一个前提”,撇开这个前提,就谈不上社会的存在和发展。正是在人们的物质生产活动中形成了社会的生产力,同时也形成了与生产力发展相适应的人们之间的经济关系,它们共同组成了人们物质生活的生产方式。而“物质生活的生产方式制约着整个社会生活、政治生活和精神生活的过程”。[②] 在这里,马克思把生产关系看成是决定社会制度的内容和形式,而生产关系又是由生产力的发展来决定的,因此生产力的进步才是社会制度变迁的根源,才是整个社会发展的最终源泉和根本动力。其后的马克思主义经典作家也继承和发展了马克思这一思想。列宁曾反复强调:生产力的发展是“社会进步的最高标准”[③],是“整个社会发展的主要标准”[④]。邓小平在谈及改革开放的是非得失时指出,“改革开放迈不开步子,不敢闯,说来说去就是怕资本主义的东西多了,走了资本主义道路。要害是姓‘资’还是姓‘社’的问题。判断的标准,应该主要看是否有利于发展社会主义社会的生产力,是否有利于增强社会主义国家的综合国力,是否有利于提高人民的生活水平”。[⑤] 用“三个有利于”标准来衡量改革开放的成败得失,其实就是在改革开放过程中各种体制和各项制度的调整和完善是否得到公正的评价。在“三个有利于”标准中,邓小平把生产力标准放在首位。这个生产力标准不是一般的、抽象的,而是具体的、现实的。在当今社会,生产力的发展首先要符合人民的根本利益,满足人民日益增长的物质文化需要,提高人民的物质生活

① 《马克思恩格斯选集》第 1 卷,北京:人民出版社 2012 年版,第 158 页。

② 《马克思恩格斯选集》第 2 卷,北京:人民出版社 2012 年版,第 2 页。

③ 《列宁全集》第 16 卷,北京:人民出版社 1988 年版,第 209 页。

④ 《列宁选集》第 4 卷,北京:人民出版社 1995 年版,第 466 页。

⑤ 《邓小平文选》第 3 卷,北京:人民出版社 1993 年版,第 372 页。

水平和精神文化生活水平。生产力的发展还要能够增强国家的综合国力。只有国家的综合国力增强了，国家的主权才不会丧失，社会才不会陷入混乱，经济才能发展，人民才可以安居乐业。所以，从根本意义上说“三个有利于”标准可以归结为生产力标准。江泽民同志也曾指出，“生产力是社会发展的最终决定力量。社会主义的根本任务是发展生产力。……如果生产力不发展，社会主义制度的巩固和国家的长治久安就会遇到极大的困难，社会主义优越性就会丧失最根本的经济源泉”。[①] 习近平也特别强调实现社会公正“最主要的还是经济社会发展水平”[②]。可见，把是否促进生产力的发展作为判断社会是否公正的根本标准是中国共产党的一贯主张。

特别值得一提的是，生产力的发展，不仅仅是指物质的生产力，也包括人的生产力。其中，物的生产力是由生产资料形成的，人的生产力是由劳动者形成的。人是生产力中最活跃的决定性因素，是首要的生产力。发展生产力的最基本意义就是要充分调动生产力中最活跃的因素——劳动者的积极性和创造性，充分发挥广大劳动者的主体能力，在创造社会物质财富、提高物质生活水平的同时，也改善自身的精神生活条件、培养和提高自身的科技文化素质。也就是说，在生产力的发展过程中，劳动者也使自身的品质不断地得以发展和完善，“生产者也改变着，炼出新的品质，通过生产而发展和改造着自身，造成新的力量和新的观念，造成新的交往方式，新的需要和新的语言”[③]。所以，生产力发展的历史也是人类本性不断改变的过程。此外，在现代社会，科学技术发展日新月异，应用于生产过程的周期日趋缩短，对于生产发展的作用

① 《江泽民文选》第2卷，北京：人民出版社2006年版，第253页。

② 习近平：《习近平谈治国理政》，北京：外文出版社2014年版，第96页。

③ 《马克思恩格斯全集》第46卷上，北京：人民出版社1979年版，第494页。

越来越大,并日益成为生产发展的决定性因素。从这个意义上说,科学技术是先进生产力的集中体现和重要标志,是第一生产力。科学技术是第一生产力的提出并不是否认、排斥人是首要生产力,反而是人是首要生产力要素在当代的进一步丰富和发展。因为科学技术是一种渗透性的知识形式的生产力,它也不同于物质生产力,是人的生产力的另一种表现形式。正如马克思所说,"科学这种既是观念的财富同时又是实际的财富的发展,只不过是人的生产力的发展即财富的发展所表现的一个方面,一种形式"。[①] 而且科学技术作为生产力的一种渗透性要素,不可能通过自身得以实现,它必须渗透到生产力诸基本要素之中,通过劳动主体才能转化为现实的、直接的生产力。总之,生产力作为判断社会公正与否的客观标准,其实质就是以人的生存状态、发展状态的改善,人的主体性得到更好的展示与体现等为根本的标准。凡是适应、促进生产力发展的社会就是公正的,凡是阻碍生产力发展的社会则是不公正的。

诚然,基于能否促进生产力发展的维度来判断某种社会公正与否,还要处理好生产力和效率的关系。[②] 我们常常将效率等同于生产力,其实二者并不相同。生产力的发展意味着效率的提高,效率则是生产力发展的另一种表现形式,是生产力发展状况的一种量的规定。我们可以说生产力是社会变革的动力和源泉,却不能说效率是社会变革的动力和源泉。当然,如果一个社会不能促进生产力发展,甚至成为生产力发展的障碍时,这个社会就是不公正的,即使实现了相对公正也只能是较低层次的、暂时的公正。但同时,如果没有质量,只有效率、速度的

---

① 《马克思恩格斯全集》第46卷下,北京:人民出版社1979年版,第34页。

② 范广军:《试论中国共产党判断社会公正的生产力标准》,《生产力研究》,2009年第7期。

发展也是不真实的、片面的、不可持续的。因此,一个社会只有既保障了生产力发展的速度,又保障了生产力发展的质量,才是公正的。

其次,人的自由全面发展标准。人所追求的社会公平正义不仅仅是要肯定或否定某种社会关系,也不仅仅是把人控制在一定范围内的行为规范,而是为了使每个人都能获得发挥创造性的机会,促进人的自由全面发展和人类的进步。因此,社会是否公正还应由人的发展的理想价值目标——人的自由全面发展作为评判的最终依据。

实现人的自由全面发展是马克思主义理论的精华和核心。马克思恩格斯深刻批判了资本主义社会中人的异化状态,把矛头直接指向资本主义制度,认为人的异化与资本主义私有制有着直接的联系,强调通过推翻资本主义制度消除旧式分工、消灭私有制,建立一个使"每个人的全面而自由的发展为基本原则的社会形式",即共产主义社会。可见,马克思恩格斯期望建立一个以每个人的自由全面发展为基本旨义的新社会。在新社会里,不是资本占有劳动、机器支配人、物对人的统治,而是劳动占有资本、人驾驭机器、物为人的发展服务。换言之,是人的自由全面发展原则占主导地位,而不是物的原则占主导地位。人的自由全面发展是每一个人的自由全面发展。这个"个人"不是某一个别的人,而是一切人中的每一个具体的个人。如果没有每一个人的自由全面发展,就不可能有一切人的自由全面发展。真正的人的自由全面发展是全社会中的每一个人的发展,而不是一部分人的发展和另一部分人的不发展。一切人的自由全面发展是每个人自由全面发展的结果和条件。当然,自由全面发展的人是具体的人的同时,也是抽象的人。正如马克思所说,"只有当现实的个人把抽象的公民复归于自身,并且作为个人,在自己的经验生活、自己的个体劳动、自己的个体关系中间,成为类存在物的时候,只有当人认识到自己的'固有的力量'是社会力量,并把这种力量组织起来因而不再把社会力量以政治力量的形式同自身分离的时候,只有到了那个时候,人的解放才能完成”。[①] 按照马克思恩格斯的观点,人的自由全面发展主要包括自由个性的发展、各种能力的发展和各种社会关系的发展。其中,人的自由个性的发展是核心。人的自由个性主要表现为人的主体性发展、人的独特性发展和人对自己活动控制能力的发展。具体言之,自由个性的人就是具有丰富需要、具有积极而独立的人格、具有丰富的知识和技能、具有丰富价值的个人。自由个性的人不再受制于阶级关系的属性,而成为真正全面占有自己本质的人。总之,人的自由全面发展不仅关注人的物质生活状态、现实状态,而且还关注人的精神生活状态、潜在状态和发展状态。可以说它本身就是一种对人的存在状态的理想。

坚持人的自由全面发展是社会公平正义的判断标准,还必须注意以下几个问题:一是人的发展标准和社会发展标准的关系。马克思主义认为,人的发展与社会发展是辩证统一的关系。一方面,人的发展离不开社会发展,社会发展是人的发展的基础。以人的生命存在为前提的人的发展不是自然的产物,而是历史的产物,是社会实践的产物。脱离了社会和他人的人是不能存在的,也是不能发展的。人的发展只能在由人的集体所组成的社会中实现。正如马克思所说:“只有在共同体中,个人才能获得全面发展其才能的手段,也就是说,只有在共同体中才可能有个人自由。”[②]另一方面,社会发展又是由每一个个人完成的,并以每一个个人的发展为终极价值目标。社会发展不是神推动的,也不是社会自身演进的结果,而是人的社会实践活动的结果。社会的一切物质财富、产品及其他物质形式的存在,都不过是人的本质力量对象化的结果,是人创造出的物化的成果。所以,“历史不过是追求着自己

① 《马克思恩格斯全集》第3卷,北京:人民出版社2002年版,第189页。

② 《马克思恩格斯选集》第1卷,北京:人民出版社2012年版,第199页。

目的的人的活动而已”[①]。人是社会发展的承担者和推动者,社会发展离不开人的发展。同时,社会发展所追求的终极目的不是抽象的社会如何,而是尽可能地满足人们的各种需要,实现人的自由全面发展。在这个意义上,社会发展成为手段,而人的发展则成为目的。当前,我国正处于社会主义初级阶段,生产力发展水平还不是十分平衡、充分,加之官本位思想的影响在一定范围内依然存在,我们在进行制度设计,注重促进社会发展的同时,更要注重发展个人,将人的发展的标准具体化为每个个体的发展。当然,我们要同时反对任何危害他人和社会的极端个人主义行为。二是人的自由全面发展的近期目标和远期目标的关系。人的自由全面发展是马克思主义关于人彻底解放的理论,也是社会公正的最高目标、终极目标。它的实现需要建立在社会高度发达的基础之上,我们不能将它简单地作为衡量我们当前社会公平正义的标准。但这个目标的实现又是一个历史过程,当下社会公正是达到这一终极目标的环节。当前,判断一个社会是否公正,还要将人的自由全面发展还原到当下,即看其是否体现了最广大人民群众的根本利益及体现的程度。三是人的发展的具体指标。当然,每一项具体指标达到什么程度才算是真正实现人的自由全面发展,还没有一个绝对的参数,而且现在设定这个参数也为时尚早。但我们可以通过一些具体指标进行纵向比较,通过衡量社会的发展程度,来判断社会公正与否。比如人的身体健康状况、受教育状况、劳动时间、生活质量、道德状况、个性发挥程度、需要状况及满足程度、人际交往状况、个人和集体的和谐程度等等。

最后,历史性和普遍性标准。这是从历史视角和空间视角来审视社会公正与否。所谓历史标准就是从特定的历史背景出发,根据当时

---

① 《马克思恩格斯文集》第 1 卷,北京:人民出版社 2009 年版,第 295 页。

的历史条件，对社会是否公正进行具体的考察。脱离具体的历史条件，抽象地谈论社会公正，必然会得出错误的结论。那么，对于社会是否公正的考察也必须放到特定的历史背景中去考察。比如，在奴隶社会，少数奴隶主专门从事脑力劳动，而把大量繁重的体力劳动交由食不果腹、衣不掩体的奴隶来承担，显然，这是不公平、不道德的。而且人类从奴隶社会开始跨入文明时代，就是常常使用野蛮的不人道的、不道德的手段。恩格斯对此作出评价，指出奴隶社会"完成了古代氏族社会完全做不到的事情。但是，它是用激起人们的最卑劣的冲动和情欲，并且以损害人们的其他一切禀赋为代价而使之变本加厉的办法来完成这些事情的"。[①] 但我们不能采取脱离历史条件的形而上学的判断方式，不应抽象地看待奴隶社会，而应该坚持具体的历史标准，从当时的具体的历史条件出发来审视奴隶社会的公正性。我们必须承认，在当时的历史条件下，这种脑力分工大大促进了古代科学文化和社会生产力的发展。再如，在判断分配制度公正与否的问题上，按照马克思主义理论，共产主义社会是人类最美好的社会，共产主义社会的"各尽所能，按需分配"的分配制度也是最公正的分配制度。我国现阶段实行的是"各尽所能，按劳分配"的分配制度，这种分配制度以人的劳动代替特权或者资本作为分配的标准，虽然是一个巨大的历史进步，但它仍然存在一定的局限性：它把人当作"劳动者"，而忽视了劳动者的不同等的个人天赋，忽视了劳动者的家庭负担。如果据此就判断我国现阶段的分配制度是不公正的，很显然是有失公允的、不科学的、错误的。因为制度是具体的，而不是抽象的。如果在现阶段，生产力水平还不十分发达，劳动还是人们谋生手段的条件下，违背社会历史的发展规律，人为地实行按需分配或者平均分配的分配制度，只能是损害人们的积极性和创造性，阻碍生产

① 《马克思恩格斯选集》第 4 卷，北京：人民出版社 2012 年版，第 194 页。

力的发展。所以,从具体的历史的维度看,按劳分配的分配制度在现阶段是公正的。

所谓普遍性标准就是从特定的空间范围出发对社会公正与否进行考察,主要看在特定的范围内是否对所有的对象具有普遍约束力。比如制度面前人人平等,不允许有任何特殊主体凌驾于社会制度之上或游离于社会制度之外。也就是说,制度一经制定出来并颁布实施,就不应该以任何人的意志为转移。不论什么人,即使位高权重者,也要和普通人一样遵守制度,一样因违反制度而受到处罚。如果说在某一制度安排中,应该作为制度对象包括在内的主体没有进入制度框架,那么这种制度就违背了普遍性原则,这个社会就是不公正的。如果有人破坏了这一规定,因其特殊身份而不受到惩罚,那么,社会也是不公正的。我们判断一个社会是否公正,除了要看在其特定的范围内是否对所有的对象具有普遍约束力,还要看其是否满足对象的需要和目的。也就是说,一个公正的社会,不仅存在着约束主体的普遍化问题,而且也存在着满足主体需要和目的的普遍化问题。只要是合乎人性的、合理的需要,社会就应该给予所有主体平等的保护。诚然,在特定的历史条件和特定的社会发展阶段,也会出台一些对部分社会群体利益造成暂时损失的制度。例如,改革开放初期,邓小平同志就提出了允许"少数人、少部分地区先富起来",然后"先富带动后富"的主张。显然,这一主张是符合当时的历史条件的,是符合社会发展的大局的。我国幅员辽阔,经济发展很不平衡,要求所有人、所有地区同步发展、同步富裕是不可能的。所以,从整体利益出发,"让少数人、少部分地区先富起来"是社会公正的表现。当然,我们的目的不是牺牲局部利益,而是实现整体利益。从另一个角度讲,整体利益的实现,也更好地满足了局部的利益。这就形成了一个良性循环,使整个社会的经济发展水平提高了,既实现了社会的整体利益,又很好地兼顾了局部利益。

综上，中国共产党判断社会公平与否的标准是一个多层次的标准体系。这个多层次的标准体系既有现实，又有理想，立足于现实的反思和判断能够避免走向极端，而超越现实则有利于社会朝着人们所期望的美好方向发展。总之，我们判断一个社会是否公正，是在历史和普遍性的前提下，即在特定的时空背景下，着重从生产力和人的发展两个维度来加以检验。

（四）实现手段多样化

回顾党的历史，不难发现，无论是在新民主主义革命、社会主义革命时期，还是在中国特色社会主义建设时期，公平正义对中国共产党夺取新民主主义革命和社会主义革命的胜利，对中国特色社会主义现代化建设事业的发展，对全面建成小康社会的实现和中华民族的伟大复兴，都发挥着重要作用。新中国成立前，中国共产党要实现的社会公平正义，不是一般的具体的社会公平正义，不是对原有社会资源配置状况进行细枝末节的修改，也不仅仅限于人民群众生活水平的适当改善，而是一个包含政治、经济、文化等多方面公正在内的根本性的社会公平正义，即以社会制度的根本变迁为前提，要使人民群众在政治上真正成为国家的主人，在经济上真正成为生产资料的主人，要实现人民群众政治地位和经济地位的根本解放。基于当时的国情，我们党主要依靠的是革命和阶级斗争的手段。正如周恩来在《共产主义与中国》一文中表达的那样，他说："资本主义的祸根，在私有制，故共产主义者的主张乃为共产制。私有制不除，一切改革都归无效。共产主义者决不做枝叶的问题，要大刀阔斧地来主张共产革命。革命未成以先，一切罢工、减时、加薪、自治、国有、协作等事件都不过被视为训练劳动群众帮助革命进行的种种手段。一旦革命告成，政权落到劳动阶级的手里，那时候乃得言共产主义发达实业的方法。因为政权在一个生产阶级手中掌着，并且要消灭阶级界限，所以只有共同的生产者，将没有压迫者和被压迫者的分别、掠夺者和被掠夺者的分别了。”[①]通过革命和阶级斗争，取得了革命的胜利，夺取了国家政权，然后利用国家政权力量对社会的经济、政治、文化等资源重新进行有利于人民的分配，从而为社会主义公平正义的实现奠定了坚实的制度基础。

中华人民共和国成立后，尤其是社会主义改造完成后，广大人民群众真正成为国家的主人。正如美国学者特里尔所说，新中国实现了人们身份的社会变更，“拥有资本和土地不再起作用了”，“中国的产品分配成为世界上最平等的分配方式之一，彻底贫困和死于身无分文的人极少”。[②] 通过革命和阶级斗争解决社会公平正义问题的方式已不再适应形势的需要，尤其是在总结社会主义建设初期正反两方面经验教训的基础上，我们党维护和实现社会公平正义的手段也发生了转变，即改革和发展、计划和市场成为我国改革开放后促进公平正义实现的主要手段。

第一，改革和发展手段。

以邓小平为核心的第二代领导集体特别强调改革的重要性和必要性，可以说改革已成为第二代领导集体的中心议题，而邓小平也成为领导全国人民进行现代化建设的改革蓝图的总设计师。邓小平曾作出“改革是中国的第二次革命”[③]的精辟论断。“第二次”是相对于“第一次”而说的。“第一次革命”，是指中国共产党领导中国人民先后通过新民主主义革命和社会主义革命建立新中国并确立社会主义制度的过程。对此，邓小平明确指出：“过去我们进行了新民主主义革命，新中国

① 《中共党史参考资料》(一)，北京：人民出版社 1979 年版，第 360 页。

② [美]R. 特里尔：《毛泽东传》，石家庄：河北人民出版社 1989 年版，第 528 页。

③ 《邓小平文选》第 3 卷，北京：人民出版社 1993 年版，第 113 页。

成立后完成了土地改革，又进行了农业、手工业和资本主义工商业的社会主义改造，建立了社会主义经济基础，那是一个伟大的革命。”[①]“第一次革命”的成功，使半殖民地半封建社会的旧中国成为社会主义的新中国，大大解放和发展了社会生产力，为中国以后的发展和公平正义的实现提供了根本前提和制度基础。而改革为什么是中国的“第二次革命”，邓小平也说得很清楚。他指出，“十一届三中全会决定进行改革，就是要选择好的政策。改革的性质同过去的革命一样，也是为了扫除发展社会生产力的障碍，使中国摆脱贫穷落后的状态。从这个意义上说，改革也可以叫革命性的变革”。[②] 也就是说，改革是为了解放生产力、发展生产力。邓小平还提出一个重要论断：“改革是社会主义制度的自我完善。”[③]社会主义制度是一种先进的社会制度，具有以往任何一种社会制度都不具有的优越性和先进性。同时，社会主义制度也是一种崭新的社会制度，不可能一建立就完美无缺。改革不是要否定和抛弃社会主义制度，而是在坚持社会主义基本制度的前提下，根据我国社会生产力的现实发展水平和进一步发展的客观要求，改变与生产力不相适应的生产关系和与经济基础不相适应的上层建筑，使社会主义制度自身不断完善和发展，使社会主义制度的优越性得到更充分的体现和发挥。十一届三中全会后，中国共产党奉行改革开放的方针，运用改革和发展的方式解决发展中的问题，人民生活水平尤其是农民生活水平得到了明显改善，长期存在的城乡公正问题也得到了很好的解决和发展。这些事例，充分证明了采取改革和发展手段的正确性。

以江泽民为核心的党的第三代中央领导集体，继承了党的第二代

① 《邓小平文选》第 3 卷，北京：人民出版社 1993 年版，第 134 页。

② 《邓小平文选》第 3 卷，北京：人民出版社 1993 年版，第 135 页。

③ 《邓小平文选》第 3 卷，北京：人民出版社 1993 年版，第 142 页。

中央领导集体把改革和发展作为实现社会公平正义的主要手段的思想。江泽民在纪念十一届三中全会20周年大会的讲话中指出:“十一届三中全会以来的历史雄辩地证明,实行改革开放是社会主义中国的强国之路,是决定当代中国命运的历史性决策。完全可以这样说,改革开放,是新时期中国最鲜明的特征。没有改革开放,就没有建设有中国特色的社会主义。”[①]江泽民还指出,改革的“决定性作用不仅在于解决当前经济社会发展中的一些重大问题,推进社会生产力的解放和发展,还要为下世纪我国经济持续发展和国家长治久安打下坚实的基础”。[②]第三代领导集体坚持社会主义市场经济的改革方向,把社会主义市场经济体制同社会主义基本制度紧密结合,即把坚持公有制为主体同促进多种所有制经济共同发展相结合,把坚持按劳分配为主体同实现多种分配方式相结合,进而推动社会公平正义的发展。2002年党的十六大选举产生以胡锦涛为总书记的党中央,继续坚持把改革和发展作为实现社会公平正义的主要手段。胡锦涛在十七大报告中强调:“事实雄辩地证明,改革开放是决定当代中国命运的关键抉择,是发展中国特色社会主义、实现中华民族伟大复兴的必由之路;只有社会主义才能救中国,只有改革开放才能发展中国、发展社会主义、发展马克思主义。”[③]在党的十八大报告中进一步指出:“必须坚持推进改革开放。改革开放是坚持和发展中国特色社会主义的必由之路。要始终把改革创新精神贯彻到治国理政各个环节,坚持社会主义市场经济的改革方向,……不

① 《江泽民文选》第2卷,北京:人民出版社2006年版,第254页。

② 《江泽民文选》第1卷,北京:人民出版社2006年版,第461页。

③ 胡锦涛:《高举中国特色社会主义伟大旗帜 为夺取全面建设小康社会新胜利而奋斗——在中国共产党第十七次全国代表大会上的报告》,北京:人民出版社2007年版,第10页。

断推进我国社会主义制度自我完善和发展。”①党的十八以来，习近平总书记发表了一系列关于改革的重要论述，指出：“改革开放是决定当代中国命运的关键一招，也是决定实现‘两个一百年’奋斗目标、实现中华民族伟大复兴的关键一招。”②没有改革开放就没有中国的发展进步，就没有中国人民生活水平的显著提高，也就不能在国际社会赢得举足轻重的地位。当前，中国特色社会主义进入新时代，改革也已进入攻坚期和深水区，需要以更大的政治勇气和智慧，破解发展中的难题，化解发展中的各种风险挑战，要站在更高起点谋划和全面推进深化改革，以推动经济社会持续健康发展，为实现社会公平正义提供更加坚实的物质基础。习近平总书记从社会主义实践的历史经验和中国特色社会主义发展的现实需要出发，明确提出了要“全面深化改革”，并将其作为“四个全面”战略布局中具有突破性和先导性的关键环节，同时强调全面深化改革必须以“促进社会公平正义为出发点和落脚点”。总之，改革开放以来，中国共产党运用改革手段，使中国社会焕发了勃勃生机和活力，整个社会的物质财富增加，人民生活水平显著提升，人们之间的利益关系更加协调，社会公正得以在更高层次上实现。

中国共产党在重视改革推进社会公平正义作用的同时，也强调发展的重要意义。邓小平强调，“贫穷不是社会主义”，“中国的主要目标是发展，是摆脱落后，使国家的力量增强起来，人民的生活逐步得到改善”③，“不发展经济，不改善人民生活，只能是死路一条”④。只讲社会

① 《十八大以来重要文献选编》(上)，北京：中央文献出版社2014年版，第11页。

② 《习近平关于全面深化改革论述摘编》，北京：中央文献出版社2014年版，第3页。

③ 《邓小平文选》第3卷，北京：人民出版社1993年版，第244页。

④ 《邓小平文选》第3卷，北京：人民出版社1993年版，第370页。

公平正义而不注重发展，就会落入毫无意义的空谈之中。邓小平从世界发展大势出发，将社会公平正义放置在世界发展的坐标系中思考，并以强烈的忧患意识，强调发展的速度问题，“发展太慢也不是社会主义”。[①] 从为社会公平正义提供基础和条件的角度来看，“发展才是硬道理”，这是事关公正与否的一条重要论断。党的第三代中央领导集体深刻体认到发展是解决中国所有问题的关键。“所有问题”，当然包括公平正义问题。党中央还强调必须坚持用发展的办法解决前进中的问题，必须把发展作为党执政兴国的第一要务。党的十六大以来，党中央提出坚持以人为本，树立全面、协调、可持续的发展观，以促进经济社会和人的全面发展。这是对发展问题深刻思考和总结的理论自觉。党的十八大以来，以习近平同志为核心的党中央面对经济社会发展的新趋势、新机遇和新挑战，坚持以人民为中心的发展思想，提出了创新、协调、绿色、开放、共享的新发展理念。新发展理念是中国共产党关于发展理论的重大升华，是新时代推进社会公平正义的重要手段。

改革和发展，两者相辅相成，缺一不可。改革，不是细枝末节的修修补补，而是通过对束缚生产力发展的各种经济体制、政治体制和文化体制等进行改革，从而为发展消除体制性障碍，生成推动生产力发展和社会发展的强大动力。而要使改革不断持续和逐渐深入下去，又必须通过发展使人民得到的利益大于因改革而失去的利益，进而巩固改革的成果。没有发展的中介作用，改革的手段作用也无法真正实现。正是在这个意义上，改革和发展一起成为维护和实现社会公平正义的重要手段。

第二，计划和市场手段。

在改革过程中必然会涉及社会资源配置问题，而社会资源相对于

---

① 《邓小平文选》第3卷，北京：人民出版社1993年版，第255页。

人的需求而言，是稀缺的、有限的，不可能满足所有人的需求。由此决定了社会资源配置的必要性。一般来说，资源配置有两种主要方式：一个是市场，一个是计划。为了实现社会公平正义，中国共产党对社会资源的配置主要采用了计划手段和市场手段。新中国成立后，由于受马克思恩格斯对资本主义制度的批判和对未来社会构想的深刻影响，中国共产党选择了计划作为实现社会公平正义的主要手段。马克思恩格斯认为，资本主义社会是自由竞争以及与自由竞争相适应的社会制度和政治制度，是不可避免导致两极分化、经济危机的不公正的社会。而取代资本主义社会的理想社会，“首先必须剥夺相互竞争的个人对工业和一切生产部门的经营权，而代之以所有这些生产部门由整个社会来经营，就是说，为了共同的利益、按照共同的计划、在社会全体成员的参加下来经营。这样，这种新的社会制度将消灭竞争，而代之以联合”。[①]显然，按照马克思恩格斯的观点，市场经济是资本主义的本质特征，计划经济是社会主义的本质特征，坚持社会主义必须坚持计划经济。加之苏联在建立社会主义制度后采取了高度集中的计划经济体制，虽然这种计划经济体制存在这样或那样的缺点，但它对于经济文化落后的苏联，的确能够集中整个国家的力量使其迅速发展，在短时期内就使苏联成为欧洲第一、世界第二的工业强国。而与苏联形成鲜明对照的是，资本主义在20世纪上半叶一直处于风雨飘摇之中，尤其是1929—1933年经济危机的爆发几乎摧毁了资本主义世界，整个社会失业增多，贫困加剧，战争此起彼伏，社会公正问题凸现，也充分暴露了市场的缺陷。正是这种鲜明的对比和反差，中国共产党得出“要建设社会主义，就要实行计划经济，使国民经济的各方面，按照有计划按比例发展

① 《马克思恩格斯选集》第1卷，北京：人民出版社2012年版，第302页。

的规律来进行生产和建设"[①]的结论。

从党的十一届三中全会到党的十四大召开前夕，中国共产党实现社会公平正义的手段从计划手段转变为兼容市场机制的计划手段。这一时期，计划仍然是实现公平正义的主要手段，但同时也承认市场在实现公平正义中不可或缺的补充作用。党的十二大报告指出："我国在公有制基础上实行计划经济。有计划的生产和流通，是我国国民经济的主体。同时，允许对于部分产品的生产和流通不作计划，由市场来调节，也就是说，根据不同时期的具体情况，由国家统一计划划出一定的范围，由价值规律自发地起调节作用。这一部分是有计划生产和流通的补充，是从属的、次要的，但又是必要的、有益的。国家通过经济计划的综合平衡和市场调节的辅助作用，保证国民经济按比例地协调发展。"[②]可见，这一时期，计划是主要手段，只有实现计划，才能集中大量财力、物力和人力，进行大规模的社会主义经济建设，而市场则是从属的、次要的。党的十三大报告又进一步指出："必须以公有制为主体，大力发展有计划的商品经济"，"为了实现产业结构和企业组织结构合理化，达到资源优化配置，不仅要发挥市场和自由竞争的作用，而且要依靠国家制定正确的产业政策和企业组织结构政策，并运用价格、财政、税收、信贷等经济杠杆来进行干预和调节，以改革促进经济的健康发展，以发展为改革创造较好的经济环境"。[③] 显然，这一论述在强调社会主义有计划商品经济的体制是计划与市场内在统一的体制，同时指出新的经济运行机制是国家调节市场、市场引导企业的机制。换言之，

① 《中共党史参考资料》(八)，北京：人民出版社 1980 年版，第 496 页。

② 《十二大以来重要文献选编》(上)，北京：人民出版社 1986 年版，第 22 页。

③ 《中国共产党第十三次全国代表大会文件汇编》，北京：人民出版社 1987 年版，第 20～21 页。

在中国共产党看来，计划和市场是统一的，二者并不存在根本性的对立，应该把市场作为推动社会公平正义实现的重要的有益的补充手段，开始改变了原来“计划经济为主、市场调节为辅”的提法，突破了长期以来把社会主义和商品经济对立起来的传统观念，为市场取向的改革提供了理论依据。

1992 年邓小平南行讲话时指出：“计划经济不等于社会主义，资本主义也有计划；市场经济不等于资本主义，社会主义也有市场。计划和市场都是经济手段”[①]。党的十四大明确提出“我国经济体制改革的目标是建立社会主义市场经济体制”，并提出要使市场在国家宏观调控下对资源配置起基础性作用，解除了以计划和市场来判断社会主义和资本主义的观念束缚，奠定了更为明确的市场化改革方向。这也标志着中国共产党实现社会公平正义的手段实现了质的飞跃，从“兼容市场机制的计划手段”阶段跃进到“兼容计划机制的市场手段”阶段。这一重大理论突破，对我国改革开放、经济社会发展和社会公平正义的推进发挥了极为重要的作用。从党的十四大以来的 20 多年间，对于市场发挥何种作用问题，我们一直在根据实践拓展和认识深化寻找新的科学定位，市场取向的改革也不断向纵深推进。党的十五大提出“使市场在国家宏观调控下对资源配置起基础性作用”，党的十六大提出“在更大程度上发挥市场在资源配置中的基础性作用”，党的十七大提出“从制度上更好发挥市场在资源配置中的基础性作用”，党的十八大提出“更大程度更广范围发挥市场在资源配置中的基础性作用”。可以看出，我们对发挥市场作用促进社会公平正义的认识在不断深化。到了党的十八届三中全会通过的《中共中央关于全面深化改革若干重大问题的决定》提出，要使市场在资源配置中起决定性作用。把市场在资源配置中的

① 《邓小平文选》第 3 卷，北京：人民出版社 1993 年版，第 373 页。

"基础性作用"修改为"决定性作用",可以说,这是我国改革开放历史进程中具有里程碑意义的创新和发展,将对在新的历史起点上全面深化改革产生深远影响。市场决定性作用就是让价值规律、竞争和供求规律在资源配置中起决定性作用。市场决定资源配置的优势在于,作为市场经济基本规律的价值规律,具有通过市场交换形成分工和协作的社会生产的机制,通过市场竞争激励先进、鞭笞落后的优胜劣汰机制,通过市场价格自动调节供给和需求的机制,从而可以引导资源配置实现以较少投入取得最大产出的要求。因此,市场决定资源配置的本质要求,就是在经济活动中遵循和贯彻价值规律、竞争和供求规律。市场决定资源配置是市场经济的一般规律,我国经济体制改革总体上是遵循这一规律不断深化的,因而推动经济社会发展取得了举世瞩目的辉煌成就。当然,市场在资源配置中起决定性作用,并不是起全部作用,更不是说市场是万能的,政府可以撒手不管。发展社会主义市场经济,既要发挥市场作用,也要发挥政府作用,但市场作用和政府作用的功能是不同的。政府的职责和作用主要是科学的宏观调控,有效的政府治理,保持宏观经济稳定,加强和优化公共服务,保障公平竞争,加强市场监管,维护市场秩序,推动可持续发展,促进共同富裕,弥补市场失灵。可见,中国共产党认识到,市场在发挥资源配置的决定性作用的同时,还必须发挥计划调节的优势,来弥补和抑制市场调节中的不足,在市场调节力所不能及的若干环节中,发挥计划的作用,以实现社会的公平正义。

总之,为了实现社会公平正义,中国共产党在不同时期会根据具体国情的变化不断地调整方式方法,从而形成了独具特色的、多元并存又融为一体的方法体系,推动当代中国社会公正进步的同时,也使得中国特色社会主义从地域性存在走向世界历史性存在,开创了不同于以往社会公正的历史和理论空间。

综上,作为对资本主义社会非正义性的批判产物的社会主义,其存在本身就是正义事业在世界范围内进步的体现。而中国共产党在建设中国特色社会主义伟大事业过程中,立足我国基本国情和社会发展实践形成的公平正义思想,对于继续深化发展中国共产党公平正义理论,维护意识形态安全,正确理解中国当下现实的公平正义问题,推进中国特色社会主义公平正义实践,推动世界范围的公正进步具有重要的理论价值和深远的实践意义。第一,中国共产党公平正义思想作为马克思主义公平正义思想中国化的理论成果,是实现中国社会公平正义的指导思想,对维护意识形态领域的安全具有重要的理论价值。作为马克思主义理论与中国社会公平正义实践相结合的产物的中国共产党社会公平正义思想,是着眼于中国的社会发展状况、发展实践,用中国的理论研究和话语体系解读中国维护和实现公平正义的实践,是与马克思主义公平正义理论一脉相承并加以丰富、补充和发展的,是实现中国社会公平正义的指导思想。它在充分肯定借鉴西方公正观合理思想,清晰认识到人民群众是历史的创造者、人的自由全面发展要以物质生产的发展为前提等观点基础上,既能够有力地回击不良思潮的挑战,又能抵制西方公正观的不良渗透,使社会主义公正理念得以巩固和深化。同时,它还可以引导人们正确看待我国社会发展中出现的公正问题,有效防止平均主义观念的回潮。第二,中国共产党社会公平正义思想对于推进中国特色社会主义公平正义实践,正确解读中国当下现实的公正问题具有重要的实践价值。中国共产党公平正义思想是有效推进和实现中国社会公平正义的指导思想,是化解和消除社会不公现象,引领中华民族实现伟大复兴中国梦的重要指南。改革开放40年来,中国的生产力发展和经济建设成绩让世界为之侧目。这些成就不仅是社会主义制度优越性的重要体现,也是中国特色社会主义公正观的重要体现。我国实现了以生产资料公有制代替生产资料私有制,即实现了以先进生产关系代替落后生产关系,这就克服了资本主义制度不公正的弊端,成为社会主义国家公平正义最突出的标志和鲜明特色，从而进一步推进我国公平正义实践的步伐。我们必须坚持用中国共产党公平正义思想指导推进我国社会主义公平正义的步伐，自觉按照中国共产党公平正义思想的具体要求，在实践工作中全面贯彻落实，坚持发展经济，改善民生，加强保障社会公平正义的制度建设，努力建设一个公平正义的社会。第三，中国共产党公平正义的理论与实践也推动了世界范围正义的进步，彰显了中国特色社会主义道路的世界历史性意义。在马克思主义理论指导下，中国坚持走中国特色社会主义道路，在不断发展自己的同时，也积极推动全球双边和多边贸易、投资的发展，特别是在2008年全球金融危机爆发后，中国经济增长为世界经济稳定、健康、持续发展作出了贡献。伴随着我国经济的持续稳定发展，综合国力的不断增强，中国特色社会主义发展模式对西方的学者和民众产生了强大的吸引力，也促使他们对西方社会制度进行深入反思并加以创新和改革。与此同时，也为广大发展中国家摆脱贫穷、实现公正提供了良好示范作用，从而为世界范围的正义事业进步提供重要支持。

第五章　新时代中国共产党公平正义深化发展的路径探索

习近平总书记在十九大报告中旗帜鲜明地指出:"中国特色社会主义进入新时代"。这一重大政治判断,指明了我国发展新的历史方位,清晰地指出了党和国家事业所处的时代坐标,赋予党的历史使命、理论遵循、目标任务以新的时代内涵。公平正义是中国共产党的价值理想和奋斗目标,是中国特色社会主义的内在要求和重要特征。以习近平同志为核心的党中央坚持观大势、谋全局、干实事,紧紧围绕推进新时代中国特色社会主义伟大事业,以高度的政治责任感和历史使命感积极倡导公平正义,不断深化新时代公平正义认识,将公平正义融入社会主义核心价值观的培育和实践,贯穿于新时代治国理政的全过程,以深邃的战略视野规划社会主义初级阶段的公平正义蓝图,开启了中国特色社会主义公平正义的新境界,为推进中国社会公平正义的实现指明前进方向,开辟广阔道路,也为人类探索实现公平正义贡献了中国智慧和中国方案。

一　公平正义观的当代境遇

改革开放已经走过了 40 多年波澜壮阔、实践宏大独特的光辉历程。40多年的改革开放成果不仅切实推进了社会公平正义，也托举起了中华民族伟大复兴的中国梦。然而，随着改革开放和社会主义现代化建设的深入，市场经济的挑战、文化多元化的冲击、西方资产阶级公正观的渗透，影响着我党社会主义公平正义观的价值构建。站在新的历史起点，我们应对这些挑战和问题进行清醒的认识和理性应对。

（一）市场经济的挑战

市场经济是人类社会经济活动形式发展到一定历史阶段，即发达商品经济阶段的一种资源配置方式和经济运行模式。市场经济是社会化大生产发展的客观要求与必然产物，是人类不可逾越的历史发展阶段。在《共产党宣言》中，马克思、恩格斯深刻地剖析了资本主义大机器工业化的生产力促使自然经济进入商品市场经济的历史进程："蒸汽和机器引起了工业生产的革命"，"大工业建立了由美洲的发现所准备好的世界市场。世界市场使商业、航海业和陆路交通得到了巨大的发展。这种发展又反过来促进了工业的扩展"，"美洲的发现、绕过非洲的航行，给新兴的资产阶级开辟了新天地。……因而使正在崩溃的封建社会内部的革命因素迅速发展"[①]。从唯物史观来看，生产力的发展促进了社会经济形式的不断演进。市场经济以市场进行资源配置，也是由于生产力发展水平尚未高度发达，尚不能实现社会财富的充分涌流决定的。而生产力的发展过程同社会制度的演进不同，社会制度可以有一个由跳跃导致的"真空地带"，生产力的发展过程则是不可跳跃的，只能沿着由低到高的顺序发展。生产力发展过程中这种不以人的意志为转移的依次继起和梯度推移的客观规律性决定了市场经济是不可逾越的。任何社会都必然经历市场经济这一历史发展阶段，不仅市场经济

---

① 《马克思恩格斯选集》第1卷，北京：人民出版社2012年版，第401～402页。

的存在不能取消，市场经济的充分发展也不能改变。

市场经济既是生产力发展的结果，同时它一经产生，也极大地促进了社会生产的迅猛发展和社会分工的进一步专业化、精细化，成为最具效率和活力的经济运行载体。市场经济的发展对于社会公平正义的实现也具有巨大的促进作用。首先，市场经济为社会公平正义的实现提供更加坚实的物质基础。市场经济通常被称为竞争性经济模式，竞争贯穿于市场经济全过程，是其核心要求。而市场中的主体又要追求自身利益的最大化，要获得更多的利润。可以说，在市场经济中，利润的大小决定了劳动量的投入，也决定了生产要素和社会经济资源的流向。追求利润、实现价值，指挥着市场经济的全部活动。市场各经济主体为了在竞争中获胜，获得更多利润，就要努力使生产商品的个别劳动时间低于社会必要劳动时间，因为商品的价值量是由生产商品所需要的社会必要劳动时间决定的。只有个别劳动时间低于社会必要劳动时间，商品的个别价值低于社会价值，生产者才能获得较多的收入，才能在竞争中处于有利地位。而商品生产者为了使个别劳动时间低于社会必要劳动时间，就要通过改进技术、改善经营管理等，提高劳动生产率。每个商品生产者都想获利，都努力提高劳动生产率，最终必然推动整个社会生产力的发展。正如马克思所说，“价值由劳动时间决定这同一规律，既会使采用新方法的资本家感觉到，他必须低于商品的社会价值来出售自己的商品，又会作为竞争的强制规律，迫使他的竞争者也采用新的生产方式”。[①] 市场经济正是凭借不间断的竞争，实现了经济主体间的优胜劣汰，创造了更高的劳动生产率，带动了整个社会生产力水平的提升。这也就为社会公平正义的实现奠定了坚实的物质基础。其次，市场经济本身蕴含

① 《马克思恩格斯选集》第2卷，北京：人民出版社2012年版，第204页。

着公平正义的价值诉求。市场经济是交换经济。市场经济中的任何个人、企业都不可能在自我孤立的活动中完成对自身利益最大化的追求，只有通过彼此交换才能实现。随着市场经济的发展，交换的范围越来越广，交换的方式日新月异，交换的风险不断增加，但无论交换发生怎样的变化，总有一点是不变的，那就是整体而言，市场交换都是公平的交换，公平是市场交换活动的价值内涵。而且市场经济的等价交换原则也要求经济主体之间的地位平等。经济主体虽然追求利益最大化，但市场经济活动的主体不是单一的，而是多个、多元的主体，这就要求在利益分配、资源分配方面要公正、公平、合理。从竞争角度看，公平正义也是市场竞争的客观要求。竞争是市场经济的本质之一。要实现市场竞争的有序化、公开化、透明化，就需要有明确的竞争规则、竞争标准和竞争程序。市场竞争的公开化、透明化决定它对公平正义的要求更为强烈。因为不透明的、隐蔽的竞争会增加社会内耗，滋生弄虚作假、坑蒙拐骗、行贿受贿等不道德、不公正的现象，付出高额社会成本。公开、透明的竞争要求公平正义，但公开竞争并不一定必然实现公平正义。关键是要保护符合市场法规和市场交易法则的正当获利，处罚那些采用不正当、不合法竞争手段的获利行为，形成良性的市场竞争机制。这些充分表明市场经济本身就蕴含着公平与正义的价值诉求和维护社会公平正义的功能。最后，市场经济促进了人的解放。马克思从人的解放这一角度出发，将社会发展划分为三种历史形态，他在《政治经济学批判大纲》中写道："人的依赖关系（起初完全是自然发生的），是最初的社会形态，在这种形态下，人的生产能力只是在狭窄的范围内和孤立的地点上发展着。以物的依赖性为基础的人的独立性，是第二大形态，在这种形态下，才形成普遍的社会物质变换，全面的关系，多方面的需求以及全面的能力的体系。建立在个人全面发展和他们共同的社会生产能力成为他们的社会财富这一基础上的自由个性,是第三个阶段。第二个阶段为第三个阶段创造条件。"[①]依据"三形态"理论,我们可以看到马克思把人的发展过程分为三个阶段。第一阶段是建立在自然经济基础上的人对人的依赖关系。在自然经济条件下,人的生产能力只是在狭窄的范围和孤立的地点上发展着,个体还不能从群体的依赖关系中解放出来,成为独立的人。第二阶段是建立在商品生产和交换基础上的人对物的依赖关系。在这个阶段,由于商品的广泛流通,形成了全面的社会交往关系,个人从对群体的依赖关系中解放出来,有了独立的人格,具有了独立性,产生了各方面的需求,人的个性和能力也得到丰富和发展。第三阶段是"建立在个人全面发展和他们共同的社会生产能力成为他们的社会财富这一基础上的……"在马克思看来,商品经济是实现人的解放的必经阶段和条件。市场经济是商品经济高度发达的产物,对于人的解放具有重要推动作用。市场经济的建立为人的平等竞争创造了条件。市场经济的确立需要自主经营、自负盈亏的独立的行为主体,这就形成了"以物的依赖性为基础的人的独立性"。同时,市场经济实行的是优胜劣汰的机制,生产者的经营状况直接与自己的利益相联系。每个生产者都必须充分调动自己的积极性、主动性和创造性,以赢得市场竞争的胜利。竞争迫使人不断地进行反思,提高自己,这就有利于培养人的自主、自强、自我超越的精神,也有利于培养人不断进取、开拓、创新的精神,使人的聪明才智得到发挥,人的自我得以实现。虽然这个阶段人还处于对物的依赖关系中,但相对于自然经济社会里人对人的依赖关系而言,无疑显得更加的正义和进步。

市场经济是一把双刃剑,在推动经济社会发展和进步的同时,也不

---

① 《马克思恩格斯全集》第46卷(上),北京:人民出版社1979年版,第104页。

可避免地产生诸多负面影响和效应。其负面效应主要表现在以下几方面：第一，市场经济在推动社会生产力发展的同时，也可能对社会生产力造成严重破坏。在市场经济中，各市场主体在利益的驱动下，会使资本、生产、资源配置等由利润低的地方流向利润高的地方，加之市场竞争的结果是优胜劣汰，一些市场主体在竞争中失败，甚至被淘汰。某些市场主体破产，工人失业，势必造成社会资源的局部浪费。另外，在竞争中获利的市场主体不断地积聚资本，不断地扩大生产经营规模，甚至为了长期保持竞争优势，采取封锁技术、垄断人才，故意提高或降低产品价格等非正当竞争手段，从而导致某些行业资源分配过多而不流出，某些行业资源分配不足而不流入，造成资源误置和资源浪费，进而破坏生产力的发展。列宁曾指出，"既然规定了(虽然是暂时地)垄断价格，那么技术进步，因而其他一切进步的动因，前进的动因，也就在相当程度上消失了"[①]。第二，市场不能有效保证收入的公平分配，有可能导致两极分化。在市场经济中，市场竞争过程是一个优胜劣汰的过程。各市场主体在竞争中虽然原则上是平等的，但由于人们的禀赋资源不同，而市场竞争又注重追求机会均等而非结果均等，鼓励竞争中的强者、胜者，而淘汰竞争中的弱者、败者，因此市场竞争会自发地不断拉开各市场主体之间的收入差距。市场机制本身又不具有调节收入和财富占有差距的功能，这样任其发展必然导致两极分化。同时，严重的两极分化会挫伤广大劳动者的积极性，使社会阶层的利益摩擦增加，矛盾加剧，甚至导致社会动乱。第三，市场经济还可能导致权力商品化。在市场经济中，社会关系的普遍特征是"以物的依赖为基础的人的独立性"，人要依赖于商品货币，人们之间的关系表现为物与物的关系，而货币作为商品世界的一般等价物因为其能够购买一切商品，向人显示出一种

① 《列宁选集》第2卷，北京：人民出版社1972年版，第818页。

神秘力量,这就使得商品和金钱逐渐成为某些人行为的导向,某些人的价值观也随之发生变化,由"重义轻利"向"重利轻义"转变,甚至出现了拜金主义、享乐主义等。人与人之间的关系商品化、金钱化。这种金钱至上主义对某些掌权者产生巨大影响,进而滋生以权换钱的动机,导致权钱交易的腐败问题,妨碍经济发展、影响社会安定、败坏党和政府在人民群众中的威信和形象。第四,市场经济还容易造成生态环境的恶性破坏,危害人类社会的可持续发展。利益机制是市场机制的基础,各市场主体追求自身利润的最大化。但不可忽视的是,各市场主体的经济行为不仅对其自身产生效用,而且对非市场交易主体也产生某种有利的或者有害的外部效应。市场经济存在的外部负效应伴随着市场经济正效应的突出而愈来愈呈现出来。如环境污染、植被破坏、土壤退化等问题接踵而至,这不仅殃及子孙后代,而且直接威胁当代人的生存和发展。人类为了生存和发展,必须认真面对并妥善处理好这些问题,这就需要投入大量的人力、财力、物力。这就使得市场机制对生产力的促进作用,有一部分被社会成本的增加所抵消,虽然这种抵消不能构成否定市场机制对资源有效配置的理由,但毕竟也成为市场经济自身无法避免的负效应。此外,市场经济是以利益驱动手段为其基本行为激励方式的,它承认个人利益取向的合理性。不可否认,正是在利益的驱动下,各市场主体才在市场竞争中充分发挥个人的主体性力量,从而激发整个社会的活力。但是,利益驱动也有可能使个人利益至上在某种情况下成为现实,为极端个人主义的滋生提供土壤,从而导致某些人为了追求个人利益,不择手段、损人利己,把个人凌驾于社会之上,甚至破坏社会的公正和秩序。上述市场经济产生的负作用,因资本主义社会实行生产资料私有制,不但没有克服,反而被进一步扩大化和尖锐化。这一点在资本主义社会已得到印证。在唯物史观看来,资产主义社会所出现的问题,只有在生产资料公有制范围内才能解决。

当然，我国已经走上社会主义市场经济道路，实现了社会主义公有制和市场经济的有机结合，为我们运用社会主义优越性消弭市场经济的负作用，促进社会公平正义提供了重要保障。但同时必须指出，社会主义市场经济与一般市场经济存在共性，如都要遵循价值规律，承认利益来源与获取的正当性、正义性。那么，在社会主义市场经济条件下，如何发挥市场经济的正作用，控制与缩小其所带来的负作用显得尤为重要。马克思在批判法国空想社会主义者时曾说过："解决社会问题的办法还隐藏在不发达的经济关系中，所以只有从头脑中产生出来。……这种新的社会制度是一开始就注定要成为空想的，它越是制定得详尽周密，就越是要陷入纯粹的幻想"。[①] 可见，要正确处理市场经济所带来的正作用和负作用的关系，关键在于在社会主义市场经济实践中把握好一个"度"，即在充分利用市场经济利于促进社会公平正义实现的一面，同时也尽力发挥社会主义制度的优越性，尽可能有效限制市场经济的负作用。对市场经济的负作用，特别注意要反对三种错误倾向。一种是"取消主义"思维倾向，认为社会主义制度无法有效限制市场经济的负作用，因而主张从根本上放弃市场经济、消灭市场经济；一种是"放任主义"思维倾向，认为市场经济既然不能被跨越，又不能被社会主义制度完全约束和限制，干脆采取自由放任的态度；还有一种是"浪漫主义"思维倾向，认为社会主义制度有着消解市场经济负作用的全部良方，社会主义制度与市场经济体制是最完美的制度互补，是最能实现社会正义的制度结合。可见，社会主义国家一方面要克服市场经济的负作用，另一方面要发挥市场经济的正作用，只有把握好"度"，才能找到建构社会主义公平正义观的合理坐标。

此外，在发展社会主义市场经济促进社会公平正义时，还要警惕平

① 《马克思恩格斯选集》第3卷，北京：人民出版社2012年版，第780～781页。

均主义的回潮。尽管平均主义观念在理论上已经被否定，在实践中也被很多人所拒斥，但不可否认，在某些人的头脑中仍然存在，并难以根除。随着我国由计划经济体制向市场经济体制转变，特别是所有制结构的调整和社会分配关系的变动，社会利益结构也发生了变化，出现了利益来源的多元化，唤醒了人们的利益观念，形成了不同的利益主体，从而出现了利益结构的分化和重组。改革开放以后，那种以“工农兵学商”来简单划分职业和阶层的情况已成为历史，由于收入差距的拉开、职业分化的加快、资源占有量的不同在中国不断造就了新的阶层，而且各阶层之间界限模糊。现阶段的阶层分化既不是单向度地由“少”到“多”的简单过程，也不是以“两极分化”为特征的分裂式的社会分化，而是随着生产力的恢复和发展、经济形式的多样化和市场机制的引入而发生和发展着的一个复合型、多线性的历史过程，是中国社会主义现代化进程加快和整个社会运行机制转型的一个重要组成部分。在市场经济发展和完善过程中，某些传统观念的陋习利用或把持先进制度机制来牟取不当权益，或某些不公正的利益分配引发贫富差距拉大，而部分民众又感到无能为力就会出现心理失衡，这极易引发平均主义观念回潮。平均主义观念的回潮不仅会使社会人际关系趋于紧张，而且会严重阻碍市场经济体制的完善，抑制市场经济体系的发展活力。所以，我们应当继续充分发挥社会主义制度的优势，实现国家对市场经济强有力的宏观调控，并把公平正义价值目标贯彻到市场经济中，保证按劳分配的主体地位，防止两极分化，同时也要警惕平均主义观念。只有这样，我们才能促进社会主义市场经济健康发展，推动社会公平正义的实现。

（二）文化多元化的冲击

全球化已是人类社会发展的客观事实和必然趋势。在全球化发展过程中，文化活动与经济活动、政治活动之间相互影响、相互作用，共同构成社会发展的基本内涵。伴随着人类社会呈现出来的政治多极化和经济全球化发展的深刻变革，不同国家、地区、民族的文化相互交织、相互融合、相互激荡，形成了多元化的文化格局。也就是说，无论承认与否，文化多元化已经成为不以人的意志为转移的事实，人们已经生活在一个文化多元化的时代。随着我国改革开放的不断深入和融入全球化进程的加快，必然伴随着也必然要求文化的开放。我们必须自觉地吸收其他民族文化中有价值的东西，扬弃本民族文化中不合理的部分，使中国文化融入世界文化体系之中。正是在这种社会背景之下，我们的文化界大步迈向全世界，对外文化交流活动日益增多。同时，西方文化大量涌入，西方的思想观念、生活方式快速传入中国，尤其是全球化浪潮，更使中国文化迅速融合于世界文化体系之中。在与世界文化特别是西方文化的交流过程中，中国文化也以一种开放的姿态广泛地吸收着其优秀的文化成果。这种文化的开放性有利于我们学习其他国家和民族的一切优秀成果，有利于我们文化的创新、发展和进步，最终有利于我们国家和社会的发展和进步。而与文化的开放性相伴而生的必然是文化的多元共存。在当代中国，各种特质的文化都有其生存与发展的“土壤”。所以，在当代中国文化体系中，既有传统文化，也有现代文化；既有中国本土文化，也有西方外来文化；既有精英文化，也有大众文化；既有主流文化，也有非主流文化。文化的多元化是当代中国文化的一个重要特征，是社会多样化在文化领域的必然体现和反映，是社会开放和文化开放的必然结果。这种文化的多元化必将有力地促进我们民族文化的发展进步，促进我们整个国家和社会的发展进步。

但同时我们也要看到，在文化多元化的背景下，如果主导价值观引导不力，也会造成社会价值选择的迷茫甚至混乱。在公平正义方面就表现为对公正诠释的多样化，进而影响人们达成公平正义观念的共识，阻碍社会的发展进步。文化不是纯粹的语言、文学、艺术等表现形式意义上的存在，它承载着相应的国家和民族在特定社会历史阶段的生活方式、价值观念、意识形态等，其中社会主流意识形态对文化起到统领和引导作用。正如有的学者所指出，“在文明社会中，文化又主要通过意识形态的途径生产。这是因为文化的制造者大多属于意识形态阶层，意识形态生产和文化生产在他们那里是一个同体的过程：意识形态的制造同时也是文化的生产；反之，文化的制造同时也是意识形态的生产”。[①] 从这段表述可以看出，意识形态作为一种逻辑上先在的思想环境，制约着文化创造的方向和观点。人们总是针对社会某一个方面或层次展开文化创造，并不是毫无目的，而文化创造方向和目标定位要受意识形态的影响。抛开文化意识形态向度来谈文化无疑是不符合客观事实的。另外，意识形态作为一种既定的社会价值评价体系，明确界定了什么是社会应当持有和弘扬的文化，什么是社会应当拒斥和批判的文化。人们在创造文化时，意识形态要求文化的创造要吸纳和弘扬符合社会发展需要的思想观念和价值取向，这就不可避免地为文化打上意识形态的烙印，从而制约着文化创造的内容。为此，意识形态对文化的内容和形式都起到一种规范、制约和引导的作用。换言之，文化的核心就是意识形态以及作为其核心表达媒介的价值观。那么，文化多元化的本质就意味着价值观的多元化，意味着意识形态的相互渗透。当然，文化多元化是人类社会发展的趋势，是历史发展的进步，这也是改革开放 40 多年来社会主义现代化建设成就的反映。我们不能因不同文化之间的差异、矛盾而忽视它们之间的交流和融合，同样，我们也不能因不同文化之间的交流和融合能够使各自文化焕发出新的生机，而忽视文化多元化所可能带来的思想道德失范、价值观念和意识形态认同危机等问题。一个国家或民族对自身文化的强烈认同是该国或该民

---

① 吕世荣、周宏：《唯物史观的返本开新》，北京：人民出版社 2006 年版，第 274 页。

族在激烈的国际竞争中立于不败之地的内在因素,也是使其立于世界民族之林的伟大精神。倘若一个国家或民族对自身文化虚无化,则会瓦解一国的政治制度、一个民族的凝聚力。因此,我们必须引起足够的警惕,避免文化多元化带来的负面影响和冲击。

随着当今世界全球化、信息化的不断快速发展和我国现代化进程的加快,我国由过去相对单一、相对稳定的文化环境逐步进入了一个多元的文化时代。文化多元化必然导致价值的多样化、公平正义诠释的多元化,其对我国社会主义公平正义观提出了尖锐的挑战。首先,对社会主义公平正义观的认同挑战。文化多元化往往以其特有的文化生存发展规则,触发并导致人们思想观念、生活方式、价值认同等方面发生巨大变化。“虽然每个国家都有体现和彰显本国独特气质的专属文化精神,散发出非凡的精神动力和普遍价值,但文化多元化在某种程度上颠覆了‘地方性知识’,传统价值被解构和颠覆,地方性被消解。……精神纽带遭遇断裂,导致‘文化失根’,人们的心灵‘无家可归’现象由此产生。”[①]这必然会严重影响人们对社会主义公平正义观的认同。试想,当有两套依据相应的价值体系推导出完全不同的公平正义观点时,应该践行哪一种都有可能在人们之中产生争论甚至冲突,更不用说面对多元公平正义理论了。坚持不同观点的人们“基于他们不可调和的整体性学说,他们不可能达成一致,甚至不能达到相互理解”[②]。在文化多元化背景下,人们受不同价值观的影响,又因个体理性的张扬彼此很难服从于他人的个体价值理念,这就难以达成共识。这也是现代化带

① 陈清:《论多元文化场景中的道德价值认同》,《华中科技大学学报(社会科学版)》,2014 年第 2 期。

② 约翰·罗尔斯:《公共理性理念新探》,谭安奎译,杭州:浙江大学出版社 2011 年版,第 121 页。

来的挑战,是理性的过分张扬最终反而导致理性的普遍性被吞噬。特别是我国还处于社会主义市场经济的发展完善期,经济形式的多样化、生活方式的多样化、价值理念的多样化等,必然会导致人们的价值需求、选择和行为方式也朝着多元化方向发展。不同阶层、不同群体的人们对公平正义的理解出现不同,尤其是涉及各自切身利益时,各方难以达成共识,进而导致社会矛盾和冲突。

第二,文化霸权主义的挑战。经济全球化带来了文化全球性的流动和全球性的文化交流,由于经济基础、科技水平的差异,必然产生信息资源占有和传播手段的差异,出现信息流通的不对称,进而在多种文化形式交流碰撞中出现强势和弱势、主流和支流的区别,而往往是强势的、主流的文化掌握交流的主控权。从中我们可以看到,不平等的文化输出和接受关系在现实文化交流中是客观存在的。西方社会以其明显的经济优势和先进的科技力量为依托,把持着文化交流的主控权,控制着文化价值观等方面的理论框架、议题设置等,这势必会使发展中国家的文化安全面临诸多挑战。西方国家尤其是美国,进入21世纪后积极实施文化称霸全球战略。如美国基辛格同仁公司总裁曾在美国《外交季刊》上宣称:"美国应该确保:如果世界向统一语言方向发展,那么这种语言就应该是英语;如果世界向统一的电信、安全和质量标准发展,那么这些标准就应该是美国的标准;……如果世界正形成共同的价值观,那么这些价值观就应该是符合美国人意愿的价值观。"[①]美国文化霸权主义的一个重要指向就是要使中国主流文化价值体系在社会生活中失去主导地位。公平正义属于一种价值判断,涉及多元文化和价值观的碰撞。西方国家凭借其话语权优势,在其设定的价值框架中通过设置公正相关议题,已达到通过隐形文化侵略影响人们对公平正义的

① 徐绍刚:《浅谈当代中国的文化安全问题》,《新视野》,2002年第4期。

理解，进而改变人们的思维方式，实现西化和分化的目的。世界文化的多样性是人类历史发展的客观存在。文化霸权主义无视这一客观事实，企图用其文化价值观取代其他国家、民族的文化价值观，以达到控制和奴役其他国家、民族和人民，维护其霸权统治地位的目的。所以，我们不能回避文化霸权主义的挑战，如果任其自由发展下去，势必会因西方公平正义理论的影响导致我国人民对公平正义的理解发生变化，产生不符合社会主义发展的价值理念，进而不利于社会公平正义的实现。

第三，封闭僵化的挑战。当前，在全球化的推动下，文化以及人们的价值观念日益从封闭走向开放，相互之间的交流互动逐渐增强，使各种价值观和意识形态相互交融和共存，呈现出价值多元化的格局。多元价值观的出现是对一元价值观的否定，它赋予了民族、个体以独立和自由，反映了社会的开放和进步。不过，价值取向多样化在给人们提供多样性选择空间和自由的同时，往往也会让人无所适从，不知道自己真正需要什么样的价值观，从而导致价值失衡和价值混乱，甚至会造成价值危机。正像阿尔温·托夫勒所说："有时候，选择不但不能使人摆脱某种束缚，反而使人感到事情更复杂、更棘手、更昂贵，以至于走向反面，成了无法选择的选择。一句话，有朝一日，选择将是超选择的选择，自由将成为太自由的不自由。"①这就反映了主导价值观或核心价值观的不可或缺和引导的重要性。换言之，要避免价值多元化危机，就需要找到一个为众多价值体系所共同接受的参量，即开放、包容的主导价值观体系或核心价值观。社会主义核心价值观的提出不仅符合社会发展现实，也符合这一思维逻辑。一种价值观要成为核心或者主流价值观

① [美]阿尔温·托夫勒：《未来的震荡》，成都：四川人民出版社1985年版，第313页。

需要存在广泛的社会基础,即需要代表多数社会成员的利益和诉求,得到多数社会成员的认同。在构建过程中既要避免片面夸大价值多元性,认为各种文化之间因千差万别、无高下之分“不可通约”,也要避免过分强调价值观的统一化、普遍性而否认价值多元化,而是要寻求多元价值观与一元价值观的统一。这种统一是以承认多元价值为前提和基础,以核心价值对多元价值进行规范和引导的统一。当然,我们也需要构建中国特色社会主义的公平正义观以规范、引导、引领其他公平正义观的发展,同时也要时刻谨记中国特色社会主义公平正义观是一个开放的、包容的体系。

第四,封建落后的价值观的挑战。唯物史观认为,社会存在决定社会意识,社会意识反作用于社会存在。这种反作用表现之一就是社会意识与社会存在发展的不完全同步性和不平衡性。换言之,社会存在发生变化了,社会意识不一定立刻发生变化,而且社会意识一经形成也不会轻易退出历史舞台。封建落后的观念就是如此,它们混迹于文化多元化的包容和庇护之中,一旦出现回潮,极易影响人们对于公平正义的价值判断。如等级观念、官本位思想极不利于公平正义的实现。再如前文提到的平均主义思潮,主张社会财富的平均分配,极易契合某些弱势群体的社会心理,并借助网络广泛地渲染不满和怨恨情绪,而这一群体对公平正义的极端理解也因其弱势群体的定位容易获得社会成员的共鸣和社会舆论的同情,有可能影响决策者的决策理念和政策措施。这种封建落后的价值观的挑战也需要予以高度重视。

总之,在文化多元化背景下,我们要理性推进中国共产党公平正义观构建,坚持中国特色社会主义公平正义价值导向的一元化与多元化的统一,不断增强中国共产党公平正义观的整合能力,以在多元化竞争中彰显并弘扬社会主义公平正义的价值优势。

（三）西方公正观的渗透

公平正义一直是西方伦理学和政治学所研究的重要范畴，是西方社会的首要核心价值。在西方文化中，公平正义甚至被看作是人的最高的道德，是整个社会政治法律制度的伦理基础。西方社会关于公平正义的探讨经历从伦理学和价值观层面，到权利和制度层面，再到社会政策层面的过程。古希腊时期以柏拉图、亚里士多德为代表，不仅将公平正义视为一种德性，而且视为理想社会的特征。他们认为，拥有正义这种德性，人就能达到和谐状态，同时他们把心目中的理想社会确定为公正社会，把公正确定为最大的“善”和“德”。对公平正义的这种理解多是从伦理学和价值观角度展开的。到了近代，由于资本主义市场经济的发展，人们普遍比较重视个体的平等权利，而实现个体的平等权利则必须有制度保障，从而使公平正义从伦理维度转向权利和制度维度。近代资产阶级思想家是在自由和平等的意义上发展公平正义概念的，在他们看来，一个自由和平等的社会，就是公正社会。两次世界大战以后，社会政策和社会发展目标及其评估意义上的公正逐步形成。在这个阶段，人们越来越注重通过社会政策实际地促进公平正义实现，推动社会发展。公正程度已成为社会发展水平的根本标志之一。总之，鉴于西方社会近代史基本与资本主义发展史一致，近代以来出现的公平正义思想理论基本代表着资产阶级公正观，无论是近代的以霍布斯、卢梭、康德等为代表的契约论公正观和以边沁、密尔等为代表的功利主义公正观，还是现代的以罗尔斯、诺齐克、沃尔金等为代表的公正观，西方资产阶级公正观随着资产阶级取得国家政权、资本主义生产方式在全世界范围内的确立而获得普遍张扬，西方社会主导着公平正义的理论研究和发展创新，其给我国公平正义观带来的挑战不可轻视。

自 20 世纪 50 年代开始，以美国为首的西方国家所进行的意识形态渗透从未停止过，一直企图通过“和平演变”的方式，改变中国等社会主义国家的意识形态。20 世纪 90 年代以后，以美国为首的西方国家更是凭借经济优势和科技优势，以更加明确的意图、更加隐蔽的方式、更加凶猛的势头，对我国价值观、意识形态渗透进行立体化推进。意识形态渗透的实质是“主义”之争、“制度”之争、“价值”之争。其中价值观是一个民族赖以维系的精神纽带，关乎社会和谐稳定，关乎国家长治久安。资本主义在推翻封建思想禁锢后的几百年时间里，逐渐形成了代表着资产阶级利益的以“自由、民主、平等”为核心的西方价值观，并将其视为人类社会的美好追求，认为自己“有‘责任’和‘义务’来维护和捍卫这种价值观，不惜用武力方式把这种价值观推向世界”[①]。他们打着“自由、民主、平等”的幌子，掩盖对底层民众、其他民族的“自由”的剥夺，掩盖不同阶级之间实质的“不平等”，为资产阶级谋取更多的利益。西方资产阶级公平正义作为西方社会的首要核心价值，借助其理论话语权，通过理论界和政策制定层面进行意识形态渗透，直接影响着中国社会主义公平正义观的构建。

当前，我国正面临着西方资产阶级公正观对社会主义公正观渗透的挑战。自近代工业革命以来，西方工业文明以其巨大的物质力量和先进的科技力量席卷整个世界，西方文明中心论则成为西方国家对外殖民扩张的理论依据和精神武器，是近代以来西方社会对其现代文化发展模式独特性的认同意识，是以在全球范围内实现自身利益最大化为目的而建构的理论与话语。西方文明中心论认为西方文明优于东方文明，西方文化的价值取向代表着全世界发展的未来趋势。所以，公平正义、自由、民主等被代表西方文化传统的普世价值外衣所包装。坦率

① 张骥等：《马克思主义意识形态引领多样化社会思潮若干问题研究》，北京：人民出版社 2013 年版，第 158 页。

地说，关于公平正义的理论研究和发展导向主要是由西方社会所主导，西方学者在公平正义的研究领域具有较强的话语权。它可以凭借理论话语权对我国理论界进行意识形态的渗透，而且具有很强的隐蔽性。西方资产阶级公正观的渗透采取了淡化意识形态的方法。意识形态是阶级社会中一定的阶级或社会集团的思想家对特定的经济、政治、社会、文化等关系和利益的自觉反映后形成的系统的、理论化的思想体系，集中体现一定阶级的利益和要求，具有鲜明的阶级性。冷战结束后，西方社会放弃了那种令人反感的意识形态的正面交锋，通过各种文化交流、学术沟通等具有极强隐蔽性的方式，在潜移默化和长期熏陶的作用下达到渗透的目的。比如西方关于公平正义的译介没有贴着明显的"资产阶级意识形态"的标签，掩盖其价值观输出的本质，但其西方价值观、意识形态仍镶嵌在复杂的理论内容之中。再如西方公平正义理论的研究方法、理论假设，看似与价值导向无关的技术性的数据统计，但其背后体现着浓厚的西方文化传统。此外，西方国家还控制着议题的设置权。议题的设置能力不仅关系着国家文化软实力的强弱，关系我国在世界文化格局中的定位，更关系着国家的文化安全和政治安全。西方国家通过主动设置公平正义议题，传播西方的文化理念、价值观念、生活方式，以达到对他国进行文化渗透和侵蚀，削弱、侵犯、剥夺别国的文化主权，用西方的价值观影响、诋毁和取代其他国家的价值观的目的，在扩大西方文化在世界文化市场上的竞争力和占有率的同时，进而达到改变其他国家社会制度和生活方式的目的。尤其是当"把这种意图同那些有一定道理、又看似相关的命题对接，无疑是最有可能在乱中取胜的策略"。[①] 当然，理论研究者也可能会自觉不自觉地受到西方

① 侯惠勤：《"普世价值"的理论误区和实践陷阱》，《马克思主义研究》，2008 年第 9 期。

资产阶级公平正义观的影响。众所周知,西方公平正义理论源远流长,再加上西方专业化学术传统导致公正理论的学派林立,而且即使是同一流派内部也有众多分歧。我们一些理论研究者在面对纷繁复杂的西方资产阶级公平正义理论时,容易忘记本应该坚守的马克思主义基本原则而陷于其中。另外,公平正义理论研究者在同西方进行文化和学术交流、合作参与相关研究项目等过程中,可能也会不自觉地强化自身对西方公平正义观的认同,并且不自觉地起到传播西方资产阶级公正观的作用,进而影响广大民众用西化思维方式来思考公平正义问题。当然,我们不否认西方资产阶级公平正义观对人类社会发展的积极作用,但是也应该正视自己的文化传统和我国国情的特殊性,在公平正义观的选择上避免拿来主义。

我国关于社会公平正义方面的政策制定也可能间接地受到资产阶级公平正义观的渗透影响。如公平和效率的关系问题是我国实现社会公平正义的重要方面。20 世纪 90 年代中国共产党提出社会主义市场经济应坚持“效率优先、兼顾公平”原则,而当时正是罗尔斯正义理论被介绍进中国并引起中国学者关注的时候。关于公平和效率的关系问题,罗尔斯的回答可以简明扼要地概括为“公平优先,兼顾效率”,并且以相当精准的方式论证了这一命题。在社会主义的中国有很多学者不赞成罗尔斯的观点。这就极易给人造成错觉,认为社会主义国家的学者还不如一个自由主义政治哲学家更注重公平。为了避免这种尴尬局面,有学者进行了深入论述,指出在罗尔斯的语境中,社会财富的初次分配主要是市场的工作,政府的工作主要是在市场之后或市场之外进行适当的调节,而在中国的语境中政府不仅具有对市场的工作进行事后调节和“场外指导”的责任,尤其是在社会主义市场经济体系的建立过程中,还具有培育、发展和健全市场经济的责任。从党的十五大提出“效率优先、兼顾公平”,到十六大作出“再分配注重公平”的决定,再到十八大提出“初次分配和再分配都要兼顾效率和公平，再分配更加注重公平”。在公平和效率的关系问题上我国主流意识形态的观点已经进行了重要的调整。“这种调整既体现了中国社会发展进程本身的议程变化，也反映了我国理论界参与国内外思想交流和学术探讨的思想收获。”[①]再如，在再分配和承认的关系上，社群主义的重要代表人物之一查尔斯·泰勒，非常重视个人的社会归属，并将由其产生的集体认同是否得到承认，作为社会进步的突出问题。关于农民工问题，最初我们是从再分配的角度，将其理解为是一个经济收入和社会福利的问题。后来我们发现农民工问题不仅仅是经济收入和社会福利的问题，而是与“地域”“家庭成分”有关的问题。所以，要真正解决这一问题的关键在于是否一直把农民工的问题当作一个与某个地域、某种家庭成分有关的问题。近些年来，中央和地方政府在努力提高农民工物质待遇的同时，也在通过子女就学、人大代表名额分配等措施改善其社会待遇，并逐渐在社会舆论上尤其在户籍登记制度上，采取措施逐步消除农民工这一特定范畴。在公平和效率、再分配和承认的关系上，我们很好地把握了理论和实践之间的度，既防止了理论研究严重滞后于社会实践，也防止了在人们的认识水平和物质条件尚不具备的情况下，贸然提出过高的实践目标。也就是说，西方的公平正义理论能够通过影响理论界的观点，间接影响到我们党和政府促进社会公平正义的方针政策的调整。当然，以上的调整都是正面的、积极的影响，但不能因此而忽视理论可能会带来的负面影响和渗透。比如，如果我们对西方资产阶级公平正义理论的发展历史和逻辑路径没有一个整体反思，对西方资产阶级公平正义理论的瑕疵或缺陷没有一个清晰的认识，对其不加鉴别地吸收，那么，不仅会给公正等社会主义核心价值观的构建带来误导，也

① 童世骏：《当代西方正义理论对中国的三大启示》，《探索与争鸣》，2011 年第 11 期。

会使我国某些方针政策的制定、实施陷于资产阶级公平正义理论的框架中,甚至沦为西方公平正义理论的跑马场。

众所周知,制定一切方针政策都必须从实际出发,不能脱离实际。同样的政策在国内国外甚至国内不同行政区域都可能会产生截然不同的政策效果。当前,我国正经历着一场空前深刻的由传统社会向现代社会转型的变革。我国是社会主义国家,这就注定了在实现现代化的进程中要走出一条不同于西方资本主义国家的转型之路——中国特色的社会转型道路。中国特色社会转型道路是一条以经济体制转型为先导和基本启动力,通过转型的不断深化来促进和推动全面的社会转型、加快现代化建设进程的独特道路。这种独特主要表现为:既要实现现代化,又是新型社会主义的现代化;既要解决由传统社会向现代社会的转变,遵循社会现代化进程的一般规律,又要通过现代化实现社会主义所赋予的特殊历史使命和特殊规律。中国的社会转型是双重社会转型,是一个充满着传统与现代,东方与西方,社会主义与非社会主义,历史、现实与未来等多维度矛盾和冲突的过程。而西方社会则已经开始向后现代、后工业高调进军,对理性启蒙、自由权利等观念进行反思,在此基础上西方公平正义理论也经历一个由权利向德性复归的过程,以在复杂多元社会中求得社会共识以应对价值冲突、社会失范的危机。鉴于我们的社会发展阶段不同,我们的意识形态不同,所以我们从事理论研究可以紧跟并关注西方公平正义理论的研究内容、研究方法和研究范式,但同时也需要树立并确保我们自己的话语权,在实际政策的制定和实施等环节我们也要谨慎对待西方最新理论研究成果,避免盲目跟进而产生价值观念的错位。

总之,改革开放40多年来,在中国共产党领导下,全国各族人民团结一心、艰苦奋斗,在中国特色社会主义现代化建设事业中取得了举世瞩目的成就,经济实力不断提升,人民生活得到根本改善,社会主义制度得到极大巩固和发展，我们迎来了中华民族实现伟大复兴的光明前景。但同时我们也要看到，社会发展中也面临着不少困难，如经济发展中长期形成的结构性矛盾尚未实现根本性转变，发展不平衡不充分的一些突出问题尚未解决，不同区域、阶层、职业群体之间的收入分配差距依然较大，群众在就业、教育、医疗、居住、养老等方面也面临不少难题。加之伴随着生活水平的提高，人民对公平正义的需求和期待也越来越高，甚至某些民众对公平正义涉及的范围、实现程度的心理期求超越我国现在的社会发展阶段。而这些公平正义问题是目前我们最难以解决但又必须解决的问题。可见，我们要实现理想的社会公平正义还有很长的一段路要走。我们需要理性认识公平正义实现的过程性，积极应对并有效解决发展道路上的各种困难和挑战，以强烈的责任担当推进社会公平正义，以实现中华民族的伟大复兴。

二　公平正义深化发展的基本原则

公平正义不仅是理论问题，也是实践问题。改革开放以来，经过中国共产党几代中央领导集体的理论创新和实践探索，初步形成了中国特色社会主义公平正义理论，并在指导推进社会公平正义的实践中取得了可喜成绩。当前，中国特色社会主义已经进入了新时代。新时代是中国发展新的里程碑，也是我们新的历史坐标。新的时代，我们面临着新的问题、新的挑战、新的机遇、新的任务。我们需要在借鉴推进公平正义的成功经验基础上，直面新时代新问题，继续努力推进和实现社会公平正义，为实现人民美好生活期待不懈奋斗。

原则是方向的体现，也是行动的指南。任何一项事业的开展和推进，都有所遵循的原则。社会主义公平正义如何更有效地维护和推进，既要符合社会主义建设的实际,也要遵循中国共产党推进公平正义的一贯要求和原则。就社会公平正义的实践而言,其所遵循的基本原则主要有以下几方面。

(一)立足社会主义初级阶段的基本国情

“凡益之道,与时偕行。”推进党和国家各项事业发展,必须准确研判当前我国的基本国情。科学认识我国发展新的历史方位,坚持从基本国情出发,是党和国家制定正确路线方针政策的基础,也是实现社会公平正义的关键。

毛泽东曾指出:“认清中国的国情,乃是认清一切革命问题的基本的根据。”[①]同样,认清中国的国情也是改革开放以来取得重大成就的基本根据。改革开放以来,我们党对于认识和把握我国的基本国情进行了艰辛和卓有成效的探索,作出了我国还处于并将长期处于社会主义初级阶段的科学论断。1981 年,党的十一届六中全会通过的《关于建国以来党的若干历史问题的决议》首次明确提出:我国的“社会主义制度还是处于初级的阶段”。党的十三大报告系统阐述了社会主义初级阶段理论,指出:社会主义初级阶段“不是泛指任何国家进入社会主义都会经历的起始阶段,而是特指我国在生产力落后、商品经济不发达条件下建设社会主义必然要经历的特定阶段。我国从五十年代生产资料私有制的社会主义改造基本完成,到社会主义现代化的基本实现,至少需要上百年时间,都属于社会主义初级阶段。这个阶段,既不同于社会主义经济基础尚未奠定的过渡时期,又不同于已经实现社会主义现代化的阶段”。党的十五大报告明确提出了党在社会主义初级阶段的基本纲领。习近平同志在十九大报告中强调指出,“中国特色社会主义

① 《毛泽东选集》第 2 卷,北京:人民出版社 1991 年版,第 633 页。

进入了新时代”,并作出“我国社会主要矛盾已经转化为人民日益增长的美好生活需要和不平衡不充分的发展之间的矛盾”的重大政治判断,同时强调“我国仍处于并将长期处于社会主义初级阶段的基本国情没有变,我国是世界最大发展中国家的国际地位没有变”。这个重大政治判断,对于指导新时代中国特色社会主义建设具有十分重要的意义。中国特色社会主义进入新时代是新中国成立特别是改革开放以来我国社会发展进步的必然结果,也是我国社会主要矛盾变化、历史赋予我们新使命的必然结果,深刻反映了我国社会发展的阶段性变化和要求,充满了“变”与“不变”的辩证统一。“变”的是新时代我国社会主要矛盾,从人民群众日益增长的“物质文化需要”转化为“美好生活需要”,从着力解决“落后的社会生产”转化为着力解决“不平衡不充分的发展”问题;“不变”的是社会主义初级阶段依然是我国的“最大国情”与“最大实际”。这明确表明,我国虽然进入了新时代,但我国的基本国情没有变,即我国的社会性质是社会主义社会,我们必须坚持而不能脱离社会主义,同时我们仍然处于社会主义的不发达阶段,社会主要矛盾的变化是在初级阶段中的变化,只是社会发展的量变过程中的阶段性质变,并不意味着初级阶段本身发生了变化。

今天,我国经济实力和综合国力显著增强,已成为世界第二大经济体,并且近年来成为拉动世界经济增长的最大引擎,但我国人均国内生产总值仍然远低于发达国家水平,并且发展还存在明显的不平衡问题。正如邓小平所指出,“发展起来以后的问题并不比不发展时少”。新的历史起点、新的历史特点,很大程度就反映在我们所面对的复杂矛盾上,反映在我们所要解决的实际问题上。从区域发展来看,中西部地区经济和社会发展水平与东部地区还有不小的差距,城乡之间在收入、医疗、教育、就业、卫生、基础设施等方面也存在较明显差距。从各领域发展来看,既有达到甚至引领世界先进水平的生产力,也有大量传统的和相对落后的生产力;既存在产能过剩的情况,又存在有效供给不足的问题,尤其是在生态文明建设领域还存在不少明显的“短板”。从发展成果共享来看,不同群体之间也有不平衡,社会上还存在不少困难群众和弱势群体。所以,对我国仍处于并将长期处于社会主义初级阶段的基本国情必须有清醒认识。正确认识我国社会主义初级阶段的基本国情,明确历史方位,是建设中国特色社会主义的首要问题,也是推进中国特色社会主义公平正义的根本出发点和立足点。正是依循社会主义初级阶段这一最大实际,中国共产党对关系社会各方面能否公平正义的所有制问题进行了调整,实行公有制为主体、多种所有制经济共同发展的基本经济制度,实行以按劳分配为主体、多种分配方式并存的分配制度,以及把按劳分配和按生产要素分配结合起来的分配方式,推进了公平正义。当前,我们追求的公平正义,也只能是适应于社会主义初级阶段这一大背景下的实然公正,而不能超越这个阶段。在新时代,要推进和实现我国社会公平正义,就必须牢牢把握社会主义初级阶段这个最大国情,必须牢牢立足社会主义初级阶段这个最大实际。

(二)坚持马克思主义公平正义思想的指导地位

任何时代、任何社会的发展都需要引领社会前进的指导思想。马克思主义是资本主义发展和无产阶级革命时代产生的科学理论,也是中国人民认识世界和改造世界、争取自身解放、实现社会主义现代化建设的行动指南。马克思主义成为与国家、民族和人民的前途命运紧密相连的思想武器,这是历史发展的选择。坚持马克思主义的指导地位,在这里特指坚持马克思主义公平正义思想的指导地位。在人类追求公平正义的历史长河中,积累了丰富的思想资源。不过,无论是中国古代传统文化对一种既定社会秩序下“义利之辩”的探索,还是西方学者对一定社会目标和实现手段的探讨,都存在不同程度的历史局限性。马克思主义公平正义思想以唯物史观为基础，深刻批判和揭露了资本主义社会不公正的社会现实和根源，并科学论证了实现社会公平正义的主体力量、实现条件和路径，同时阐明社会公平正义的最高价值诉求是人类的彻底解放，是生产力充分发展基础上的人的自由和全面的发展。马克思主义公平正义思想主要是由马克思恩格斯在批判中架构起来的，继而又在批判中探求如何实现公平正义。马克思恩格斯公平正义思想的批判性理路对当代社会产生了重要影响。“马克思的批判已教会很多人看到资本主义制度的不平等和不公正现象，教他们至少要努力去减少这些现象。一个多世纪以来，马克思主义已经成为这样一种语言：数百万人用它来表达他们对一个更公正的社会的希望。”[①]马克思恩格斯在批判中展现出来的公平正义思想就为走上社会主义道路，以共产主义社会形态为价值旨归的中国共产党所吸取、消融，成为中国共产党领导人毛泽东、邓小平、江泽民、胡锦涛、习近平公平正义思想的理论来源，并与中国革命、社会主义建设的实际相结合，形成了中国化的马克思主义公平正义思想。马克思主义公平正义思想高屋建瓴，从人类社会历史发展的角度，指出了人类社会公平正义的美好图景，不同于并超越了西方抽象、玄奥的思辨公正，为认识和实现公平正义提供了认识论基础和方法论指导，为促进和维护社会公平正义奠定了科学的理论基础。我们必须坚持其指导思想地位不动摇。况且，从实际成效来看，马克思恩格斯提出的按劳分配的公平原则，仍然是当前我国社会主义初级阶段分配原则的主体；马克思恩格斯提出的共产主义高级阶段“各尽所能，按需分配”思想，是我们共同富裕思想的理论来源；马克思恩格斯提出的发展社会公共福利事业，设立社会保障基金以弥补社会主义社会由于实行资产阶级权利导致

① [英]戴维·麦克莱伦：《马克思传》，王珍译，中国人民大学出版社2005年版，第434页。

的结果不平等的思想，仍然是我们行动的指南；马克思恩格斯提出的实现每一个人自由而全面发展的思想，仍然是我们不懈追求的目标。此外，西方世界的一次次危机，也使得西方学者把探寻的目光转向马克思主义，借鉴马克思恩格斯关于社会公平正义思想的内容。当然，只要资本主义社会生产的社会化与资本主义私人占有之间的矛盾不克服，其社会的剧烈矛盾、尖锐冲突和对立就不会消失，甚至会不定期爆发，直至真正实现公平正义，实现人的自由全面发展。这是人类社会发展的客观规律，不以任何人的意志为转移。

坚持马克思主义公平正义思想的指导地位，必须用马克思主义公平正义思想指导中国特色社会主义公平正义的实践，推动实现社会公平正义。在我国实现公平正义进程中，马克思主义公平正义思想为我们提供了正确的世界观和方法论，提供了正确认识世界和改造世界的强大思想武器，为我们提高公正观建设的自觉性提供理论支持。只有用马克思主义的基本立场、基本观点、基本方法来准确把握和正确认识世界和我国经济社会发展态势，才能在错综复杂的社会现象中看清本质、明确方向。如果动摇了马克思主义公平正义思想这个精神支柱，就会影响社会主义公平正义的实现。当然，马克思主义公平正义思想还需要与时俱进，不断丰富和发展。马克思主义公平正义思想是立足于马克思恩格斯所处时代的社会现实，对未来社会主义社会与共产主义社会的预测，是一种宏观的社会公平正义发展规律的理论。今天距离马克思主义创立已经 170 多年了。在这 170 多年的时间里，无论是资本主义社会还是社会主义社会都发生了巨大变化。资本主义社会吸收、借鉴社会主义的公平正义思想，采取各种措施调整生产关系，缓和劳资矛盾，发展社会福利，以维护资本主义社会的稳定。虽然经历了多次经济危机，但仍然保持发展的活力和潜力。社会主义社会也吸收借鉴资本主义社会维护公平正义的手段和措施，实行社会主义市场经济体制，展现社会主义制度优势的同时，也带来了市场经济的一些弊端，如收入差距、发展不平衡等问题，使公平问题成为社会发展中的热点与焦点。这就要求我们一方面牢固坚持马克思主义公平正义思想，另一方面要在新的时代条件下不断丰富和发展马克思主义公平正义思想，以妥善处理社会公平正义问题，应对社会发展的新变化。况且，马克思主义公平正义思想是关于如何实现、实现什么样公平正义的一般和普遍原理，需要与中国的具体实践相结合。正如习近平所指出："马克思列宁主义、毛泽东思想一定不能丢，丢了就丧失根本。同时，我们一定要以我国改革开放和现代化建设的实际问题、以我们正在做的事情为中心，着眼于马克思主义理论的运用，着眼于对实际问题的理论思考，着眼于新的实践和新的发展。"[①]可见，要坚持马克思主义公平正义思想的指导地位，就不能一味拘泥于马克思主义经典作家在特定历史条件下针对具体情况作出的某些个别论断和具体行动纲领，就不能不顾历史条件和现实情况的新变化，否则我们就会因为思想脱离实际而不能顺利前进，甚至发生失误。

坚持马克思主义公平正义思想的指导地位，必须用一元统领多元，使马克思主义公平正义思想成为主导思想。在我国出现社会思想多样化倾向，表明人们思想活动的独立性、多样性和差异性不断增强。社会思想的活跃、观念的碰撞有利于激发人们的自主意识和民主意识，有利于激发人们的创造活力，从而推动社会进步。我们肯定社会意识多样性，并不意味着可以削弱马克思主义的指导地位，搞指导思想的多元化。相反，正是由于社会思想多元、多样，我们才更要坚定不移地坚持马克思主义指导地位不动摇。因为一个健康稳定、协调发展的社会必须有一个占主导地位、起支配作用的指导思想统领其他思想价值体系。

① 习近平：《习近平谈治国理政》，北京：外文出版社2014年版，第9页。

当前，在我国社会思想环境中，在马克思主义公平正义思想不断巩固的同时，各种非马克思主义和反马克思主义的思潮也有所滋生，在公平正义问题上形成了当代中国自由主义、新左派和新文化保守主义三大政治哲学思潮。如当代中国自由主义将西方自由主义横移至中国，在经济上要求市场机制与计划体制的对立，在政治上要求代议制民主和宪政政治，在伦理上要求把个人自由放在最优先的位置。新左派执着于对平等的追求，将不公正的主要根源归于自由主义，主张回归原有社会主义，以政治主导代替经济优先，以直接民主代替自由。新文化保守主义对现代化和市场经济充满警觉，主张回归中国的传统文化，但忽视了对传统文化的批判与扬弃，其结果必然造成对现代化的消解。还有平均主义思想的回潮都会对我党的社会公平正义思想乃至现行经济政治制度造成冲击和挑战。要坚持马克思主义公平正义思想的指导地位，就要善于运用马克思主义公平正义思想的观点同各种错误思潮进行积极的斗争，在事关党和国家命运的原则是非面前绝不含糊。如果动摇了马克思主义公平正义思想这一精神支柱，在指导思想上搞多元化，势必导致人心大乱，给党和国家带来灾难。我们尊重差异，包容多样，并不意味着放弃马克思主义公平正义思想的指导地位，而是要充分挖掘和鼓励不同群体、不同阶层所蕴含的积极向上的思想精神，以最大限度地形成思想共识，凝聚力量，齐心协力地推进社会主义公平正义建设。

总之，维护马克思主义公平正义思想的指导地位，关系到社会主义现代化建设事业的成败，关系到社会主义公平正义目标的实现。为此，我们要坚持马克思主义公平正义思想在一切重大理论性、原则性问题上的指导地位不动摇，要与非马克思主义、反马克思主义的公正原则划清界限，排除各种错误思想的干扰，要根据国内外形势的发展变化和我们面临的新情况、新问题、新任务，深刻总结改革开放以来中国共产党推动社会公平正义建设的历史经验，从实际出发，在实践中不断丰富和发展马克思主义公平正义思想。

（三）遵循公平正义发展的客观规律

新时代推进和实现中国特色社会主义公平正义的伟大实践，迫切需要中国共产党社会公平正义思想与之相配合并发挥重大作用。认识、遵循公平正义发展的客观规律，为公平正义思想的进一步发展完善创造条件，成为我们当前面临的一项重要任务。

公平正义作为社会意识的范畴，其发展具有相对独立性和独特的发展规律。恩格斯在《路德维希·费尔巴哈和德国古典哲学的终结》一书中曾明确指出："任何意识形态一经产生，就同现有的观念材料相结合而发展起来，并对这些材料作进一步的加工；不然，它就不是意识形态了，就是说，它就不是把思想当做独立地发展的、仅仅服从自身规律的独立存在的东西来对待了。"[①]由此可以看出，发展中国共产党公平正义思想，推动公平正义实现，就必须遵循公平正义发展的客观规律，决不能偏离它。

公平正义作为一种社会意识，是对社会存在的反映，并由社会存在决定。社会意识与社会存在之间的关系是动态的、变化的。一般来说，社会存在的内容决定社会意识的内容，社会存在的发展变化决定社会意识的发展变化。为此，要推动公平正义不断进步，从根本上来讲，就是要推动社会存在发生变化，即加快推动社会生产力发展，促进社会主义经济繁荣，为公平正义的实现提供坚实的物质基础。马克思恩格斯非常重视社会公正实现中物质条件的基础性作用。恩格斯曾指出："通过社会化生产，不仅可能保证一切社会成员有富足的和一天比一天充裕的物质生活，而且还可能保证他们的体力和智力获得充分的自由的

① 《马克思恩格斯文集》第 4 卷，北京：人民出版社 2009 年版，第 309 页。

发展和运用。”[1]可见，他们把高度发达的社会生产力作为公正实现的最重要的物质前提条件。邓小平也非常重视解放和发展生产力的重要性，把它作为社会主义制度较之资本主义制度具有巨大优越性的根本体现，并纳入社会主义本质之中。习近平也特别强调实现社会公正“最主要的还是经济社会发展水平”[2]。试想，一个生产力落后、物质条件匮乏的社会，怎么可能是一个现代意义的公正社会？我们所追求的公平正义社会必须建立在生产力高度发达的基础之上。为此，发展生产力是社会主义的本质要求，也是维护和实现社会公平正义的根本保证，无论在理论中还是实践中都必须遵循。

公平正义作为一种社会意识具有历史继承性，并与社会意识诸形式之间相互影响、相互作用。中国共产党社会公平正义思想是对社会主义中国经济政治关系的反映，并为其经济政治服务，为广大人民群众的根本利益服务的。虽然具有一定的阶级性，与我国传统文化中的公平正义思想、西方资产阶级公平正义思想有着本质区别，但它绝不是离开人类文明发展大道而产生的，而是对人类创造的一切优秀文化成果的继承和发展。它以扬弃的态度系统整合传统与现代、本土与外来文化中包含的积极因素，并结合时代特点和我国基本国情加以创新和发展，从而构建起与中国特色社会主义本质要求相适应的，更合理更完善的公平正义体系。与此同时，还坚持“破”与“立”相结合。“破”就是破除与新时代构建公平正义社会不相适应的特权、等级、平均主义等观念。“立”则是要树立与新时代构建公平正义社会相适应的公平竞争、平等、民主等观念。“破”是手段，是前提；“立”是目的，是结果。相信只要充分把握公平正义的发展规律，勇于破旧立新，就一定能够不断完善

① 《马克思恩格斯文集》第4卷，北京：人民出版社2009年版，第563页。

② 习近平：《习近平谈治国理政》，北京：外文出版社2014年版，第96页。

中国共产党公平正义思想，加快推进社会主义公平正义的实现。

此外，公平正义的实现也是理论构建与实践发展相统一的过程。中国共产党公平正义思想不是一个高高在上的抽象理论，它必须直面社会现实，直面人民群众的生活世界。这就意味着要使中国共产党社会公平正义思想与中国特色社会主义事业的伟大实践相结合，不能仅仅停留在理论层面，而是要解放思想、大胆创新，做到理论和实践相结合，切实实现好、维护好、发展好人民群众的根本利益，并让人民群众在获得实实在在利益的过程中逐渐增强其对中国共产党社会公平正义思想的认同，并逐步内化为价值观念，进而主导人民群众的思想观念、道德追求以及行为规范，共同向美好明天迈进。

（四）坚持科学的方法论原则

古人云："处心有道，行己有方"，"奉上之诚，率下有方"。"方"指的是方向和前途，喻意人有能力实现既定正确目标，并有相应的途径、步骤和方法。辩证唯物主义与历史唯物主义是马克思主义的根本方法，也是实现马克思主义中国化应坚持的根本方法。中国共产党公平正义思想就是运用辩证唯物主义和历史唯物主义方法解决中国的实际问题，才实现了马克思主义公平正义思想和中国具体实际相结合，才形成并推动自身发展。新时代继续推进中国共产党公平正义思想，仍然必须坚持辩证唯物主义和历史唯物主义的根本方法。

首先，坚持实践观点，不断推进实践基础上的理论创新。中国共产党公平正义思想是与时代共同发展的开放的理论体系，具有在实践中不断自我更新、自我完善的理论品质。发展中国共产党公平正义思想，就必须立足于中国的现实实践，在理论创新和实践创新的互动中不断开辟社会主义公平正义事业新局面。实践性是中国共产党公平正义思想的首要的鲜明的特征。马克思主义经典作家认为，实践的内在品质是科学理论的根本特征，并把他们的理论称为“实践的唯物主义”。以马克思主义公平正义思想为理论来源的中国共产党，也秉承了马克思主义公平正义思想的实践性特点。正是中国共产党公平正义思想的实践性特点，从根本上决定了它与具体的时代条件、与社会现实生活、与广大人民群众的社会实践紧密相连，决定了它的不竭的创造活力和蓬勃生机，也决定了它具有不断在实践创新的基础上进行理论创新，用理论创新的成果引领实践创新，在理论创新和实践创新的互动中不断与时俱进的固有理论品质。坚持实践观点发展中国共产党公平正义思想，也是中国共产党公平正义思想发展的经验总结。理论和实践必须相统一，脱离了实践的理论是空洞的理论，脱离了理论的实践是盲目的实践。中国共产党公平正义思想绝不是凭空出现的，而是来源于改革开放这一伟大实践，是鲜活生动的实践土壤孕育、培植出来的。同时，理论从实践中来，还要到实践中去，还要指导实践。时代在发展，社会在前进，实践在变化，未来社会公平正义的实践也需要从理论上回答一系列问题，而中国共产党公平正义思想并不是凝固不变的，而是要随着实践的发展而发展的。为此，我们需要回应国内外形势的新变化和人民群众的新期待，在理论和实践相统一的基础上不断进行理论创新和实践创新，不断开辟社会主义公平正义新局面。

其次，坚持问题导向，在解决问题的创新实践中进行理论创新。马克思曾经指出：“问题是时代的格言，是表现时代自己内心状态的最实际的呼声。”享誉世界的著名数学家希尔伯特曾经将问题看作是科学发展的灵魂，“只要一门科学分支能提出大量问题，它就充满生命力；而问题的缺乏则预示着独立发展的衰亡和终止”。[①] 任何时代、任何民族、任何有所追求的人，都是在不断提出问题、解决问题的过程中发展进步

① 林定夷：《问题与科学研究》，广州：中山大学出版社 2006 年版，第 2 页。

的。正是在问题意识的引领下，中国共产党公平正义思想才越来越丰富、越来越完善。中国共产党公平正义思想是马克思主义公平正义理论与中国实际结合的产物，而理论与实际相结合就是要发现和解决实际中的问题。中国共产党公平正义思想的形成过程就是一个直面、应对各种重大现实问题和严峻考验的实践过程。问题导向是中国共产党公平正义思想的最强大最直接的动力，是问题在推动着公平正义思想的发展。从内容来看，中国共产党公平正义思想的形成过程，不是抽象的理论演绎过程，而是不断解决实际问题的过程。比如为了解决收入分配不公平问题，中国共产党提出并不断完善按劳分配为主体、多种分配方式并存的分配制度。从形式来看，中国共产党公平正义思想的形成过程是以马克思主义的立场和方法为指导，运用中国方式解决中国问题，不是脱离中国的文化环境、脱离中国人的思维方式，而是使中国文化在与外来文化碰撞交融中不断焕发生机活力的过程。从主体来看，中国共产党公平正义思想的形成过程，是最广大人民群众从生存和发展的实际需要出发，参与解决问题的实践过程。中国共产党始终站在最广大人民群众的立场上，始终着眼于解决最广大人民群众面临的实际问题。此外，发展中国共产党公平正义思想也必须面向时代问题和中国现实问题。我们所处的时代不断发生着剧烈和深刻的变化，也影响着我国的社会发展。同时，我国已经站在一个新的历史起点，正在进行具有许多新的历史特点的伟大斗争。如果没有强烈的问题意识，就不能有效破解时代给我们提出的各种难题，社会主义公平正义就难以推进。为此，我们要继续在直面问题、分析问题和解决问题的过程中，在实践创新与理论创新的互动中发展公平正义思想。

第三，坚持群众路线的基本方法。人民群众是历史的创造者，是社会发展和实践的主体，也是推进社会公平正义的主体。坚持唯物史观的基本方法就必须坚持群众路线的基本方法。习近平指出："群众路线是我们党的生命线和根本工作路线，是我们党永葆青春活力和战斗力的重要传家宝。不论过去、现在和将来，我们都要坚持一切为了群众，一切依靠群众，从群众中来，到群众中去，把党的正确主张变为群众的自觉行动，把群众路线贯彻到治国理政全部活动之中。”[①]中国共产党追求的公平正义不是为了少数人谋利益，而是为了最广大人民群众的根本利益，是向着实现全体人民共同富裕的目标进发。我们的发展是为了人民群众，人民群众才是公平正义的受益者。同时我们的发展也依靠人民群众，人民群众是推进公平正义的内生力量。因为“历史的活动是群众的事业”，决定历史的是“行动着的群众”，“社会主义不是少数人，不是一个党所能实施的。只有千百万人学会亲自做这件事的时候，他们才能实施社会主义。”[②]同样，社会公平正义的实现也不是少数人所能实现的，也需要广大人民群众共同参与、共同推进。从群众最直接的切身利益出发，从他们最关心的问题入手，尊重人民群众的主体地位，发挥人民群众的首创精神，密切联系群众，紧紧依靠群众，是中国共产党公平正义实践不断取得进展的胜利法宝。人民群众不仅是中国共产党追求公平正义的实践主体，也是公平正义实现与否的评价主体。人民群众是最有发言权，最可能也最有能力从整体利益、从有利于自身生存和发展出发全面深刻地评价公平正义实践的。中国共产党可以根据人民群众的评价调整、修改公平正义实践，发展完善公平正义理论。

实践发展永无止境，认识真理永无止境，理论创新永无止境。党和人民的公平正义实践是不断前进的，指导这种公平正义实践的理论也要不断前进。我们要坚持理论自信，对经过反复实践和比较得出的正确理论观念，要坚定不移地坚持。我们要运用中国话语，建设具有中国

① 《十八大以来重要文献选编》(上)，北京：中央文献出版社 2014 年版，第 697 页。

② 《列宁专题文集·论社会主义》，北京：人民出版社 2009 年版，第 72 页。

特色、中国风格、中国气派的公平正义思想体系。我们要根据时代变化和实践发展，不断深化认识、总结经验，不断实现理论创新和实践创新良性互动，在这种统一和互动中发展公平正义思想。

三　公平正义深化发展的基本路径

理论是行动的指南，没有正确的理论就没有正确的行动。但再好的理论、再正确的理论，如果束之高阁或夸夸其谈而不加以实行和运用，也没有意义。理论的终极意义在于指导行动。正如毛泽东所说，“不在于懂得了客观世界的规律性，因而能够解释世界，而在于拿了这种对于客观规律性的认识去能动地改造世界”。[①] 中国共产党公平正义思想，不仅要从理论上去凝练、论证、阐释，更重要的是要为解决现实存在的公平正义问题、推进公平正义实现提供具体方案。

（一）培育和树立公平正义理念

一个秩序良好的社会，应该有一种公众认可的公平正义理念，并在这一公平正义理念的指导下，形成公正的制度体制，而执政主体要秉持公正的执政理念，坚持公正执政，广大民众要养成一种有效的公正感，获得公正智慧，客观、理性地看待社会公正问题，按照社会的基本制度行事，从而共推社会公平正义进步。

首先，执政主体要树立公正执政理念，坚持公正执政。

对于一个国家的公平正义实践来说，执政党发挥着不可替代的重要作用。作为执政党的中国共产党始终将追求公平正义视为自己的崇

① 《毛泽东选集》第1卷，北京：人民出版社1991年版，第292页。

高历史使命，视为最为重要的执政理念。回顾党的历程，其实就是党领导人民群众为实现社会公平正义奋斗的历程。毛泽东曾经说过："我们中华民族是不自由不平等的，受到帝国主义的束缚和压迫；中国人民是不自由不平等的，受到封建势力的束缚与压迫。因此，我们中华民族，中国人民，就是要打碎帝国主义与封建势力的压迫，为争取解放和人民的自由与平等而奋斗。"[①]在以毛泽东为代表的中国共产党人的领导下，中国人民进行了新民主主义革命，推翻了"三座大山"，实现民族独立和人民解放。在建设和改革年代，中国共产党围绕"什么是社会主义、怎样建设社会主义"这个首要的基本的理论问题，不断深化改革开放，解放生产力、发展生产力，增强综合国力，推进经济社会发展进步，努力实现共同富裕，也是为了在更高、更广的层面上进一步提升社会公平正义。可见，公平正义一直是中国共产党的不懈追求。同时，树立公正执政理念，坚持公正执政，也是党的根本宗旨的体现。毛泽东曾指出："为什么人的问题，是一个根本问题，原则问题"[②]，并把"全心全意为人民服务"作为党的根本宗旨，强调"共产党人的一切言论行动，必须以合乎最广大人民群众的最大利益、为最广大人民群众所拥护为最高标准"。[③] 全心全意为人民服务，必然要求把人民群众的根本利益放在首位，必然要求立党为公，执政为民。也正是基于公正的执政理念，中国共产党自身才得到不断壮大和发展，获得了长期执政的强大动力。另外，党的十八大以来，党中央针对社会中存在的腐败现象以零容忍的态度重拳出击，形成了反腐败斗争的压倒性态势，但现阶段滋生腐败的土壤依然存在，一些官员无视党纪国法、以权谋私等现象时有发生。加

① 《毛泽东文集》第2卷，北京：人民出版社1993年版，第166页。

② 《毛泽东选集》第3卷，北京：人民出版社1991年版，第857页。

③ 《毛泽东选集》第3卷，北京：人民出版社1991年版，第1096页。

之随着社会主义市场经济的深入发展，出现了多元利益主体，收入分配也日益多元化，在不同地区、不同群体之间产生了发展不平衡问题，而人民对美好生活的向往更为多元、迫切，这些不同内容、不同层次的诉求和期待交织在一起，使得社会利益矛盾较之以往更为复杂。这必然要求党在执政过程中要秉持公正执政理念，从更高的角度思考和对待社会公平正义，以实现好、维护好、发展好最广大人民群众的根本利益。

树立公平正义理念，公正执政是推进社会公平正义的首要问题。要树立公平正义理念，做到公正执政，就需要平等对待每位社会成员。这就要求执政者努力实现社会成员在权利、机会、规则等各方面的平等，使他们在同等或相近的条件下，更好地参与政治、经济、文化和社会各种活动，并获得发展和利益的机会。要树立公平正义理念，做到公正执政，还需要加强党的建设，特别是加强反腐倡廉建设。执政者是党的理论和路线方针政策的具体执行者，对维护和实现公平正义具有保障和导向双重作用。如果执政者作风不正、素质不高，不仅党的建设不能搞好，而且会严重影响党的执政。其中腐败就是从根本上否定了社会成员的平等地位和平等权利，否定了党的执政的公平正义性，也是人民群众最为深恶痛绝的不公正问题。为此，要严格管理执政者，要求其严以修身、严以用权、严以律己，并坚决惩治和有效预防腐败，加强党员干部廉洁自律工作，不断提高其防腐拒变能力。只有广大党员干部将公平正义理念真正内化于心、外化于行，真正成为公平正义的化身，才能更好地维护和实现社会公平正义。当然，要做到公正执政，还要处理好与科学执政、民主执政和依法执政的关系。其中，科学执政是公正执政的前提条件。如果公正执政离开了科学性，那么就无法真正理解执政的公正性；民主执政是公正执政的关键途径。民主执政要求在充分发扬民主的基础上集中各方意见，集体行使权力，以作出科学决策，保证人民群众的根本利益，这本身就是在维护社会公平正义。依法执政则是公正执政的重要保障。只有坚持依法执政，才能从制度、法律上真正保证党的路线方针政策的贯彻落实，才能有效督促和支持国家机关依法行使权力，进而保障和落实公正执政。科学执政、民主执政、依法执政都是围绕着公正执政展开和运行的。无公正执政，则无法体现科学执政、民主执政和依法执政。

其次，广大民众也要树立公平正义理念，培育公正感。

一个社会公正与否，不仅仅是看其是否具有合理的社会制度、健全的社会组织、科学化的社会管理等客观指标，还要看其广大民众是否确立起公正感。公正感是社会成员个体对当前社会是否公正的一种道德心理体验。换言之，社会公平正义不仅仅是一个事实判断，还是一个价值判断。在评价社会现实是否公正时，社会个体会作出肯定性或否定性的回答，并由此产生维护现实或批判现实的态度。而之所以产生维护和批判两种态度，是因为自身包含关于“公平正义是如何”的认识和“公平正义应如何”的认识，即实然认识和应然认识。当实然认识和应然认识之间产生巨大差距时，人们就会作出不公正的判断，形成不公正感。反之，人们会作出公正的判断，形成公正感。这种公正感虽然是个体的主观感受，但其作为一种正面的、积极的情绪体验能够推动广大民众以积极乐观的态度认识国家和社会，并给予社会发展以积极的评价和心理期待。试想，如果广大民众都认为当前社会总体上是公正的，并产生公正感，那么，当社会发展遇到问题和困境时，“社会排斥”和“政治怨恨”的心理便不会产生，更不会出现因释放怨气而报复社会等极端行为。相反，具有公正感的广大民众还会以包容、理解、理性、发展的眼光来评价事实本身，并努力从个体和社会的有机统一中寻求解决问题之道。这有助于缓和社会矛盾和危机，也为社会公平正义的建设赢得时间。当然，广大民众公正感的建立也并非对社会现实的无限包容和赞美，也要求其对社会中的不公正现象进行合理批判，并通过适当方式参与到公平正义建设之中。可见，广大民众公正感的形成，对于社会的和谐稳定具有重要意义。

既然公正感是源于对社会公正与否的“应然”认识和“实然”认识，这也就反映了公正感的形成，一方面源于个体能够在现实社会生活中享有公正建设的成果所带来的满足需求的程度，另一方面源于正确的公正观的引领。公正感虽然是一种主观感受，但这种主观感受一定是以公正观这种社会理性意识为前提而产生的。所以，要帮助广大民众形成科学、有效的公正感，需要从主观和客观两个维度来进行。从主观角度来讲，我们需要分析个体不公正感产生的原因，是与当前社会确实存在的影响社会公平正义的因素有关，还是与个体错误的公正观的影响有关，即虽然当前社会存在某些问题，但总体上处于公正状态，只是由于个体主观原因致使其公正感不高。如果是后者，是个体主观上公正观影响了公正感的产生，那么我们需要引导个体形成正确的公正观，促使其公正感确立在合理的主观感觉范围之内。具体来说，就是需要以马克思主义公平正义思想作为指导思想。我们必须认清的是当前许多社会成员个体公正感不高，主要原因在于他们用一种“应然性”的或者“跨越式”提高的社会公正心理期待来看待和评判现实社会中的某些问题，不能准确、客观地评价社会公正现实。以马克思主义公平正义思想为指导就是教育引导个体从我国社会发展现实出发，用马克思主义的公平正义观客观地认识和评价我国的社会公正问题，保证公平正义观教育的社会主义方向，以使人们能够清醒地看待和理解实然公正，并进而达成共识，积极投身到社会公平正义实践中去。从客观角度来讲，要让广大民众养成公正感，就必须切实维护人民群众的根本利益，着力解决人民群众最关心、最直接、最现实的利益问题，努力突破人民群众最忧虑、最急迫、最困难的实际问题，真正让人民群众更加充分、公平地享有和感受到改革红利。同时，还要不断通过改革消除社会不公正现象。只有我们的制度更完善、政策更科学、决策更民主，使改革发展的成果更多更公平惠及全体人民，才能保证人民的获得感成为社会公平正义是否实现的最终依据。当然，我们党和政府是践行社会公平正义的引领者和表率，是维护社会公平正义的关键。这也要求党员干部要发挥对其他社会群体践行公平正义的正面效应，在日常工作中时刻保持维护公共利益和为人民服务的公正作风，以引领社会公正风尚。

总之，社会公平正义的实现既离不开执政主体的公正执政，也离不开广大民众的积极参与。这就要求无论是执政主体还是广大民众都要树立和培养科学、合理的公平正义理念，并自觉将其作为思想和行动的指南，共同建设更加美好的公平正义社会。

（二）以经济发展促进公平正义

“权利决不能超出社会的经济结构以及由经济结构制约的社会的文化发展。”[①]公平正义作为上层建筑的一部分，不管它的地位如何，归根到底要受生产力制约。所以，真正意义上的社会公平正义的实现必须要建立在高度发达的社会生产力基础之上，倘若公平正义建立在生产力低下和物质匮乏的基础之上，就只能是空中楼阁、昙花一现，难以持久。历史上，我们也有过不顾生产力发展水平，一味追求所谓的社会公平正义，即平均主义的社会公正，结果极大地损害了人民群众的积极性、主动性和创造性，阻碍了社会主义建设事业的发展。为此，我们清晰地认识到，只有具备较高的经济发展水平和较好的物质条件，才能真正满足人们对公平正义的要求。我们党也始终把发展作为执政兴国的第一要务，主张用发展的办法解决中国的问题。发展生产力最为根本的就是以经济建设为中心。换言之，无论遇到什么情况、发生什么问

① 《马克思恩格斯选集》第3卷，北京：人民出版社2012年版，第364页。

题,我们都要集中精力搞经济建设,保持经济持续协调健康发展,最大限度地提高社会物质生活水平,为实现更高水平的公平正义奠定坚实的物质基础。改革开放以来,党和国家的历届领导人都高度重视并着重强调以经济建设为中心这条党在社会主义初级阶段的基本路线。邓小平在南行讲话时,就曾强调:"抓住时机,发展自己,关键是发展经济。"[①]要"坚持'一个中心、两个基本点'。……基本路线要管一百年,动摇不得"。[②] 胡锦涛同志在党的十八大报告中再次指出,"以经济建设为中心是兴国之要,发展仍是解决我国所有问题的关键"。[③] 习近平也强调:"实现社会公平正义是由多种因素决定的,最主要的还是经济社会发展水平。"因此,"我们必须紧紧抓住经济建设这个中心,推动经济持续健康发展,进一步把'蛋糕'做大,为保障社会公平正义奠定更加坚实物质基础"[④]。近年来,随着我国经济社会的快速发展和改革开放的不断推进,国民经济持续高速发展,综合国力不断提升,国家也加大了教育、医疗、社会保障等民生方面的支出幅度,进一步推动实现了社会公平正义。这充分说明了发展生产力是推进社会公平正义的重要物质基础,只有具备坚实的物质基础,社会主义制度注重公平正义的优越性才能充分体现。当然,需要特别强调一点,经济社会发展对实现社会公平正义虽然具有重要作用,但并不是说其他因素不重要或者可以不考虑,也不是说要等经济发展起来后再解决社会公平正义问题。实现社会公平正义是一个长期的、渐进的过程,在社会发展的每一个阶段都应当积极促进社会公平正义。

① 《邓小平文选》第3卷,北京:人民出版社1993年版,第375页。

② 《邓小平文选》第3卷,北京:人民出版社1993年版,第371页。

③ 《十八大以来重要文献选编》(上),北京:中央文献出版社2014年版,第15页。

④ 习近平:《习近平谈治国理政》,北京:外文出版社2014年版,第96页。

那么，中国特色社会主义进入新时代，我们还用不用坚持用发展生产力、发展经济的办法解决公平正义问题呢？这就需要看我国的基本国情和所处的世界坐标系的具体位置。改革开放40多年以来，我国社会生产力发展水平整体显著提升，社会生产能力在很多方面进入了世界前列，摘掉了长期"落后"的帽子，但发展不平衡不充分问题依然存在，成为制约全国发展水平提升的主要因素，也无法有效满足人民群众对美好生活的需要。这就使得我国社会主要矛盾发生了重大变化，即转化为"人民日益增长的美好生活需要和不平衡不充分的发展之间的矛盾"[①]。要解决好这个主要矛盾，就需要从矛盾的主要方面入手，即从生产力入手，通过调整生产关系和完善上层建筑，进一步发展和提高生产力水平，大力提升发展的质量和水平。虽然新时代我国社会的主要矛盾发生了变化，但并没有改变我国处于并将长期处于社会主义初级阶段的基本国情，没有改变我国是世界上最大的发展中国家的国际地位。这就决定了发展仍然是解决我国所有问题的关键，包括公平正义问题。而要发展就需要调整生产关系、完善上层建筑，也就需要全面深化改革。全面深化改革是促进公平正义实现的必由之路。中国共产党秉持公平正义的价值追求，历经40多年的改革开放伟大实践，在经济、政治、文化、社会等各个领域都卓有成效地推进了社会的公平正义。但是不可忽视的是，社会中仍然存在着某些欠缺公平、欠缺正义的现象，不利于社会的发展进步。如地区、城乡之间发展不平衡、法制不健全、就业机会不够平等、教育还不够公平等现象。这些现象的存在既有历史遗留问题，也有改革进程中出现的新问题，既有源自思想观念的束

① 习近平：《决胜全面建成小康社会　夺取新时代中国特色社会主义伟大胜利——在中国共产党第十九次全国代表大会上的报告》，北京：人民出版社2017年版，第11页。

缚，也有受利益格局的掣肘。这些问题和现象不仅影响党的形象，也影响人民群众参与社会建设的积极性和主动性，进而影响社会公平正义实现的程度。只有通过全面深化改革，加快发展，才能进一步解决发展中的问题，才能创造实现公平正义的物质条件。

当然，要发展生产力、发展经济，实现社会公平正义也是分阶段的。在这个新时代，我们明确提出要实现“两个一百年”的奋斗目标。第一个百年奋斗目标是在中国共产党成立100年时全面建成小康社会，这是我们党向历史、向人民作出的庄严承诺。第一个百年目标实现以后，需要无缝对接，乘势而上开启实现第二个百年目标的新征程，即在新中国成立100年时建成富强民主文明和谐美丽的社会主义现代化强国。为此，习近平总书记综合分析国内外形势和我国发展条件，对新时代向第二个百年奋斗目标进军作了两个阶段的战略安排：第一个阶段，是从2020年到2035年，在全面建成小康社会的基础上，再奋斗15年，基本实现社会主义现代化；第二个阶段，是从2035年到21世纪中叶，在基本实现现代化的基础上，再奋斗15年，把我国建成富强民主文明和谐美丽的社会主义现代化强国。[①] 从全面建成小康社会到基本实现现代化，再到全面建成社会主义现代化强国，这是习近平总书记为我们制定的新时代中国特色社会主义发展的战略安排，也是我们实现社会公平正义的发展战略。

（三）以制度建设保证公平正义

公平正义从理论成为现实除了依赖经济发展这一物质前提外，还

① 习近平：《决胜全面建成小康社会　夺取新时代中国特色社会主义伟大胜利——在中国共产党第十九次全国代表大会上的报告》，北京：人民出版社2017年版，第28～29页。

需要强有力的制度保障。因为经济发展并不会自然而然地带来公平正义的结果，它只是为公平正义的实现提供了物质基础。要实现公平正义，还必须加强制度建设。制度是人类社会的重要现象，也是人类社会的特有现象。狭义来讲，制度主要是指人们在一定社会历史条件下从事各种社会活动所结成的各种社会关系的抽象化、体系化，是社会运行的规则，也是限制和激励人的行为的规范体系。制度作为国家提供的公共产品，是针对所有人或一类人而制定的。它对其辖域内的对象是普遍适用的，不会因人而异。这样，公正也就成为制度的本质要求，构成了制度合理性的基础。另外，制度也是公平正义实现的重要保障。任何社会的存在，都是建立在人们之间相互交往与合作的基础上，而人们的交往与合作需要共同遵守规则，否则社会就会处于无序和混乱之中。换言之，一个社会的正常运转有赖于制度的存在与维系。在中国传统社会，非常关注个人道德的成贤达圣，协调人与人的关系主要依靠伦理道德，可以说，思想道德优先性的思维模式一直居于主导地位。但是，随着生产力的发展，人们之间的社会交往活动越来越频繁和复杂，伦理道德作为约束人的纲纪已经无法满足社会发展的需要，蕴涵公正伦理意蕴的制度作用越来越突显。只有一个公正的制度才能保障人们的各项基本权利，减少或缓解个人之间以及群体之间的利益冲突，从而激发人们创造财富的积极性和主动性，最大限度地保障人与自然、人与社会的协调发展。同时，只有公正的制度，人们才心甘情愿地认同和接受，并自觉地按照这个制度设定的行为方式和价值取向行事。如果一个制度不合理不公正，必然会因各群体、各阶层和各阶级之间的利益分配不均衡，引起社会各利益集团的冲突和矛盾，必然会引起人们普遍的投机性心理和对社会的离心力，也会引起那些受到该制度不公正对待的受害者群体的反对、批判和抵制，严重时甚至会产生激烈的社会冲突，这些都会造成社会秩序的混乱、效率的丧失和财富的破坏。可见，制度本身必须公正的同时，公正的制度也是维护社会公平正义的利器。

改革开放40多年来，我国经济总量连上新台阶，成为世界上第二大经济体，近年来对世界经济增长的贡献率已超过30%，日益成为世界经济增长的动力之源、稳定之锚。人均国内生产总值也不断提高，成功由低收入国家跨入中等偏上收入国家行列。对于我们这样一个经济发展起点低、人口基数大的国家，能够取得这样的成绩难能可贵。这些成绩的取得无疑是由多种因素共同推动的，但归根结底还是在于改革开放以来的制度建设和制度创新。中国共产党非常重视制度建设，并突出强调要依靠完善制度来保障社会公平正义的实现。习近平总书记指出："不论处在什么发展水平上，制度都是社会公平正义的重要保证。我们要通过创新制度安排，努力克服人为因素造成的有违公平正义的现象，保证人民平等参与、平等发展权利。要把促进社会公平正义、增进人民福祉作为一面镜子，审视我们各方面体制机制和政策规定，哪里有不符合促进社会公平正义的问题，哪里就需要改革；哪个领域哪个环节问题突出，哪个领域哪个环节就是改革的重点。对由于制度安排不健全造成的有违公平正义的问题要抓紧解决，使我们的制度安排更好体现社会主义公平正义原则，更加有利于实现好、维护好、发展好广大人民根本利益。"[①]十八大以来，在全面深化改革的进程中不断通过完善制度，大大推进了社会公平正义。在经济体制改革方面，加快了现代市场体系的完善，推进了各种所有制的平等，使非公有制经济获得更大的自由、平等空间。如十八届三中全会提出要建立公平开放透明的各种市场规则，清理和废除不利于公平竞争的规定和做法，凡是能够由市场形成价格的都要交给市场，政府不能进行不当干预。让市场起决定性作用，国有企业必须公平参与竞争，即使是国有资本继续控股经营的

① 习近平：《习近平谈治国理政》，北京：外文出版社2014年版，第97页。

自然垄断行业，也必须实行政企分开、政资分开，必须破除行政垄断。非公有制经济和公有制经济都是我国经济的重要组成部分，都是我国经济社会发展的重要基础。非公有制经济财产权和公有制经济财产权都要受到保护，同样不可侵犯，各种所有制经济依法平等使用生产要素，各种所有制经济参与市场竞争都要公开公平公正，它们都受到法律保护。为了推进公平正义，还积极发展社会主义协商民主。“协商民主是我国社会主义民主政治的特有形式和独特优势，是党的群众路线在政治领域的重要体现。”[①]我们党将人民主体地位这个原则贯彻到协商民主中，强调在党的领导下，“以经济社会发展重大问题和涉及群众切身利益的实际问题为内容，在全社会开展广泛协商，坚持协商于决策之前和决策实施之中”[②]。如党的十八届五中全会前，就经济发展新常态、稳定增长预期、创新驱动发展战略、政府治理改革问题等等，广泛征求了各民主党派和无党派人士的意见和建议。充分吸取各方面智慧，体现了人民群众参与国家和社会管理的公平正义权利。此外，立法协商、行政协商、民主协商、参政协商、社会协商得到发展，程序合理、相对完整的协商民主体系已经逐步形成。

制度建设重在落实，不能让制度成为纸老虎、稻草人，成为束之高阁的一纸空文。为了实现公平正义，党和政府还特别重视规范公权力，强调要“把权力关进制度的笼子里”，用制度管权力，让权力在阳光下运行。这也是习近平总书记对制度建设提出的最明确的要求，是时代提出的重大而紧迫的课题。十八大以来，党和政府明确规定了执法机构

① 《中共中央关于全面深化改革若干重大问题的决定》，北京：人民出版社 2013 年版，第 29 页。

② 《中共中央关于全面深化改革若干重大问题的决定》，北京：人民出版社 2013 年版，第 29～30 页。

的职能、权限、程序和责任法定化，以确保行政机构既不能在法律之外减损公民、法人和其他组织的合法权益，也不能在法律之外增加他们的义务；建立了行政机关内部重大决策合法性审查机制、政府法律顾问制度、重大决策要有终身责任追究制度和责任倒查机制等；对政府内部权力进行有效制约。如对国有资产监管、财政资金分配使用、政府投资等权力集中的部门和岗位加强控制，防止滥用权力。此外，党的十八大以来，以习近平同志为核心的党中央以党章为根本遵循，共修订颁布了90余部党内法规。2017年中共中央印发的《关于加强党内法规制度建设的意见》提出，到建党100周年时，形成比较完善的党内法规制度体系、高效的党内法规制度实施体系、有力的党内法规制度建设保障体系，党依据党内法规管党治党的能力和水平显著提高。这一目标的实现，将进一步扎紧制度的笼子，促使党员干部成为公平正义的生产者和维护者，而不是破坏者和践踏者。

制度问题带有根本性、全局性、稳定性和长期性。没有一套系统的制度、形式和程序来保证，社会公平正义就难以实现。加之，任何具体制度都具有针对性、适时性特点，都不是尽善尽美的。要使制度生发出活力，就必须随着实践发展而不断调整和完善，即对实践中已被证明是好的制度加以完善和定型化，对已不适应现实发展要求的制度加以破除，对改革发展中出现的新情况、新问题要制定相应的制度加以规范调整。制度建设是一个制定制度、执行制度并在实践中检验和完善制度的理论上没有终点的动态过程。制度建设没有“最好”，只有“更好”。总之，要推进和实现社会公平正义，就必须要结合时代发展和社会需要不断建立健全科学严密的制度体系。

（四）以改善民生保障公平正义

民生问题直接关系着老百姓的切身利益，也是影响国家繁荣昌盛、社会稳定发展、民族兴旺发达的重要问题。改善民生、增进人民福祉历来是我国推进中国特色社会主义事业建设的出发点和归宿。可以说，一部中国共产党的历史，就是一部为最广大人民群众利益奋斗的历史，就是一部不断推动民生建设的历史。民生建设的程度决定了社会进步和国家发展的程度。如果民生问题得不到妥善解决，社会的公正性就会受到质疑，党和国家的形象就会受到破坏，社会的发展就会受到阻碍。民生是公正之本，是社会公平正义落实与否的试金石。

那么，何为民生呢？民生是关于人的存续与发展的基本问题，是人类不可回避、必然面对的首要问题和永恒主题，并始终贯穿于人类社会发展的全过程。当然，民生不是静止不变的，它要随着社会的发展、人民的需要而发生变化。我们经常习惯性地将民生与社会建设等同。其实，民生与社会建设确实紧密相连，社会建设的主要内容就是为了满足人民群众的民生需要。但是人民群众对美好生活的需要是日益增长的，要满足其需要依赖于经济、政治、文化、社会、生态等多方面共同努力。这样，社会民生已经扩展到经济民生、政治民生、文化民生、生态民生。所以，民生是一个以社会建设为主要依托，又超越社会建设的且不断发展的概念。换言之，民生建设是一项复杂的系统工程，是一个不断发展的历史过程，需要顺应人民群众伴随国家发展进步而不断升级的民生诉求，全方位地满足人民群众在经济、政治、文化、社会、生态等各方面的需要，促使每个人获得充分自由的发展，最终引领全体人民实现共同富裕。既然解决民生问题就是要不断满足人民的美好生活需要，而人民的“美好生活需要”与原来的“物质文化需要”相比内容更加广泛，也更加高级。首先，人民美好生活需要包括不断发展的物质文化需要。党的十九大报告作出中国社会主要矛盾已经转化的重大判断，即由人民的“物质文化需要”转变为“美好生活需要”。但这并不意味着原有的物质文化需要已经得到满足或者不再是国家发展的目标任务，而是在新时代呈现出全面升级态势，反映的是人民向往的美好生活的新要求，即人们期盼有更好的教育、更稳定的工作、更满意的收入、更可靠的社会保障、更高水平的医疗卫生服务、更舒适的居住条件、更优美的环境、更丰富的精神文化生活。这是国家快速发展进步的客观标志，也是党和政府在新时代必须妥善应对的挑战。其次，人民美好生活需要还包括日益增长的精神需要。虽然精神需要并不是现在才出现的民生需要，但是全方位、高层次的精神需要只有在社会发展到较高阶段后才可能出现并变成现实。在党的十九大报告中，习近平总书记强调，"人民美好生活需要日益广泛，不仅对物质文化生活提出了更高要求，而且在民主、法治、公平、正义、安全、环境等方面的要求日益增长"[①]。其中民主、法治、公平、正义等民生需要，并非可以依靠物质财富增长就能自动解决的，它的满足有赖于社会文明进步与新的制度建构。所以，精神需要是人民美好生活需要中不可替代且日益广泛的组成部分，是民生发展的真正意义上的质的升华。可见，只有同时不断地满足人民的物质文化"硬需要"和精神生活"软需要"，才能称得上是不断满足人民对美好生活的需要。此外，促进人的全面发展是民生建设的最高价值追求。马克思主义创始人始终把"人的自由全面发展"视为无产阶级和人类解放的最高价值追求。中国共产党作为马克思主义精神的忠实传人，不仅始终把人民放在心中最高位置，更好地增进人民福祉，也将推动人的全面发展作为最高价值追求，努力促进社会公平正义，让每个人都享有平等的发展机会和发展权利，最终实现"个人的独创和自由的发展"。

当然，民生问题的解决不是一劳永逸的，人类遇到的一切民生问题

① 习近平：《决胜全面建成小康社会　夺取新时代中国特色社会主义伟大胜利——在中国共产党第十九次全国代表大会上的报告》，北京：人民出版社2017年版，第11页。

都是在发展过程中解决，同时又在发展过程中不断生成的。正如习近平总书记所说："保障和改善民生是一项长期工作，没有终点站，只有连续不断的新起点。"[①]进入新时代后，我国人民群众的物质需要得到了越来越多的满足，精神需要的诉求便日益增长，而且不断扩展，从而使人的需要向更高层次的美好生活需要转化。社会越是发达进步，物质需要的满足程度就越高，精神需要就越是全面。这是一个动态的发展进程。改革开放以来，随着我国经济社会快速发展，民生领域也取得了辉煌的成绩，使人民群众感受到了实实在在的获得感。如在教育方面，我们用 20 多年时间，走完了发达国家上百年的义务教育普及之路；用了十几年时间，实现了高等教育从精英化到大众化的跨越；建立了当今世界规模最大的教育体系，培养了两亿七千万接受过高等教育和职业教育的各类人才。在社会保障方面，基本建成覆盖城乡居民的社会保障体系，建立了以最低生活保障为基础的社会救助体系；形成了以居家为基础、社区为依托、机构为补充、医养结合的中国特色养老服务体系，中国特色养老服务制度基本建立；高龄津贴制度和经济困难老年人的服务补贴、失能老年人的护理补贴制度基本实现了省级全覆盖。我国民生事业的发展，给人民生活带来翻天覆地的变化，让人民获得感、幸福感、安全感更加充实、更有保障、更可持续。不过，在看到成绩的同时，也要看到我国民生改善目前还存在需要克服的困难和障碍，还需在民生导向下继续坚持改善和保障民生。如习近平曾指出，"我了解人民群众最关心的就是教育、就业、收入、社保、医疗、养老、居住、环境等方面的事情，大家有许多收获，也有不少操心事、烦心事。我们的民生工作还有不少不如人意的地方，这就要求我们增强使命感和责任感，把为

① 习近平：《习近平谈治国理政》第 2 卷，北京：外文出版社 2017 年版，第 362 页。

人民造福的事情真正办好办实”。[①] 具体来说，还要解决民生“五难”、实现民生“七有”、追求民生“八更”、提升民生“三感”。“民生五难”，即“民生领域还有不少短板，脱贫攻坚任务艰巨，城乡区域发展和收入分配差距依然较大，群众在就业、教育、医疗、居住、养老等方面面临不少难题”[②]。这是现实社会民生中要解决的难题。“民生七有”，即“在幼有所育、学有所教、劳有所得、病有所医、老有所养、住有所居、弱有所扶上不断取得新进展”[③]。这是新时代国家对人民群众基本诉求的真切回应，是国家发展的根本任务。“民生八更”，即“期盼有更好的教育、更稳定的工作、更满意的收入、更可靠的社会保障、更高水平的医疗卫生服务、更舒适的居住条件、更优美的环境、更丰富的精神文化生活”。[④] 它明确了我国民生发展的长期主攻方向，也指明了党和政府需要持之以恒地推进民生工作的努力方向。“民生三感”，即“使人民获得感、幸福感、安全感更加充实、更有保障、更可持续”[⑤]。它深刻回答了在新的历史起点上如何更好地满足人民群众的期待。

---

① 《国家主席习近平发表2018年新年贺词》，新华网，2017年12月31日。

② 习近平：《决胜全面建成小康社会 夺取新时代中国特色社会主义伟大胜利——在中国共产党第十九次全国代表大会上的报告》，北京：人民出版社2017年版，第9页。

③ 习近平：《决胜全面建成小康社会 夺取新时代中国特色社会主义伟大胜利——在中国共产党第十九次全国代表大会上的报告》，北京：人民出版社2017年版，第23页。

④ 习近平：《习近平谈治国理政》第2卷，北京：外文出版社2017年版，第61页。

⑤ 习近平：《决胜全面建成小康社会 夺取新时代中国特色社会主义伟大胜利——在中国共产党第十九次全国代表大会上的报告》，北京：人民出版社2017年版，第45页。

当前,要破解民生建设难题,推动我国民生保障和改善工作不断迈上新台阶,需要继续做好民生建设的顶层设计,完善相关制度、体制机制,根据两个阶段的战略安排确定保障和改善民生的战略目标实现,即到 2035 年,人民生活更为宽裕,中等收入群体比例明显提高,城乡区域发展差距和居民生活水平差距显著缩小,基本公共服务均等化基本实现,全体人民共同富裕迈出坚实步伐;现代社会治理格局基本形成,社会充满活力又和谐有序。到 2050 年,全体人民共同富裕基本实现,我国人民将享有更加幸福安康的生活。需要特别强调的是,我国的民生建设要“坚持底线思维,按照宏观政策要稳、微观政策要活、社会政策要托底的思路,扎实做好各方面工作”。底线思维意味着维护社会的底线公平,让老百姓安居乐业,依托国家的一系列社会政策向全体国民提供最基本的需求。底线思维还意味着水平适度的民生建设,既不能超越社会历史条件盲目追求福利国家的高福利,也不能自由放任地尽可能降低社会保障水平。

总之,中国共产党领导的民生建设之路是一个目标清晰但需要渐进发展的进程,不可能也不可以一蹴而就。只要按照中国共产党永远把人民对美好生活的向往作为奋斗目标,把人民的各种美好生活需要作为各项建设的动力和源泉,把增进人民福祉、促进人的自由全面发展作为出发点和落脚点,制定科学合理公正的制度体系,使发展成果真正惠及全体人民,不断满足和提升人民的获得感、幸福感、安全感,我们就能够实现全体人民人人参与、人人尽责、人人共享的中国特色社会主义公平正义。

参考文献

▲ 著作类

[1] 马克思恩格斯选集:第 1-4 卷[M]. 北京:人民出版社,2012.
[2] 列宁选集:第 1-4 卷[M]. 北京:人民出版社,1995.
[3] 毛泽东选集:第 1-4 卷[M]. 北京:人民出版社,1991.
[4] 邓小平文选:第 1-2 卷[M]. 北京:人民出版社,1994.
[5] 邓小平文选:第 3 卷[M]. 北京:人民出版社,1993.
[6] 江泽民文选:第 1-3 卷[M]. 北京:人民出版社,2006.
[7] 胡锦涛文选:第 1-3 卷[M]. 北京:人民出版社,2016.
[8] 习近平谈治国理政:第 1-2 卷[M]. 北京:外文出版社,2018.
[9] 十一届三中全会以来重要文献选读:下[M]. 北京:人民出版社,1987.
[10] 十五大以来重要文献选编:上中下[M]. 北京:人民出版社,2011.
[11] 十六大以来重要文献选编:下[M]. 北京:中央文献出版社,2008.
[12] 十七大以来重要文献选编:上[M]. 北京:中央文献出版社,2009.
[13] 十八大以来重要文献选编:上中下[M]. 北京:中央文献出版社,2018.
[14] 十九大以来重要文献选编:上[M]. 北京:中央文献出版社,2019.
[15] 中国共产党第十八次全国代表大会文件汇编[M]. 北京:人民出版社,2012.
[16] 程立显. 伦理学与社会公正[M]. 北京:北京大学出版社,2002.
[17] 何怀宏. 契约伦理与公正[M]. 北京:中国人民大学出版社,1993.

[18] 景天魁.社会公正理论与政策[M].北京:社会科学文献出版社,2004.
[19] 陈宝庭,刘金华.经济伦理学[M].大连:东北财经大学出版社,2001.
[20] 陈少峰.正义的公平[M].北京:人民出版社,2009.
[21] 慈继伟.正义的两面[M].北京:三联书店,2001.
[22] 董建萍.社会主义与公平正义[M].北京:国家行政学院出版社,2007.
[23] 范广军.中国共产党社会公正思想研究[M].郑州:河南大学出版社,2009.
[24] 高兆明.制度公正论[M].上海:上海文艺出版社,2001.
[25] 韩水法.社会正义如何可能的:政治哲学在中国[M].广州:广州出版社,2000.
[26] 何怀宏.公平的正义——解读罗尔斯《正义论》[M].济南:山东人民出版社,2002.
[27] 何建华.经济正义论[M].北京:中国社会科学出版社,1988.
[28] 何清涟.现代化的陷阱——当代中国的经济社会问题[M].北京:今日中国出版社,1998.
[29] 贺善侃.发展哲学研究论纲[M].上海:上海三联书店,2005.
[30] 李培林.李培林论文选[M].北京:中华书局出版社,2009.
[31] 李强.社会分层与贫富差别[M].上海:鹭江出版社,2000.
[32] 李仁武.制度伦理研究[M].北京:人民出版社,2009.
[33] 李松玉.制度权威研究[M].北京:社会科学文献出版社,2005.
[34] 厉以宁.经济学的伦理问题[M].北京:三联书店,1995.
[35] 刘军宁.民主与民主化[M].北京:商务印书馆,1999.
[36] 鲁鹏.制度与发展关系研究[M].北京:人民出版社,2002.

[37] 陆学艺.当代中国社会阶层研究报告[M].北京:社会科学文献出版社,2002.
[38] 马俊峰.社会公正与制度创新[M].北京:中国人民大学出版社,2013.
[39] 施惠玲.制度伦理研究论纲[M].北京:北京师范大学出版社,2003.
[40] 宋希仁.西方伦理思想史[M].北京:中国人民大学出版,2002.
[41] 宋增伟.制度公正与人的全面发展[M].北京:人民出版社,2008.
[42] 孙立平.失衡:断裂社会的运作逻辑[M].北京:社会科学出版社,2004.
[43] 唐代兴.公正伦理与制度道德[M].北京:人民出版社,2003.
[44] 万俊人.道德之维——现代经济伦理导论[M].广州:广东人民出版社,2000.
[45] 汪丁丁.经济发展与制度创新[M].上海:上海人民出版社,1995.
[46] 汪行福.分配正义与社会保障[M].上海:上海财经大学出版社,2003.
[47] 王海明.新伦理学[M].北京:商务印书馆,2001.
[48] 王乐理.政治文化导论[M].北京:中国人民大学出版社,2000.
[49] 王晓青.中国特色社会主义公平正义理论与实践[M].北京:经济科学出版社,2018.
[50] 汪琼枝.当代中国社会主义正义观研究[M].北京:中国文史出版社,2010.
[51] 吴忠民.社会公正论[M].济南:山东人民出版社,2004.
[52] 吴忠民.走向公正的中国社会[M].济南:山东人民出版社,2008.
[53] 徐大同.西方政治思想史[M].天津:天津人民出版社,1985.
[54] 薛汉伟,王建民.制度设计与变迁[M].济南:山东大学出版

社,2003.

[55] 杨宝国.公平正义观的历史·传承·发展[M].北京:学习出版社,2015.

[56] 杨扬.全球化:社会发展与社会公正[M].北京:社会科学文献出版社,2006.

[57] 姚大志.何谓正义:当代西方政治哲学研究[M].北京:人民出版社,2007.

[58] 姚洋.自由、公正与制度变迁[M].郑州:河南人民出版社,2002.

[59] 周新城.世界社会主义问题研究[M].合肥:合肥工业大学出版社,2008.

[60] 赵苑达.西方主要公平与正义理论研究[M].北京:经济管理出版社,2010.

[61] 姚洋.转轨中国:审视社会公正和平等[M].北京:中国人民大学出版社,2004.

[62] 叶志华.社会公正论[M].广州:广东经济出版社,2000.

[63] 俞可平.社群主义[M].北京:中国社会科学出版社,1998.

[64] 俞可平.增量民主与善治[M].北京:社会科学文献出版社,2003.

[65] 任映红,戴海东.中国共产党的社会公正观研究[M].北京:人民出版社,2009.

[66] 袁贵仁,韩震.新世纪中国共产党的价值观[M].北京:人民出版社,2003.

[67] 陈国富.契约的演进与制度变迁[M].北京:经济科学出版社,2002.

[68] 张书琛.社会主义市场经济中的社会公正问题[M].广州:广东人民出版社,2002.

[69] 张宇.中国的转型模式:反思与创新[M].北京:经济科学出版

社,2006.

[70] 张宇燕.经济发展与制度选择[M].北京:中国人民大学出版社,1992.

[71] 郑杭生,李强.社会运行导论——有中国特色的社会学基本理论的一种探索[M].北京:中国人民大学出版社,1993.

[72] 朱光磊.中国的贫富差距与政府控制[M].上海:上海三联书店,2002.

[73] 哈贝马斯.公共领域的结构转型[M].曹卫东,王晓珏,刘北城,等译.北京:学林出版社,1999.

[74] 马克斯·韦伯.新教伦理与资本主义精神[M].于晓,陈维纲,译.北京:三联书店,1987.

[75] 沃尔夫冈·查普夫.现代化与社会转型[M].陈黎,陆宏成,译.北京:社会科学文献出版社,2000.

[76] 卢梭.社会契约论[M].何兆武,译.北京:商务印书馆,1980.

[77] 孟德斯鸠.论法的精神[M].张雁深,译.北京:商务印书馆,1961.

[78] 皮埃尔·勒鲁.论平等[M].王允道,译.北京:商务印书馆,1988.

[79] 思拉恩·埃格特森.新制度经济学[M].吴经邦,李耀,朱寒松,等译.北京:商务印书馆,1996.

[80] 柏拉图.理想国[M].郭斌和,张竹明,译.北京:商务印书馆,1986.

[81] 亚里士多德.尼各马科伦理学[M].苗力田,译.北京:中国社会科学出版社,1990.

[82] 阿拉斯戴尔·麦金太尔.谁之正义?何种合理性?[M].万俊人,吴海针,王今一,译.北京:当代中国出版社,1996.

[83] 阿瑟·奥肯.平等与效率——重大的抉择[M].王奔洲,叶南奇,译.北京:华夏出版社,1987.

[84] 丹尼尔·贝尔. 后工业社会的来临[M]. 高铦,王宏周,魏章玲,译. 北京:新华出版社,1997.

[85] 道格拉斯·C 诺思. 制度、制度变迁与经济绩效[M]. 杭行,译. 上海:上海三联书店,1994.

[86] 赫伯特·A 西蒙. 现代决策理论的基石:有限理性说[M]. 杨砾,徐立,译. 北京:北京经济学院出版社,1989.

[87] 罗伯特·诺奇克. 无政府、国家和乌托邦[M]. 姚大志,译. 北京:中国社会科学出版社,2008.

[88] 迈克尔·沃尔泽. 正义诸领域[M]. 褚松燕,译. 南京:译林出版社,2002.

[89] 约翰·罗尔斯. 正义论[M]. 何怀宏,何包钢,廖申白,译. 北京:中国社会科学出版社,1988.

[90] 约翰·罗尔斯. 政治自由主义[M]. 万俊人,译. 南京:译林出版社,2002.

[91] 约翰·罗尔斯. 作为公平的正义——正义新论[M]. 姚大志,译. 上海:上海三联书店,2002.

[92] 布赖恩·巴里. 正义诸理论[M]. 孙晓春,曹海军,译. 北京:商务印书馆,1997.

[93] 戴维·米勒. 社会正义原则[M]. 应奇,译,南京:江苏人民出版社,2001.

[94] 霍布斯. 利维坦[M]. 黎思复,黎廷弼,译. 北京:商务印书馆,1985.

[95] 休谟. 人性论[M]. 关文运,译. 北京:商务印书馆,1980.

▲ 期刊类

[1] 白石,邓如辛. 邓小平社会公平思想内涵的探讨[J]. 毛泽东思想研

究,2013(11).

[2] 程波辉.我国政府社会管理职能的创新——基于社会公正的视角[J].行政论坛,2013(5).

[3] 楚丽霞.社会公正缺失的矫正机制研究[J].理论月刊,2012(9).

[4] 冯建军.论公正[J].河南师范大学学报,2007(3).

[5] 冯颜利.习近平关于公平正义思想重要论述的五个维度[J].当代世界,2018(10).

[6] 任俊.习近平公平正义观的三重向度[J].唯实,2018(9).

[7] 郜志刚.改革开放以来中国共产党社会公正实践的三大转变[J].实事求是,2013(1).

[8] 韩东屏.论制度安排的后发优势[J].浙江社会科学,2004(2).

[9] 韩震.公民权利、差异与社会公正[J].马克思主义与现实,2011(3).

[10] 何建华.维护社会公正秩序:政府最基本的职能[J].探索与争鸣,2011(11).

[11] 何强,赵亚男.马克思主义社会公正观新探[J].科学社会主义,2013(8).

[12] 华兰英.我国当代社会转型的内容和特征综述[J].理论与现代化,1998(1).

[13] 贾英健.社会哲学视野中的制度创新[J].山东师范大学学报,2002(2).

[14] 李学林.毛泽东社会公正观与新中国社会整合[J].党史研究与教学,2007(6).

[15] 李军.社会利益多元化与国外执政党维护社会公正之策[J].当代世界与社会主义,2010(2).

[16] 李迎生.制度建设与社会公正[J].教学与研究,2007(5).

[17] 李云峰.20世纪中国社会转型的制约因素[J].史学月刊,2003(11).
[18] 林岗,刘元春.诺斯与马克思:关于制度的起源和本质的两种解释的比较[J].经济研究,2000(6).
[19] 林默彪.论当代中国社会转型的分析框架[J].马克思主义与现实,2005(5).
[20] 刘惠.社会公正:当代中国社会整合的基本准则[J].齐鲁学刊,2011(1).
[21] 刘少杰.改革变迁中社会公正感的趋同性与差异性[J].甘肃社会科学,2011(7).
[22] 刘月岭.制度公正的伦理资源初探[J].伦理学研究,2011(7).
[23] 鲁鹏.制度合理性的根据——道德根据论批评[J].东岳论丛,2010(3).
[24] 麻宝斌.社会公正测量的五个维度[J].理论探讨,2012(1).
[25] 马广奇.制度变迁理论:评述与启示[J].生产力研究,2005(7).
[26] 马俊峰.从价值哲学角度理解和审视社会公正问题[J].吉首大学学报(社会科学版),2014(2).
[27] 马俊峰.马克思主义公正观的基本向度及方法论原则[J].中国社会科学,2010(11).
[28] 马永庆,肖霞.社会公正的伦理解读[J].伦理学研究,2014(1).
[29] 司永海.论中国共产党对经典作家社会公正思想的继承[J].社会主义研究,2013(10).
[30] 孙柏瑛.公共性:政府财政活动的价值基础[J].中国行政管理,2001(1).
[31] 万俊人.社会公正为何如此重要?[J].天津社会科学,2009(9).
[32] 万俊人.现代社会发展模式的伦理再反思[J].天津社会科学,

2011(11).

[33] 汪海霞.关于以制度创新维护社会公正的分析[J].求实,2007(9).

[34] 汪海霞.论利益分配制度公正的“顶层设计”[J].生态经济,2012(11).

[35] 汪盛玉.马克思的社会公正观在当代中国的实践价值[J].当代世界与社会主义,2010(2).

[36] 王海明,孙英.社会公正论[J].中国人民大学学报,2000(1).

[37] 王海明.试论公正三原则[J].贵州社会科学,2009(5).

[38] 王清明.论“当代中国社会转型”的历史定位[J].当代世界社会主义问题,2002(1).

[39] 王小章.社会分层与社会秩序——一个理论的综述[J].浙江社会科学,2001(1).

[40] 吴佩芬.社会公正的基本原则探析[J].齐鲁学刊,2011(9).

[41] 吴忠民.改革开放以前30年自由和平等的演进及问题[J].东岳论丛,2010(10).

[42] 吴忠民.公正与社会政策[J].理论前沿,2002(13).

[43] 吴忠民.以社会公工奠定社会安全的基础[J].社会学研究,2012(7).

[44] 武经伟.中国社会转型:路径、文化与文明的历史变迁[J].思想战线,2011(9).

[45] 辛鸣.哲学视野中的制度本质[J].中共中央党校学报,2004(8).

[46] 肖贵清,李伟斌.毛泽东的公正思想及其当代价值[J].毛泽东研究,2015(6).

[47] 徐琛.中国特色社会主义社会公正初探[J].求实,2007(4).

[48] 杨清荣.制度的伦理与伦理的制度——兼论我国当前道德建设的

基本途径[J].马克思主义与现实,2002(4).
[49] 杨新红.社会转型与主流意识形态的建构[J].湖南社会科学,2011(1).
[50] 洋龙.平等与公平、正义、公正之比较[J].文史哲,2004(4).
[51] 曾建平,王玲玲.追寻公正:和谐社会的价值取向[J].马克思主义与现实,2005(3).
[52] 张二芳,李由.提升社会公正要处理好三个关系[J].理论探索,2013(5).
[53] 张康之.基于社会转型的制度重建之构想[J].天津社会科学,2013(7).
[54] 张康之.论社会治理模式建构中的公正问题[J].探索,2003(1).
[55] 张兴国.公共生活的伦理视野[J].河北学刊,2006(11).
[56] 张兴国.公共行政的道德之维[J].伦理学研究,2003(8).
[57] 张兴国.公共行政视域中的公平与效率——从行政伦理的视角看[J].道德与文明,2004(6).
[58] 张瑞,秦书生.论胡锦涛的公平正义思想[J].东北大学学报(社会科学版),2013(9).
[59] 郑杭生,李路路.社会结构与社会和谐[J].中国人民大学学报,2005(2).
[60] 郑杭生.警惕“类发展困境”——社会学视野下我国社会稳定面临的新形势[J].中国特色社会主义研究,2002(3).
[61] 郑佳明.中国社会转型与价值变迁[J].清华大学学报,2010(1).
[62] 朱贻庭.不讲权利平等,何来社会公正——读恩格斯《反杜林论》心得[J].探索与争鸣,2012(9).
[63] 郑伟.社会主义公正的价值维度解析[J].山东社会科学,2012(2).

[64] 童世骏.当代西方正义理论对中国的三大启示[J].探索与争鸣，2011(11).

[65] 景天魁.探索适合中国的民生建设新路[J].学习与探索，2019(8).

▲ 外文类

[1] OLSARETTI S. The Oxford handbook of distributive justice [M]. Oxford: Oxford University Press, 2008.

[2] CAPEHEART L, MILOVANOVIC D. Social justice: theories, issues, and movements[M]. New Brunswick: Rutgers University Press, 2007.

[3] REISCH M. The Routledge international handbook of social justice[M]. New York: Routledge, 2014.

[4] SANDLER R, PEZZULLO P C. Environmental justice and environmentalism: the social justice challenge to the environmental movement[M]. Cambridge, Mass.: The MIT Press, 2017.

[5] MILLER D, WALZER M. Pluralism, justice, and equality[M]. Oxford: Oxford University Press, 1995.

[6] YOUNG I M. Responsibility for justice[M]. Oxford: Oxford University Press, 2011.

[7] ROEMER J E. Theories of distributive justice[M]. Cambridge, Mass.: Harvard University Press, 1998.

[8] POSNER R A. The economics of justice[M]. Cambridge, Mass.: Harvard University Press, 1981.

[9] PINKARD T. Does history make sense? Hegel on the historical shapes of justice[M]. Cambridge, Mass.: Harvard University

Press,2017.

[10] ASKARI H,MIRAKHOR A. Conceptions of justice from Islam to the present[M]. New York:Palgrave Macmillan,2020.

[11] ELSTER J. Closing the books:transitional justice in historical perspective[M]. New York :Cambridge University Press,2004.

[12] RAWLS J. Justice as fairness:a restatement[M]. Cambridge, Mass. :Harvard University Press,2003.

[13] LAWTHER C,MOFFETT L,JACOBS D. Research handbook on transitional justice[M]. Cheltenham:Edward Elgar Publishing,2017.

[14] GIRELLI G. Understanding transitional justice:a struggle for peace, reconciliation,and rebuilding[M]. Berlin:Springer International Publishing,2017.

[15] MCCARTHY G E. Marx and social justice: ethics and natural law in the critique of political economy[M]. Leiden:Brill,2017.

[16] CANEY S. Justice beyond borders: a global political theory [M]. Oxford: Oxford University Press,2005.

后　记

本书是教育部人文社会科学研究青年基金项目“改革开放以来中国共产党社会公正思想研究”(项目批准号:15YJC710019)的结题成果。此项目研究工作是在我博士毕业论文基础上进行的,是对博士论文相关观点的延伸和拓展。本书是我非常看重、在我的人生中具有里程碑意义的一部作品,也是对我过去一个阶段研究成果的总结。借本书出版之际,我谨对所有帮助过我的师友一并表示感谢。

首先,感谢我的导师张兴国教授。张老师是我的学术领路人,是他对马克思主义理论与现实问题的深入研究与独到见解,把我的理论研究兴趣引入这一领域的直接动因。我在硕士阶段和博士阶段皆师从张老师。在张老师悉心指导下,我的硕士毕业论文以“诚信:公平实现的道德基础”为题。参加工作后,一直深感有必要对此问题进行进一步研究。在张老师的鼓励与指导下,又完成了博士毕业论文《当代中国社会转型期公正问题的制度解析》。师恩深重,如山如海。张老师严谨的治学态度、严密的逻辑思维、深邃睿智的思想、务实的科研作风和平易近人的学者风范,已成为我为人、处事、治学的榜样。博士论文答辩过程中,房广顺、谢晓娟等教授就博士论文写作提出了宝贵建议,特此感谢!十载辽大学习和生活,难以用语言表达对母校的深情和感恩。虽工作多年,母校一草一木一砖一瓦,依然常在脑海中清晰展现。

自 2003 年以来,我一直在燕山大学从事马克思主义基本理论的教学与研究工作。感谢学院领导及诸位同事多年来对我工作的支持和帮助,也深以与诸位优秀同事共事为傲。同时,感谢燕山大学出版社柯亚莉编辑的认真校稿，感谢我的研究生师缔文和赵玺萱帮我检查校对书稿。在本书写作过程中，参考引用了诸多学者的研究成果，未能一一注明，在此对他们深表谢意。

最后，我要感谢我的父母，因为有了他们对我女儿的照顾，我才有更多的时间和精力投入到教学和研究工作之中。还要特别感谢我的爱人，分担了许多本属于我的家庭责任，感谢他的支持、理解和帮助。